DITES A LA KOMMANDANTUR QUE JE L'EMM...

Henri Gousset

Dites à la Kommandantur que je l'emm...

Une ville et son maire
en zone interdite
1940-1944

Présenté par Roger Bruge

Fayard

— A mes camarades des corps francs de la forêt de la Houve tombés au champ d'honneur : lieutenant Claude Delacour, lieutenant Guy de Cordon, sous-lieutenant Henri Allemand.

Introduction

Je pense qu'il est aujourd'hui difficile d'avouer, comme une maladie honteuse, que l'on a aimé l'Armée, et même la Guerre, qui en est logiquement la finalité. Et j'avoue que je les ai aimées toutes les deux. La première m'a, comme il se devait, préparé à la seconde en me faisant connaître la discipline militaire grâce à laquelle j'ai appris un peu à commander, mais surtout à obéir, ce qui est d'ailleurs infiniment plus facile. Ni l'une ni l'autre ne m'ont jamais déçu dans l'idée que, depuis mon enfance, je m'étais faite d'elles et, la Guerre en particulier, avec tout ce qu'elle comporte de franche et vraie camaraderie, m'a permis de comprendre ce que j'aurais perdu si je ne l'avais pas faite, même si elle n'a pas été victorieuse.

Je pense aujourd'hui que j'étais né « homme de guerre », comme certains chiens naissent « de chasse », mais ne découvrent leur véritable instinct que le jour où il leur est donné de humer la trace du gibier. Je m'amuse encore de la réponse que j'aimais faire à certains de mes chefs, les plus élevés, quand ils me demandaient si j'étais militaire, c'est-à-dire pour eux, officier d'active : « Non, mon général, pas militaire, mais guerrier ! »

Etre guerrier, était-ce probablement pour moi une sorte de vocation, comme celle du chien de chasse qui n'est de qualité que s'il aime le bruit des coups de fusil et la poursuite du gibier, comme j'ai aimé, moi, le bruit du canon et le silence des marches muettes à la recherche d'un ennemi caché et invisible. Sans aucun doute, les dangers rencontrés ici et là pendant la guerre ne faisaient qu'apporter un sel plus délectable aux actions accomplies par ceux à qui elles avaient été commandées. De ces années déjà bien anciennes de service sous les armes, j'avais rapporté un monceau de souvenirs, accumulés en vieux papiers et en carnets de route, mais bien plus encore au fond de ma mémoire d'où parfois, pour mon seul plaisir, j'aimais les ressortir. J'ai trouvé bon, avant que ces souvenirs ne fussent effacés, de les rajeunir noir sur blanc, pour que les enfants de mes petits-enfants puissent un jour, peut-être, les relire... et s'en moquer comme de l'an 40.

1.

Il était une fois... un guerrier !

J'ai découvert l'Armée lors de mon service militaire. C'était à la fin des années 30, à Nancy.

Au petit matin, nous arrivions au quartier Drouot, celui du 8e régiment d'artillerie, pour la reprise d'équitation : il s'agissait pour nous, futurs officiers du Service de Santé que nous étions, d'apprendre à monter à cheval. Ces reprises avaient lieu au lever du jour, pour ne pas gêner, je pense, le service quotidien du régiment, et se déroulaient sous la haute direction du capitaine instructeur, lequel se moquait de nous comme de sa première paire de bottes et se contentait de travailler son cheval de dressage dans un coin du manège, alors qu'il abandonnait toute la responsabilité de notre instruction équestre au trompette-major du régiment.

C'est ainsi que chaque semaine nous nous pointions au quartier à l'heure du réveil, au moment précis où retentissait dans les cours la sonnerie gauloise égrenée par les notes aiguës et pressantes du trompette de garde : « *L'avez-vous vue la putain de Nancy...* »

Ces reprises étaient un spectacle clownesque et on y pouvait voir, à chaque fois, le derrière dans la sciure, bon nombre de grands médecins des années à venir. J'étais le seul sans doute à savoir déjà monter à cheval et à posséder une tenue adéquate; aussi l'adjudant-chef-trompette, qui m'avait vite repéré, commençait-il par crier, de sa plus belle voix de commandement : « Le cavalier en bottes en tête de reprise ! » Et derrière moi, sautant et glissant sur leur grosse selle d'artillerie, on pouvait admirer la file des autres, le pantalon remonté jusqu'aux genoux, le fixe-chaussettes en accordéon et le chapeau de feutre sur les yeux, s'essayant en vain aux voltes et aux demi-voltes en attendant, bravement, de s'être fait vider pour être obligés de tenter de remonter à cheval, sans étriers : « Un, sur les poignets ; deux, en selle ! » Mais aucun n'y parvenait et chacun attendait, patiemment, que le garde-manège vint, une nouvelle fois, le pousser au cul.

Ces leçons d'équitation faisaient partie intégrante de cette fameuse préparation militaire supérieure, pratiquement obligatoire en fin d'études de médecine, qui présentait l'avantage de ne faire que douze mois de service, au lieu de dix-huit, et de l'accomplir, dès le premier jour, comme médecin-auxiliaire et, quelques semaines plus tard, comme médecin sous-lieutenant. Mais elles n'étaient qu'une minime partie de la PMS, laquelle était devenue un très grand service au sein de l'armée française des années d'avant-guerre. Elle était, dans chaque ville universitaire, divisée en brigades de toutes armes et services, et se trouvait commandée à Nancy par un très brillant colonel, breveté d'état-major, qui avait sous ses ordres la nuée d'officiers chargés de notre instruction militaire pendant deux ans : des fantassins, des artilleurs, des sapeurs, des cavaliers et pour nous, bien entendu, des médecins. Chaque brigade avait en outre un chef attitré sous la coupe duquel elle allait demeurer pendant deux années un après-midi par semaine : le nôtre était un bel officier de chasseurs à pied, à qui manquait un bras, perdu quelques années plus tôt sur les champs de bataille de Verdun ou de la Somme.

La première séance commençait par un cérémonial d'habillement qui était assez farce : nous touchions, des mains d'un « garde-mites » attentionné, des tenues de treillis, un calot bleu horizon et un ceinturon d'homme de rang dont nous allions demeurer responsables pendant deux ans. Ces tenues étaient, au premier jour, distribuées à peu près selon nos tailles, mais rapidement chacun faisait semblant de se tromper de numéro de vestiaire, aussi nous présentions-nous à nos instructeurs, le plus souvent, avec des vestes trop courtes, des pantalons trop longs ou des calots trop grands qui nous donnaient des airs de comiques-troupiers de la belle époque!

Cette préparation militaire était autant théorique que pratique et, chaque semaine, au commandement : « En salle! » plusieurs fois répété, nous allions écouter des amphis d'histoire et en particulier celle de la guerre 14-18, puis de géographie de l'Empire (modèle 1925 non modifié!). Ces cours étaient d'ailleurs bien faits et j'en garde des souvenirs de Woïvode Putnick qui, sans eux, certainement, m'auraient échappé. Au commandement de « Dehors! » nous dégringolions les escaliers de la caserne Sainte-Catherine pour nous retrouver dans une cour, livrés à un adjudant qui avait pour seule mission de nous apprendre à marcher au pas, à saluer, à faire demi-tour à droite et « à gauche, gauche! »

Au bout de quelque temps, on n'hésitait pas à nous confier des armes : des fusils, des revolvers et autres pistolets plus ou moins automatiques, des fusils-mitrailleurs, des mitrailleuses même, Hotchkiss ou Saint-Etienne, et des grenades de toutes les formes et de toutes les couleurs! Et ces armes, il fallait non seulement savoir s'en servir, mais aussi les démonter et les remonter, ce que les moins fanas d'entre nous arrivaient à faire à la perfection, presque les yeux fermés, tellement notre instruction était poussée. Sans compter le maniement d'armes : « Arme sur l'épaule... droite! Reposez arme! » Et « au temps pour les crosses! »

Brochés sur le tout, et toujours sous les ordres de notre adjudant, il y avait les sports et la gymnastique : grimper à la corde (9 m, départ assis et les jambes en équerre), courir le 100 ou le 1 000 m dans un temps record et sauter au moins 1,50 m en hauteur, le tout pour être reconnu un athlète complet digne d'être un officier! Et puis l'école de section! Crier les commandements, être successivement voltigeur, pourvoyeur, tireur ou grenadier pour, finalement, défiler impeccablement devant notre capitaine qui venait constater de visu les progrès accomplis depuis la semaine d'avant. C'est là qu'un jour notre fidèle adjudant, ayant voulu renvoyer en queue de colonne l'un de nous qui faisait semblant de boiter, en criant : « Vous, le grand brun du troisième rang, allez donc vous mettre le dernier! » s'entendit répondre par l'interpellé : « Mon adjudant, je ne peux pas, il y en a déjà un! »

Plus tard, quand nous étions encore un peu plus confirmés, on nous conduisait au tir, brûler chacun notre demi-douzaine de cartouches. Et là, je dois reconnaître que, défilant en ville, le Lebel sur l'épaule droite, chacun faisait un effort pour marcher au pas. Certains regardaient leurs petites amies rigoler sur le trottoir, mais vite, ils faisaient semblant de ne pas les voir...

Il y avait cependant une chose sérieuse dans cette préparation médico-militaire; il s'agissait justement de la partie médicale qui était dirigée par un médecin pour le moins commandant, duquel nous avons appris toutes les finesses du Service de Santé des armées, en guerre comme en paix : hygiène des troupes en campagne et au casernement, les blessures par balle et par arme blanche, les évacuations, etc. sans oublier bien sûr le creusement et l'entretien des feuillées!

Nous avions entendu en outre, faites par des spécialistes de chaque arme, des conférences sur le bon fonctionnement de chacune d'elles, aussi ni le terrassement d'une tranchée, ni le déploiement en fourrageurs d'un escadron de cavaliers, ni la fabrication d'une barbette de fortification n'avaient de secret pour nous! Enfin, toutes ces joyeusetés avaient un terme et se trouvaient sanctionnées par un examen auquel, normalement, tout le monde était reçu, mais dont le classement n'était pas sans importance puisqu'il permettait à chacun de choisir sa garnison et son régiment : je crois me rappeler que j'avais été reçu premier du corps d'armée pour le Service de Santé, ce qui me permit d'être affecté selon mon désir, au 8e régiment d'artillerie divisionnaire à cheval.

MÉDECIN ET ARTILLEUR MAIS... A CHEVAL!

Il est souvent répété aux garçons qui vont faire leur service militaire : « Tu verras, ça passe vite! » Je dois avouer, en toute honnêteté, que le mien m'a paru vite passé, beaucoup trop vite même à mon gré, tellement je m'étais senti à l'aise et heureux dans l'atmosphère de camaraderie et de vie militaire qu'il avait été pour moi.

J'avais choisi ce régiment de la 11e division de Nancy, « la division de fer », que j'avais obtenu sans aucune difficulté, mon classement à l'examen de PMS m'ayant donné toutes les possibilités. Je me souviens de la première lettre militaire que j'ai eue à écrire et qui, toujours, pose aux jeunes officiers un problème de parfaite correction : chacun sait que la correspondance militaire ne comporte, dans sa réglementaire simplicité, aucune formule de politesse envers les supérieurs, ni au début, ni à la fin, sauf peut-être, éternelle discussion, celle que l'on adresse à son futur colonel pour lui annoncer que l'on est « appelé à l'honneur de servir sous ses ordres... » Doit-on commencer par « mon colonel » et terminer par des « sentiments respectueux et dévoués »? Je ne sais plus de quelle manière j'ai résolu ce délicat problème! Ce dont je me souviens, en revanche, avec une fière émotion, c'est que la première fois que j'ai franchi la porte du quartier, le canonnier de garde au poste m'a présenté les armes et que j'ai répondu aux honneurs qui m'étaient ainsi rendus par un salut impeccable, absolument conforme à toutes les ordonnances du service des places !

Ma deuxième lettre au colonel, écrite au premier jour, fut pour demander que me soit affecté un cheval ! Je devais, me fut-il répondu dans les meilleurs délais, être remonté par les soins de monsieur le capitaine commandant la 4e batterie. Celui-ci m'offrit un grand « tréteau » jaune qui s'appelait *Valseur* et qui n'était pas plus mal qu'un autre, sans plus. Au bout de quelques jours, le capitaine instructeur me siffla sur la carrière où je faisais tourner mon « tréteau » de long en large. Il voulait me dire que, me regardant travailler mon cheval, il avait l'impression que je valais mieux que ce grand alezan et que, si je le désirais, il me ferait affecter une très belle jument disponible à la batterie hors rang où elle était entrée au départ à la retraite d'un général ; elle n'avait pas encore reçu de nouvelle affectation.

Cette *Victoire* — c'était son nom — a été sans aucun doute l'un des très grands chevaux de ma vie : en avant, calme et droite, mise au bouton et, je m'en aperçus plus tard, possédant un coup de saut terrible qui me permit, à la saison suivante, de faire des éclats en concours hippique et de susciter bien des jalousies chez des camarades de l'active moins bien remontés que je l'étais alors. Je suis certain d'avoir passé au manège et sur le terrain d'obstacles du quartier Drouot plus de temps qu'à l'infirmerie régimentaire puisque j'arrivais à monter, tous les jours, deux ou trois chevaux.

J'étais allé me présenter, bien sûr, aux médecins de l'hôpital militaire Sédillot qui était à l'époque une formation très importante, compte tenu des effectifs massifs de Nancy et des garnisons environnantes du 20e corps d'armée. Quelques-uns de ces médecins avaient des noms véritablement prédestinés : le médecin-chef, en même temps chirurgien, était le médecin-colonel Spick ;

le chef du service de psychiàtrie était le médecin-commandant Folly; mais le nom du patron du service des vénériens était, sans aucun doute, le plus évocateur : il s'appelait Sorlat! C'est lui qui avait fait imposer aux médecins des corps de troupe de faire, à chaque incorporation, une conférence anti-vénérienne aux jeunes recrues afin que celles-ci fussent mises en garde contre les conséquences possibles et funestes des faiblesses de la chair et du commerce impur des « paillasses à soldats ». Mon médecin-chef, blasé, s'en était remis à moi du soin de cette prévention.

Au jour et à l'heure venus, je commandai le rassemblement des intéressés au grand manège du quartier où ils furent conduits sous les ordres de leurs sous-officiers et soigneusement alignés par batterie et par pièce : c'est alors que je me présentai, à cheval, suivi du trompette de semaine que j'étais passé prendre au poste de garde : face à mes 500 « bleus », je le fis venir à ma botte et lui commandai de sonner le réveil : je pense qu'il me crut fou, mais la discipline faisant la force principale des armées, il s'exécuta et sonna un réveil de toute beauté, même dans les notes les plus hautes, sans un canard!

Je m'adressai alors à mes artilleurs, ridicules sous leur calot trop bleu aux pointes érigées vers le ciel, dans leurs tenues trop neuves et chaussés de leurs brodequins trop jaunes avec leurs houseaux trop raides aux éperons réglementaires impressionnants. En gueulant de toutes mes forces pour bien être entendu de tous, je leur dis :

« On vient de vous sonner le réveil, mais peut-être n'en connaissez-vous pas encore toutes les paroles; les voici :

« *Avez-vous vu la putain de Nancy*
Qu'a foutu la vérole à toute la cavalerie?
Mais tous ceux de l'artillerie qu'étaient plus dégourdis
Avaient tous très bien vu qu'elle avait mal au cul! »

« Alors dites-vous bien que si tous les matins on

sonne ce réveil dans tous les quartiers de France, c'est que ce doit être vrai. Donc, comme vos anciens, tâchez d'être dégourdis. Maréchaux des logis, vous pouvez disposer ! »

Je n'étonnerai personne en avouant que cette plaisanterie m'a valu huit jours d'arrêts, mais on avait tout de même bien rigolé, tous, même le colonel qui jugea qu'il se devait de me punir... Honnêtement, il avait raison. J'estimai donc que je m'en tirais à bon compte, en ce temps de discipline féroce au manquement de laquelle tout écart était sévèrement sanctionné. Tout le monde d'ailleurs le savait et trouvait naturel d'être épinglé pour un salut négligé ou même non exigé d'un subalterne. Il fallait, en ce temps, voir, dans une salle de café, tout militaire en tenue se lever et demeurer au garde-à-vous devant son demi dès qu'entrait un supérieur et jusqu'à ce que celui-ci lui ait fait signe de se mettre au repos après avoir, bien sûr, rendu avant de se découvrir le salut qu'était pour lui notre « tête droite et fixe ».

Il m'arriva même un jour de pousser un peu trop loin les devoirs d'obéissance : je venais de mettre pied à terre au paddock, après un parcours hippique pendant lequel les spectateurs, peu instruits des uniformes de l'armée française, m'avaient pris pour un « véto » (1), quand je vis arriver vers moi un médecin à cinq galons qui, aimablement, me fit connaître qu'il avait admiré mon tour de piste. Il ajouta qu'il était l'adjoint du médecin-général inspecteur (mon garde-à-vous se fit plus raide encore !) et que, venant de Lyon, il avait amené avec lui un cheval qu'il n'avait jamais monté, mais qu'il confiait dans sa précédente garnison à un officier de cavalerie qui avait fait avec lui des merveilles en compétition ; il m'offrit de prendre la suite. Je ne pouvais qu'accéder à cette proposition qui ressemblait drôlement à un ordre et rendez-vous fut pris pour que j'aille le lendemain faire la

(1) Vétérinaire.

connaissance de ce cheval qui avait ses quartiers aux majestueuses écuries qu'habitaient les montures des officiers d'état-major de la garnison. J'y admirai un grand pur-sang bai qui s'appelait *Joubert*. Une ordonnance l'habilla de mon harnachement que j'avais apporté et, « un sur les poignets, deux en selle ! » je me dirigeai vers le manège attenant. *Joubert* était sage, agréable et bien mis. Quand il fut convenablement détendu, je commandai au garde-manège de me mettre une barre à un mètre, qui fut franchie sans histoire, et un peu plus haut et encore un peu plus haut, jusqu'à 1,50 m passé aisément, ce qui était assez pour ce que j'attendais de lui.

L'affaire fut conclue et, le lendemain, j'envoyai mon ordonnance chercher le pur-sang pour l'amener au 8e d'artillerie. Après qu'il eut un peu tourné à la longe pour le bien détendre, je le montai et le conduisis vers le terrain d'obstacles... sur lequel il y avait beaucoup de monde qui admira ce très beau cheval. Parmi les spectateurs, le capitaine instructeur du régiment. La première ligne d'obstacles fut enfilée sans bavure, mais il fallait ensuite changer de main pour continuer le parcours et c'est là que je sentis que *Joubert* n'était plus du tout d'accord avec moi : son rein se creusa, se raidit et se détendit en même temps qu'il me prenait la main pour une course folle, dans un galop de steeple effréné. Nous passâmes la barrière du terrain, un chemin creux, un ruisseau, un champ de choux et je ne sais plus quoi encore, raides emballés. Ce n'est que beaucoup plus loin que je parvins à l'arrêter pour le ramener au pas vers le quartier. Le capitaine m'appela à sa botte pour me déclarer, mi-goguenard, mi-sévère : « Docteur, ces chevaux-là, on les monte en casquette, pas en képi. »

Le médecin-colonel avait omis de m'expliquer que c'était effectivement en course et pas en concours hippique que *Joubert* avait été une des gloires de Lyon ! Je le rendis incontinent à son propriétaire. Je m'aperçois que j'ai gardé beaucoup plus de souvenirs équestres de cette année de service que de souvenirs médicaux et que les heures passées sur les pistes d'entraînement m'ont beaucoup plus marqué que celles vécues à la salle de visites. Mis à part un ou deux souvenirs, qui étaient d'ailleurs mêlés aux odeurs de crottin que j'ai toujours aimées ; tel celui de ce 2e CC (canonnier-conducteur, ceux qui étaient à cheval, par opposition aux canonniers servants, les CS qui demeuraient assis sur les avant-trains), de ce conducteur donc qui se présentait à la visite pour y demander d'être exempté de cheval. Et comme je lui demandais ce qu'il faisait avant son service, il me répondit ingénument qu'il était écuyer de cirque, ce qui expliquait assez mal sa crainte des chevaux : la consultation se termina par huit jours de prison. Et ce trompette, qui souhaitait être reconnu inapte en arguant qu'il avait mal aux lèvres : après examen de celles-ci, de ses dents et de son souffle, je le gratifiai d'une consultation « non motivée » et l'entendis quitter la salle de visites en grommelant qu'il était bien évident que je n'y connaissais rien. Or il se trouvait que je possédais, entre autres talents, celui de sonner de la trompette. Le lendemain, au moment de la répétition de la fanfare, je m'arrangeai pour passer, par hasard, à cheval, sur le lieu de rassemblement de l'école de trompettes. Je priai leur chef de me confier un instant la sienne de laquelle je sortis « la visite médicale » :

« *Non, Monsieur le Major, j'irai plus, j'irai plus,*
Au bordel attraper la vérole, Non Monsieur le Major j'irai plus
J'irai plus, au bordel, attraper mal au cul ! »

Je fis ensuite sortir des rangs mon client de la veille et lui fis remarquer qu'il avait eu beaucoup de chance que je n'aie eu aucune envie, ce jour-là, de foutre quiconque en prison avec le motif : « A tenté de se payer la tête du médecin. » Au bout de quelques mois, il était devenu premier trompette et son salut, chaque fois qu'il m'apercevait, même de loin, était toujours marqué du plus profond respect.

Ensuite vint l'été et avec lui la saison des manœuvres et des écoles à feu. Un beau matin, nous partîmes pour Bitche, par la route naturellement, soit un « voyage » de sept jours, y compris une journée de repos complet après la troisième étape, à Fénétrange, pour reposer les chevaux. C'est là que j'ai, et assez pour toujours, connu les joies du tourisme équestre au long de ces chevauchées de trente kilomètres quotidiens et pratiquement toujours au pas, puisque nous tirions derrière nous un régiment d'artillerie tout entier.

Chaque soir, cantonnement dans un nouveau patelin où nous recevions, à l'arrivée, notre billet de logement chez l'habitant qui nous devait, outre le coucher, place « au feu et à la chandelle »... parfois même au reste! Je me souviens d'un jour où j'avais présenté bien poliment mon bulletin à mon logeur et où celui-ci me fit montrer ma chambre par sa fille, jeune Lorraine fort joliment tournée. Elle me confia, rougissante, « que sa chambre était voisine de la mienne et que la porte qui les séparait ne fermait pas à clé ». Je donnai plus tard ce détail à mes camarades à l'heure de la soupe du soir et l'un d'eux, le vétérinaire je crois, me proposa de faire échange de chambre avec moi : nos ordonnances coururent faire un chassé-croisé de paquetages et je passai une nuit des plus calmes... chez le pasteur protestant qui, bien sûr, avait eu soin de déposer une bible sur ma table de nuit. Quant au « véto », que je retrouvai à l'heure du rassemblement le lendemain matin, il se tenait soigneusement contre un mur dont il ne voulait pas que son cheval s'éloignât : il lui manquait une botte que son ordonnance devait être en train de chercher sous le lit, et il essayait de cacher du mieux qu'il le pouvait, sa jambe en chaussette dans l'étrier de sa selle d'arme.

Le soir de l'étape « grand repos », le colonel fit donner au village une sérénade de trompettes sur la place de l'église. Ou du temple, je ne sais plus. Autour du cercle de la fanfare on pouvait voir, dans la nuit tombante, nos canonniers en goguette s'exercer à des travaux d'approche auprès des filles, jusqu'à ce que retentît dans l'ombre du jour fini la magnifique sonnerie de l'extinction des feux, sonnée de pied ferme, par trente trompettes ivres de gloire et de vin d'Alsace :

« *Qu'est'ce qui t'a fait çà ma fille?*
C'est un artilleur maman... »

Tous les nôtres auraient aimé être celui-là, même et surtout s'ils n'étaient ni beaux, ni grands... Pour le 14 Juillet, nous étions à Bitche et, bien entendu, nous eûmes notre place pour la revue et le défilé de la Fête nationale. J'en garde un souvenir d'humiliation sans pareil. En effet, quand vint notre tour de passer devant les généraux rassemblés, avec chaque pièce et chaque caisson, attelés de leurs avant-trains, ma place était dans l'état-major du régiment, derrière le colonel et quelques autres officiers de grade très supérieur au mien : sabre au clair, nous partîmes au pas, puis au trot, puis au galop, mais juste au moment où nous arrivions devant une musique d'infanterie qui cessait de jouer ses marches pour laisser son tour à notre fanfare, un dernier coup de grosse caisse éclata dans les oreilles de ma jument qui bondit en avant et, folle emballée, m'embarqua jusqu'au bout du terrain de manœuvre. Dans un galop de charge, j'avais d'abord dépassé, mon sabre à la main droite et mes quatre rênes dans la main gauche, le colonel, l'étendard, la fanfare et, en tête de celle-ci, le trompette-major dont je pus remarquer, que même en sonnant au galop, s'il parvenait à conserver une position parfaite à cheval, c'est qu'il gardait soigneusement à quelques centimètres de ses lèvres l'embouchure de sa trompette d'argent. Je le lui fis remarquer plus tard et il me répondit, en toute honnêteté, qu'il agissait toujours de même dans les défilés : « Comment voudriez-vous, autrement, que je reste assis correctement dans le fond de ma selle ? »

Cette galopade me valut quelques bouteilles, le soir à la popote. Popote où, bien sûr, il était interdit de parler de service et où les conversations, faute de mieux, étaient à base de plaisanteries et de vieilles histoires soldatesques, usées jusqu'à la corde, que certains, pour se les mieux rappeler, promenaient depuis Fontainebleau écrites aux pages de garde de leur IGT (instruction générale sur le tir). En voici quelques échantillons :

Les médecins militaires, ainsi appelés parce qu'ils ne sont ni médecins, ni militaires. Les militaires ne font rien, mais ils le font tôt. Les diplomates ne font rien non plus, mais ils le font tard. Le sous-lieutenant ne sait rien et ne fait rien. Le lieutenant ne sait rien mais fait tout. Le capitaine sait tout mais ne fait rien. Si tu as de la fortune, va dans l'infanterie, tu seras le seul. Si tu montes bien à cheval, va dans l'artillerie : tu seras le seul. Si tu es intelligent, va dans la cavalerie, tu seras le seul. Méfie-toi des chevaux par derrière, des femmes par devant et des chefs de tous les côtés. Ce dernier conseil deviendra, dans dix ans, « et de l'ennemi de tous les côtés », auquel on ajoutera cette remarque : « La guerre, c'est quand l'active se réserve et que la réserve s'active. » Dix ans, ce n'est pas long...

BRUITS DE BOTTES DANS LES SUDÈTES

Nous voyions peu à peu se terminer les ouvrages de la ligne Maginot, au démarrage de laquelle nous avions assisté il y avait quatre ou cinq ans. Tout le travail avait été d'abord celui des sapeurs, bien sûr, et une importante chefferie de travaux de fortification s'était installée à Longuyon comme chez elle. Les officiers étaient des types brillants qui avaient commencé par piqueter tout le pays et, peu à peu, on avait vu arriver des entreprises de terrassement et de construction qui étaient les descendantes directes de celles qui, à Paris, avaient construit le métro! Des sapeurs-dessinateurs faisaient des plans pendant que d'autres, nuit et jour, surveillaient des coulées de béton dans tous les azimuts.

Un beau jour, nous autres « frontaliers », reçûmes des ordres de mobilisation pour tel ou tel ouvrage : moi j'étais affecté, comme médecin-chef, à celui de Latiremont (camp de Doncourt) et, un peu plus tard, je fus invité à y descendre pour une période de vingt-quatre heures. Le genre de guerre prévisible que l'on aurait à faire dans les profondeurs de la terre ne me disait rien de bon : la guerre, je ne demandais pas mieux que de la faire, mais pas dans les casemates d'un fort; aussi, malgré les avis éclairés de mon confrère et cependant ami le docteur Leduc, qui était connaisseur pour avoir fait celle de 14-18 comme fantassin et ne cessait de m'affirmer que « quarante mètres de béton au-dessus de soi ça valait mieux qu'un imperméable », demandai-je immédiatement à la Direction du Service de Santé qu'elle veuille bien me prévoir une autre affectation. J'allai même jusqu'à proposer de rendre mes caducées et d'être transformé en officier d'infanterie, rappelant à mes chefs que le brevet de PMS dont j'étais titulaire correspondait, de près ou de loin, à celui de chef de section!

Le médecin général inspecteur me répondit aimablement qu'il ne saurait en être question, et qu'un lieutenant d'infanterie se fabriquait en six mois alors qu'il fallait six ans pour faire un médecin. Il acceptait seulement de me donner une nouvelle affectation et, puisque j'avais fait mon service actif dans l'artillerie, je serais appelé, le cas échéant, à servir au 70e de l'Arme, comme médecin-chef d'un groupe lourd d'artillerie d'intervalle. J'avais gagné!

Pendant une année encore la ligne Maginot se complète de petits ouvrages intermédiaires entre les gros forts. Le béton de ces points d'appui est coulé nuit et jour par des troupes amenées en renfort, sous la haute direction des sapeurs de la chefferie de fortification. Celle-ci avait été grossie par des officiers de réserve du génie, effectuant leur année de service militaire, et je me souviens d'un aimable polytechnicien, ingénieur des Mines, qui, trouvant la vie triste dans le pays, y avait fait venir sa petite amie, laquelle passait son temps à faire des aquarelles qui n'étaient pas sans charme. Un jour qu'elle ne savait sans doute plus quoi peindre, elle s'en était allée avec ses cartons, ses pinceaux et ses tubes et, pour garder je suppose un souvenir de son joli lieutenant, avait pris pour objectif de son talent la petite barbette dont son ami était en train de surveiller l'achèvement. Mal lui en prit : les gendarmes passant par là l'arrêtèrent incontinent, accusée qu'elle était de prendre des renseignements militaires intéressant la défense nationale pour une puissance étrangère! Elle fut vite relâchée mais tout le monde avait bien ri, d'autant plus qu'il était évident que parmi tous les travailleurs étrangers qui « marnaient » depuis trois ans dans la fortification il y avait un contingent nécessaire et suffisant — pour les Allemands — de techniciens, à la fois de l'espionnage et des travaux de défense. Mais le jeune lieutenant ramassa quand même huit jours d'arrêts et fut prié de remettre sa « connaissance » dans le train de Paris.

On planta des rails anti-chars, on déroula du barbelé dans tous les sens, on creusa des fossés, on aménagea des postes d'observation, des lignes de repli, des casemates légères en béton, de plus légères en rondins, on lança des passerelles sur les rivières protégées par des nids d'armes automatiques tellement défilées qu'on ne les retrouvait plus aux jours d'exercice. De temps en temps, on voyait arriver de Paris quelques-uns des grands chefs qui venaient voir si tout était prêt : cela paraissait l'être mais, chacun s'en rendait compte, ne l'était jamais...

La garnison de temps de paix, dans le même temps, s'était singulièrement grossie : d'un bataillon, elle était passée à un gros régiment d'infanterie de forteresse; plus des unités importantes d'artillerie et des services du génie de plus en plus considérables, sans compter un escadron de gardes républicains à cheval dont personne n'ignorait qu'il était là pour parer en urgence première à toute tentative d'invasion. Leur chef, un brillant lieutenant, sorti de Saint-Cyr quelques années plus tôt, sera d'ailleurs tué le 10 mai 40 aux frontières du Luxembourg. Il s'appelait Luquet et, comme il était fort joli garçon, cela nous avait permis la sotte plaisanterie de le surnommer l'Affreux (l'Affreluquet!). Qui a pu écrire que le calembour est la fiente de l'esprit?

La qualité des cadres d'officiers avait également changé d'allure : au début ils étaient constitués de jeunes officiers qui tous étaient les « culots » de leur promotion de Saint-Cyr, de Saint-Maixent ou de Versailles, n'ayant plus d'autre choix, à leur sortie des écoles que Bitche, Stenay ou Longuyon. Par la suite, la réputation de la ligne Maginot avait grandi et l'on voyait débarquer dans tous les secteurs fortifiés de nouveaux cadres qui pensaient que leur avenir était là et qui profitaient en outre de la sévérité des garnisons de l'Est pour préparer l'Ecole de guerre. Certains, beaucoup plus tard, sont devenus de très grands chefs. En particulier, le général commandant le secteur fortifié de la Crusnes, un homme de valeur, sapeur et polytechnicien, qui avait succédé à un autre charmant général, africain de toujours, qui ignorait — et voulait ignorer — toutes les finesses de la guerre de demain. On racontait que le jour où il visitait, avec les meilleurs techniciens de l'électricité, l'énorme poste de transformation fortifié qui alimentait tous les ouvrages du secteur, alors qu'on lui expliquait que là arrivaient 25 000 volts et que l'on en renvoyait deux ou trois cents sur les forts, il avait innocemment demandé ce que l'on pouvait bien faire du reste! Cependant, quand il passait les revues du 14 Juillet avec, pendu à sa selle, un grand sabre en forme de yatagan, rapporté sans doute du Maroc ou de Syrie, il était magnifique...

Quelle était, la question m'a été posée, l'attitude des gens du pays devant cette ligne Maginot qui sortait de terre (et y entrait) au cours des années 1930 à 1939? Je crois sincèrement qu'ils étaient enchantés. Peut-être avaient-ils l'impression que l'on construisait là, entre eux et les dangers d'une autre guerre à venir, un rempart qui les mettrait à l'abri de tous les risques, pour eux et pour leurs biens : raisonnement léger sans doute, mais qui a dû cependant être tenu, parfois inconsciemment, par les uns ou par les autres. Les Longuyonnais étaient surtout ravis de voir renaître chez eux la vie de garnison d'avant 1914 qui, avec ses deux bataillons de chasseurs à pied, avait été pour eux une relance inespérée de leurs affaires. Les commerçants, les restaurateurs, les gargotiers conservaient la nostalgie de ces temps heureux où leurs boutiques s'étaient remplies de militaires suivis de leurs familles : des liens d'amitié s'étaient créés, des mariages s'étaient faits, des fortunes s'étaient amassées : on pensait volontiers au jour le jour, peut-être au lendemain, mais beaucoup moins aux surlendemains qui menaçaient, bien sûr, d'être dramatiques, mais paraissaient trop lointains pour que l'on s'y arrêtât davantage. Et puis, les gens de chez nous avaient toujours été grands amateurs de défilés militaires, de prises d'armes, de revues et de fanfares et ils étaient là copieusement servis. Où pouvait bien être l'ennemi qui aurait l'audace de s'attaquer à un tel système de fortifications dont les servants portaient tous, au revers de leur veste, l'insigne rassurant : « On ne passe pas »?

Septembre 38. Depuis plusieurs mois existe dans nos régions un état de semi-mobilisation ou, en tout cas, de semi-occupation des arrières de la ligne Maginot. Certains « disponibles » ont été rappelés, plusieurs divisions d'infanterie de tous les coins de la France sont venues prendre possession des secteurs qui leur sont réservés en cas de guerre et en particulier du secteur fortifié de la Crusnes dont le PC est à Longuyon. Depuis le printemps le secteur est grouillant de tirailleurs d'une DINA (1) venue de Périgueux. Un bataillon de Marocains cantonne à Colmey où l'officier qui le commande a voulu être aimable le jour de la première communion dans le village et a fait donner un concert devant l'église par sa nouba. Les hommes, m'ont raconté leurs officiers, étaient persuadés que les blanches communiantes qui sortaient de la messe leur étaient destinées à toutes fins utiles !

Nous tous qui étions mobilisables en échelon B et devions renforcer les unités de l'active du 6e corps, savions que nous aurions à rejoindre nos régiments dès que nous serions appelés par voie d'affichage. Août et septembre furent les mois les plus chauds et nous sentions que le moment était proche où seraient collées les fameuses affiches. Elles le furent en effet, le 25 septembre dans la soirée, qui précisaient qu'en quelques heures nous devions être là où le devoir nous appelait. Pour moi, c'était au fort Lorraine, en haut de la côte de Woippy, près de Metz, que je devais me rendre sans retard pour devenir le médecin-chef d'un groupe de 155 court Schneider du 70e RA, une unité de formation qui doublait le 46e de l'Arme de Thionville et tous deux « régiments d'intervalles de région fortifiée ». (Ce numéro 70 avait d'ailleurs été particulièrement mal choisi puisque les régiments d'artillerie de 70 à 80 étaient, théoriquement, les volants des divisions de cavalerie, mais on en était pas à çà près !) Les affiches ayant été collées le soir à la lanterne, je partis donc le lendemain à l'aube argentine et, n'allant pas très loin, j'arrivai pratiquement le premier, bien que je me sois trompé de fort et sois allé d'abord au fort Jeanne-d'Arc où l'on avait été, pour peu que j'aie un peu insisté, tout disposé à me garder !

Nous cantonnions dans le village de Saulny, à deux pas en dessous du fort dans les flancs duquel était stocké tout le matériel qui nous était destiné. Les mobilisés B

(1) Division d'infanterie nord-africaine.

arrivèrent au compte-gouttes, mis à part quelques fous de mon espèce qui, demeurant tout près, étaient accourus immédiatement et sans délai. Quant aux autres, les plus nombreux, ils étaient en vacances aux quatre coins de la France et avaient dû, expliquèrent-ils, repasser par Paris ou par Lille pour y reconduire leurs familles et y prendre leurs cantines. Le recrutement était essentiellement régional, mais un nombre important de réservistes venaient du Nord ou de la région parisienne où ils avaient été recrutés pour des raisons de rapidité ferroviaire. Les officiers et les sous-officiers avaient tous fait déjà quelques périodes d'un jour ou deux dans cette unité nouvelle afin de la mieux connaître (convocations profondes ou verticales, appelait-on ces périodes d'instruction accélérée). Les hommes étaient tout de même des artilleurs, mais certains avaient fait leur service actif dans la « campagne » et ignoraient tout du 155 court. Par ailleurs, le 70e RAMRF devait être motorisé, mais... il ne l'était pas encore : on avait cependant prévu des chauffeurs de camions et de tracteurs qui ne connaissaient rien aux chevaux réquisitionnés que nous pouvions voir arriver à Saulny.

Et puis, nous étions en Lorraine, et les animaux de trait qui nous étaient livrés étaient naturellement des Ardennais auxquels les harnachements n'étaient pas ajustés, ce qui obligeait souvent à allonger les sangles pour parvenir à les atteler. Il y avait cependant bon nombre de véhicules automobiles réquisitionnés du matin et qui ne manquaient pas d'originalité : des camionnettes du Familistère de Queuleu ou du marchand de meubles de Thionville.

On n'avait pas le temps de les repeindre, ni d'ailleurs de peinture pour le faire et elles allaient partir à la guerre comme une caravane publicitaire de tous les négociants du coin.

Personnellement j'avais touché tout mon matériel sanitaire parfaitement préparé et au complet, plus une ambulance qui avait largement fait la campagne 14-18 et qui, allègrement, suçait ses cinquante litres d'essence aux cent kilomètres. Les cadres du groupe étaient excellents : un chef d'escadron d'active qui n'y connaissait rien mais pigea très vite, un capitaine, d'active également, du 46e de Thionville qui sera l'âme et la cheville ouvrière de ce « Boum-boum-Circus ». Les lieutenants de réserve étaient pour la plupart des X, mais n'avaient pas beaucoup joué au soldat depuis leurs années de Fontainebleau : le baron Neveu, directeur de Kuhlmann, André Postel-Vinay, inspecteur des Finances, membre, après la guerre, du conseil de l'Ordre de la Libération, un normalien, professeur de mathématiques à Henri-IV, quelques ingénieurs des mines, plus le chef des services sténographiques du Sénat !

Le « veto » était un aimable fumiste qui, depuis sa sortie d'Alfort, soignait des petits chiens et des canaris dans le quartier de l'Etoile et estimait que « ces chevaux-là étaient des animaux beaucoup trop gros pour lui ». Parmi nos chevaux réquisitionnés, il y avait la jument *Marie* affectée à la 3e batterie et dont nous apprîmes, par la voix du colonel qui en avait été avisé par le général commandant les services militaires de l'Elysée, sous couvert de monsieur le général commandant le 6e corps, qu'il fallait en avoir grand soin car elle appartenait à M. Lebrun, cultivateur à Mercy-le-Haut et frère du président de la République. Et il avait fallu que le capitaine commandant la 3e batterie signât un papier prouvant qu'il en avait été avisé.

Un capitaine rigolo qui avait fait la guerre de 1914 comme « crapouilloteur » et portait sur sa croix de guerre d'époque autant de clous que de services rendus aux différentes unités d'infanterie auxquelles il avait été prêté en ces temps héroïques, avait tenu à se faire affecter le plus lourd des Ardennais du contingent, auquel il avait donné le nom du pur-sang alors le plus illustre pour avoir gagné à Auteuil je ne sais quel grand prix de printemps. En somme, rien ne paraissait très sérieux, d'autant plus que les hommes ne dessoulaient guère, ravitaillés qu'ils étaient en vins et spiritueux de toutes sortes que leur livraient à domicile leurs femmes ou leurs petites amies. Certains en riaient, mais il n'y avait pas de quoi et tout cela était infiniment triste...

Après trois jours de Saulny et un retard de certainement vingt-quatre heures, nous prîmes allégrement la route qui devait nous mener à Walmestroff, au nord-est de Thionville, où nous allions nous mettre en batterie. Presque tout le monde, à la vérité, arriva à peu près au but, mis à part les motorisés de toutes sortes qui se retrouvèrent dans les fossés, le plus souvent par leur faute, parce qu'ils avaient fait les fous avec leurs camionnettes ou que celles-ci avaient, au bout de quelques kilomètres, refusé d'avancer. Il y avait bien un dépanneur avec son mécanicien qui devaient faire les chiens de berger le long de la colonne : ils circulaient dans un charmant side-car au panier en paille tressée, comme pour aller à la pêche le dimanche, et le véhicule n'avait pas été le dernier à demander grâce. La traversée de Thionville n'avait pas été un mince succès de curiosité pour les indigènes riverains qui reconnaissaient leur crémier ou leur charcutier parmi les valeureux canonniers du groupe lourd du 70e d'artillerie!

Je ne sais pas ce qui s'est passé dans les autres unités, mais je pense qu'il en a été de même que dans la mienne où tout a été assez bien fait et réglé dès que nous avons été à pied d'œuvre. Déjà, on sentait que la guerre des Sudètes allait faire long feu et, malgré les ordres, d'ailleurs insuffisamment fermes, les bonshommes ne cessaient de faire le mur, et ceci d'autant plus facilement qu'il n'y en avait pas, et s'en allaient « se noircir la gueule » au bistrot le plus proche. Il en a été de même, je pense, dans tous les régiments, groupes et escadrons de mon secteur et probablement dans les autres aussi, où tous les jours on avait peine à dénombrer les accidents d'auto dont se trouvaient victimes les réservistes de 1938. Le tout se termina sur le terrain de manœuvre de Thionville-Basse-Yutz, par une revue glorieuse passée par Daladier retour de chez Hitler : fier comme un Impérator romain, debout dans une Hotchkiss découverte, il avait l'air fier d'être soldat ! Je pense qu'il était le seul.

Regagnant assez tristement mes foyers, je n'ai pu que compter les véhicules de toutes sortes renversés dans les fossés par des chauffeurs ivres de vin... et de fausse gloire. Le commandement en a d'ailleurs tiré les conséquences et arrêté les mesures à prendre... pour l'année prochaine.

VOLONTAIRE POUR LE GROUPE FRANC

Nous étions toujours en possession des mêmes ordres de mobilisation qu'en 1938 et nous devions, une nouvelle fois, rejoindre nos unités dès l'affichage des ordres B aux murs de nos mairies : c'est le 24 août qu'elles y furent collées et que nous regagnâmes nos centres de mobilisation, en avance de quelques jours sur la mobilisation générale qui, cette année, ne semblait pas pouvoir manquer. Pour moi, cette fois encore, le fort Lorraine à Metz-Saulny où je retrouvai les mêmes qu'en septembre 1938 : mais cette année nous étions motorisés, donc plus de chevaux, mais de magnifiques tracteurs Somua ou Latil, flambant neufs, pour tirer nos 155, un camion-atelier splendide et le tout à l'avenant.

La mise en route fut infiniment plus rapide que l'année précédente : chacun connaissait toutes les finesses de la mobilisation et c'est sans aucun retard sur les prévisions du commandant que nous reprîmes la route de Walmestroff où nous retrouvâmes nos positions de 38 et où nous attendait, déjà arrivé, le noyau d'active du 46e de Thionville qui, une nouvelle fois, avait changé ses numéros pour des 70... C'est là que nous toucha l'ordre de mobilisation générale et je me rappelle avoir, au début de la nuit du 1er septembre, décollé une affiche, encore toute fraîche de la farine du garde-champêtre, et l'avoir glissée au-dessus de ma cantine : en souvenir...

Il faisait encore beau, une magnifique fin d'été, brûlante de soleil sur toute la vallée de la Moselle. Aussi, le matin, me fis-je doucher à poil au pied de la fontaine du village, à grands seaux d'eau glacée, par mon ordonnance étonnée. Mais le commandant du groupe, ayant assisté de sa fenêtre à mes ablutions matinales, déclara à la popote, à midi, que tout était parfait mais que malheureusement le toubib était sans doute un peu fou car il l'avait vu se laver tout nu dans la rue. D'autre part, il signalait que j'avais un sabre : il l'avait aperçu, de ses propres yeux également, serré dans les courroies de ma cantine. Je crois que je l'étonnai en lui déclarant que j'avais aussi des gants blancs, au fond de cette même cantine, que « je mettrai le jour où il me décorerait ! »

La pauvre guerre des Sudètes avait appris pas mal de choses à tous et à chacun et j'en avais retenu, en particulier, que les bottes les plus élégantes sont peu faites pour aller à la guerre; aussi, l'une des premières choses que j'avais faites avait été d'aller demander au maréchal des logis-chef, qui distribuait les tenues, de me donner une paire de godillots de troupe et des houseaux réglementaires, grâce auxquels il me fut enfin possible de marcher sans me tordre les pieds dans les trous et les bosses des cantonnements et des positions de batteries.

Depuis longtemps nous étions parés quand on apprit dans la journée du 3 septembre que la guerre était déclarée à l'Allemagne, le matin à 11 heures par l'Angleterre, le soir à 17 heures par la France : à cette heure-là je faisais une visite dans son PC de batterie à un camarade qui voulait me faire admirer son abri, profondément creusé sous terre. Ses appareils téléphoniques lui permettaient d'écouter les nouvelles diffusées par la TSF et quand, après une déclaration ampoulée de Daladier, retentit une *Marseillaise* enrouée, nous avions beau être seuls, je me rappelle que nous nous levâmes tous les deux de nos tabourets, dans un garde-à-vous impeccable, la main droite au képi, comme pour saluer cette Chose, la Guerre, qui commençait et que nous avions tendance, dans nos esprits, à limiter au petit horizon de la position de batterie du 70e régiment d'artillerie, à dix kilomètres au nord de Thionville...

Rien ne se passa, sans un coup de canon ni tiré, ni reçu, pendant quelques jours, quatre ou cinq je pense, puis l'ordre arriva un soir, d'aller le lendemain occuper de nouveaux emplacements de tir, entre les villages de Kirschnaumen et d'Evendorf, à quelques portées de fusil, cette fois, de la frontière allemande. Nous devions y être plus ou moins rattachés au corps d'armée colonial du général Freydenberg (le CAC que nous baptisâmes bien vite le CLAC). J'y partis de très bonne heure avec le commandant de groupe qui m'avait proposé de l'accompagner pour préparer et choisir au plus tôt mon poste de secours. Villages complètement abandonnés par toute population civile mais occupés par des unités de la 12e DI (8e Zouaves, 106e et 150e d'infanterie). C'est ce matin-là que j'eus pour la première fois une horrible vision du pillage en règle de ces villages lorrains évacués et livrés à des troupes qui se croyaient peut-être en Allemagne et retournaient les armoires comme en pays conquis : leur excuse était que souvent, au-dessus du lit, on pouvait admirer la photographie du grand-père coiffé d'un casque à pointe ! J'y volai d'ailleurs pour mon compte une couverture qui ne me quitta jamais de toute la campagne.

Le commandant avait établi son PC à Evendorf où, nous qui n'avions pas fait la guerre de 1914-18, reçûmes le baptême du feu, le 9 septembre, sous forme d'un bombardement par canon dont les coups tombèrent surtout dans les jardins, ou plutôt dans les vergers comme disent habituellement les militaires ! Tout autour du village. J'eus quelques blessés qui avaient eu la déveine de se trouver là où il ne fallait pas. Comme nos pièces étaient justement en position de tir nous reçûmes l'ordre bientôt de répondre par quelques salves de 155 : l'honneur me fut fait de tirer le premier coup de canon, et pas avec le long cordon d'exercice, d'une pièce qui n'avait pas encore fait son trou sous ses roues et qui me bouscula dans son recul en m'envoyant sur mon cul dans le tonnerre du départ.

Pendant les quelques jours qui suivirent, les bruits les plus divers ne cessèrent de circuler, de l'état-major aux cuisines roulantes et de celles-ci aux pièces, alimentés par le passage d'une DINA dont on disait qu'elle était en route pour la Sarre. Pourquoi pas pour Berlin? En attendant de la suivre, nous tirions quotidiennement quelques coups de canon sur des objectifs incertains qui nous répondaient d'une façon tout aussi incertaine. Comme un jour je demandais à l'officier de tir sur quoi il tirait, il me répondit en me montrant son plan directeur : « sur l'O d'Oberperl ».

Je ne sais plus si c'est ce jour-là que Postel-Vinay commit quelque erreur de calcul et fit tirer sur les fantassins français qui ripostèrent par des fusées réclamant l'allongement du tir, mais il fut désespéré et je me souviens que le soir même, il me fit part de sa décision de demander à être versé dans l'infanterie comme chef de section. Ils étaient même deux ce soir-là, à vouloir demander un changement d'arme : l'autre, aussi belliqueux que Postel, ingénieur des mines, tourna très mal et finit dans les steppes de Russie sous l'uniforme de la LVF. Il avait fait, au moment de sa décision, une erreur de parcours et un mauvais calcul : mais qu'avait-il calculé au fond de sa conscience?

C'est dans les mêmes jours que je fus prié, par un aimable lieutenant d'artillerie qui commandait un « groupe autonome de repérage par le son », de bien vouloir assurer le service médical de son unité qui était, en effet, assez voisine de nos batteries. Je fis ainsi connaissance d'une bande de jeunes fumistes aux écussons rouges de l'Arme, bordés de trois soutaches bleues que je n'avais jamais vues mais qui permettaient de les reconnaître. Ils maniaient un tas d'instruments compliqués dont je pensais qu'ils ne servaient à rien : tout le secteur, en effet, savait fort bien d'où partaient les coups de canon que nous recevions. De chez eux, on avait une très belle vue sur un vieux château en ruine, le château fort de Malbrough où j'allai un jour porter secours à quelques fantassins qui y étaient retranchés et avaient reçu de méchants obus : c'étaient des biffins du très glorieux 150e d'Infanterie et l'un d'eux était mort d'un éclat qui l'avait touché droit au cœur (pour une fois, c'était vrai!). L'éclat avait d'abord transpercé l'insigne de son régiment : un chamois debout dans un losange vertical. Cet insigne, je l'ai gardé longtemps, jusqu'au jour où, après la guerre, ce régiment tenant garnison à Verdun, je l'ai confié à son colonel pour être vénéré dans la salle d'honneur : je pense qu'il s'y trouve encore.

A cette époque, je faisais mes évacuations de blessés sur l'hôpital de Thionville où opérait un brillant chirurgien de la ville, mobilisé sur place : c'était le docteur Raul que je devais retrouver plus tard à l'Hôtel-Dieu de Mont-Saint-Martin où, pendant toute l'occupation, il dirigea le service de chirurgie, en attendant que Thionville soit libéré. Une fois ou deux, ayant accompagné moi-même à l'hôpital l'un ou l'autre de mes éclopés, j'avais fait sa connaissance : il m'avait demandé d'où je venais et d'où mes batteries tiraient le canon. Il avait manifesté un vif intérêt quand je lui avais expliqué que nous sévissions dans la région des villages de Kirschnaumen et d'Evendorf.

« J'y ai de très belles chasses, me confia-t-il, dont j'espère qu'elles sont protégées contre les braconniers et j'aimerais que vous me le confirmiez à l'occasion. »

J'avais au-dedans de moi doucement rigolé car tout le

monde savait là-haut que chaque mousqueton était devenu fusil de chasse et que les popotes étaient toutes ravitaillées en faisans et en chevreuils de la forêt royale de Kahlenhofen. J'avais cependant promis à M. Raul de m'en occuper et, pour le lui prouver, la semaine suivante, en descendant à Thionville un canonnier maladroit qui avait dû se tordre le pied en débranchant un faisan la nuit à la lanterne, je commandai à mes gars de préparer un ou deux cuissots de chevreuil que je voulais offrir au propriétaire de la chasse, pour bien lui montrer que nous nous en occupions activement. Je ne suis pas sûr qu'il ait goûté cette fine plaisanterie.

Hélas les meilleures choses ont une fin et, après quelques semaines, le groupe fut ramené sur ses positions initiales à Walmestrof : le bel élan de septembre était tombé et l'invasion de la Sarre n'était plus qu'un projet mort-né : les boches en avaient terminé avec la Pologne. On ne tirait presque plus le canon, sauf deux ou trois coups chaque soir, à la même heure, comme pour confirmer aux Fritz que nous étions toujours là. Les affectés spéciaux quittaient en rangs serrés les unités de l'avant, on jouait au bridge à longueur de soirée et même les canonniers reprenaient les habitudes de temps de paix et se présentaient à la visite chaque matin, en colonne par quatre, pour des rhumes de cerveau ou des tours de reins ! Et puis, je n'avais plus rien à lire ! Nous avions terminé, Postel et moi, l'échange mutuel que nous nous étions fait de deux forts volumes à la mode en ce temps-là : *Autant en emporte le vent*, et *Augustin ou le Maître est là* (auquel je n'avais absolument rien compris : c'était trop fort pour moi !).

Cependant, on entendait raconter dans les popotes que la guerre continuait aux avant-postes et que les « groupes de reconnaissance » se battaient toutes les nuits du côté de la Sarre. Aussi, très vite en eus-je assez de cette guerre ensommeillée et, un jour, je priai mon colonel de bien vouloir m'établir un ordre de mission me permettant de me présenter au médecin-général de la 3e armée, aux environs de Metz, à Rozerieulles, je crois. Je voulais lui demander une nouvelle affectation selon mes goûts. La chance était avec moi : je fus d'abord fort bien reçu; le médecin-général eut seulement une toute petite déception en apprenant que je n'étais pas un officier du Service de Santé d'active, mais il voulut cependant bien me dire que, pour des raisons diamétralement opposées, le médecin du 8e GRCA (groupe de reconnaissance de corps d'armée du 6e CA) demandait lui aussi une mutation et qu'il allait donc nous interchanger. Ce qui fut fait dans les trois jours.

Je rejoignis donc au château de Landonvillers, entre Metz et Boulay, le groupe d'escadrons motorisés qui y cantonnait sous les ordres du commandant de Gaulejac. Dans le village voisin, à Pontigny, se trouvaient les escadrons à cheval avec le commandant Boudet. Le colonel y avait également son PC. Dans ces escadrons servaient des officiers d'active du 30e dragons de Metz et des réservistes venant de tous les horizons possibles : un avoué de Paris, le lieutenant Rougeot, un inspecteur des PTT, le lieutenant Carcassès, à l'accent du midi, plusieurs agriculteurs de la région parisienne : Mahoudeau, Gréan, Pluvinage, etc.

Pour le 8e GRCA aussi, la guerre était alors en état d'hibernation, sauf pendant les deux ou trois jours, des 15 au 17 janvier, qui correspondaient à l'atterrissage forcé, en Belgique, d'un avion boche bourré de renseignements sur une attaque prochaine. Il faisait alors un froid sibérien et, pendant ces trois jours, on laissa tourner tous les moteurs de nos voitures quelques heures par jour et même par nuit, pour qu'ils fussent prêts, le cas échéant, à nous emporter là où il faudrait. Nous n'allâmes nulle part et les moteurs comme les hommes se rendormirent.

Seul le groupe franc du GR était engagé, en avant de Falck-Hargarten, sous les ordres du lieutenant Delacour.

Celui-ci venait parfois prendre un repas avec nous, à la popote de Landonvillers, et nous parlait alors de ses sorties de nuit jusqu'aux petits postes allemands en face des nôtres. C'est ainsi que me vint l'idée de demander à être détaché au groupe franc à titre permanent. J'en dus demander d'abord l'autorisation à mon colonel qui me déclara qu'il n'y voyait pas d'inconvénient mais que je devais obtenir cette semi-mutation à la fois du corps d'armée et de la direction du Service de Santé. Il voulut bien me donner l'ordre de me présenter à ces hautes instances. Je m'y rendis sans perdre de temps et parvins assez facilement à convaincre les uns et les autres qu'il y aurait un intérêt certain à ce qu'un médecin accompagnât les patrouilles au cours de toutes leurs actions et que les hommes se sentiraient en quelque sorte... protégés, s'ils me savaient tout près d'eux. Tout cela était évidemment sans valeur véritable, mais suffisamment convaincant pour décider mes chefs à me donner raison et en tout cas à me laisser libre d'agir à ma guise. Une nouvelle fois, je bouclai ma cantine.

Nous cantonnions alors à Courcelles-Chaussy, gros bourg de la Moselle, qui était plein comme un œuf de troupes de toutes sortes, et où je me rappelle avoir eu, plus que n'importe où ailleurs, la pénible impression d'assister au ramollissement de l'armée française. Je l'avais vue en septembre 39, même sur ses arrières, prête pour toutes les actions qui lui seraient commandées, mais comme rien n'était venu la maintenir dans cette tension d'arc bandé et tout prêt à envoyer ses traits, elle s'était d'elle-même laissée aller à la mollesse, et même à la paresse la plus éhontée. Il était affreusement pénible pour ceux qui, comme moi, revenaient de la zone avancée, d'assister à la déliquescence de l'armée dans laquelle ils avaient tous mis leur foi et leur confiance. La tenue était mauvaise, la discipline relâchée, le salut honteux. La troupe, en un mot, était devenue un troupeau, troupeau d'hommes sans but, sans volonté et sans idéal, et pour lesquels le commandement essayait en vain de trouver des occupations revirilisantes, à défaut d'utilisations guerrières. C'étaient des matches de football entre régiments voisins et, le soir, des séances de théâtre aux armées aussi indigentes que des matinées de patronage !

Nous voulûmes, un soir, y assister, quelques camarades et moi, mais tout était tellement bête que nous ne tardâmes pas à manifester à haute voix notre désaccord. On vit alors se lever d'un fauteuil d'honneur, au premier rang de l'orchestre, une sorte de commandant, peut-être même de colonel, qui se dirigea vers nos bancs du fin fond de la salle pour nous intimer, de sa belle voix de commandement, l'ordre de bien vouloir immédiatement vider les lieux. Nous étions bêtes et encore disciplinés, et surtout nous en avions assez de ces galéjades, aussi obéîmes-nous sans tarder, mais dans un certain fracas de sièges renversés et de bottes lourdement traînées.

C'est ensuite je crois que, pour nous consoler, nous décidâmes de prendre la route de Metz pour aller souper chez Moitrier. C'était un fameux restaurant d'avant-guerre, feutré et distingué, tenu par de très dignes demoiselles du même nom. Notre entrée y fit également scandale : il était à cette époque pratiquement réservé aux officiers anglais de la division britannique qui occupait un petit créneau du secteur de Bouzonville. Là aussi, nous fûmes littéralement « vidés » par un maître d'hôtel vieillot qui vint au-devant de nous les bras en croix pour mieux nous faire comprendre qu'il n'y avait pas de place. Notre « partie » se termina près de la gare, dans une crémerie à employés de chemin de fer, en face d'un steak et d'une portion de frites, mais en buvant cependant, je m'en souviens, un sacré petit vin de Scy-Chazelles, des côtes de Moselle. Puis nous regagnâmes nos quartiers et moi, le lendemain, les avants-postes de Dalem là où, au moins, en avant du fossé et du réseau antichars, on touchait une solde augmentée de cent sous par jour : la prime de combat qui était en réalité de dix francs, mais dont on devait toucher la seconde moitié quand la guerre serait finie. C'était le pécule!

C'est à Dalem, minuscule village très en avant de la ligne Maginot, que je rejoignis le groupe franc Delacour. De Gauléjac m'avait personnellement accompagné; je crois qu'il m'aimait bien et je l'entends encore faire ses recommandations au lieutenant-chef-de-bande : « Je vous amène le toubib qui tient absolument à faire le fou avec vous. Ayez-en soin, empêchez-le de faire trop de conneries, ça me ferait de la peine s'il se faisait bêtement descendre. »

Je pense que c'est ici le moment de rappeler ce qu'étaient en 1939-40 les actions commandées aux groupes francs établis en face des Allemands, de Wissembourg à Sierk, c'est-à-dire tout au long de la ligne de front qui n'était défendue ni par le Rhin, ni par les frontières de Belgique ou du Luxembourg et où rien ne permettait de s'assurer que l'ennemi n'était pas en train, en un lieu quelconque, de rassembler des troupes d'assaut contre la ligne Maginot. Celle-ci était en effet distante d'une vingtaine de kilomètres des avant-postes boches et n'avait naturellement aucune vue précise sur l'adversaire. Merten, par exemple, était un point de rassemblement possible pour quelques unités blindées amenées jusque-là dans le secret de la nuit et d'où aurait pu être déclenchée une attaque massive sur notre ligne de fortifications, sans que s'en fussent même aperçu les guetteurs des gros ouvrages.

Nous avions bien sûr des avant-postes fixes en face de la frontière allemande, mais il fallait aussi se rendre compte, pratiquement tous les jours, que le dispositif ennemi restait égal à lui-même et ne devenait pas le rideau derrière lequel se préparait une véritable offensive : nous étions les « sonnettes d'alarme » de tout ce front et en particulier aux points que les routes et les voies ferrées rendaient susceptibles de devenir des lieux de groupements préoffensifs.

Ce renseignement, nous devions aller le chercher au plus près de tout ce qui pouvait, pour les Fritz, devenir une base de départ facilement utilisable. D'où ces patrouilles de reconnaissances qui nous étaient pratiquement commandées toutes les nuits et qui, il s'en fallait, n'étaient pas uniquement des promenades au clair de lune! Loin de moi la pensée de dire que seuls les groupes francs avaient une part quelconque dans la guerre! En effet, du nord au sud de la frontière existait une ligne de défense établie à quelques kilomètres en avant de la ligne Maginot et qui, sans être d'une continuité sans faille comme en 14-18, était faite de petits postes, en permanence occupés par des unités d'infanterie séparées les unes des autres de quelques centaines de mètres. La nuit, chacune de ces légères garnisons s'enfermait derrière son réseau de fils barbelés, protégée par ses guetteurs, à l'écoute de tout bruit anormal... Ces bruits anormaux étaient souvent provoqués par un chevreuil ou un sanglier qui s'était piqué les pattes dans les ronces des barbelés! Au jour, chacun de ces petits postes détachait une patrouille qui rencontrait à mi-chemin celle du voisin et permettait ainsi de s'assurer que rien, pendant la nuit qui finissait, ne s'était passé de fâcheux. La voie était libre alors d'un poste à l'autre et ouverte aux différentes corvées qui devaient jusqu'au soir les ravitailler et les visiter.

Naturellement, ces communications entre postes voisins se faisaient par leurs arrières et par des cheminements semi enterrés qui les maintenaient, théoriquement, à l'abri des vues de l'ennemi. Mais rien de tout cela n'était rigoureusement vrai et je me souviens d'un jour où quelques officiers très supérieurs de l'état-major du corps d'armée furent pris du besoin pressant de visiter les avant-postes (je les ai toujours soupçonnés d'avoir voulu, ce matin-là, voir si quelques citations ne traînaient pas dans les fossés du secteur!). Il me fut demandé de les guider ; j'avais en effet l'habitude d'y aller chaque matin et je connaissais donc parfaitement les lieux : je pense que le boche d'en face avait fini par me connaître lui aussi très bien, mais qu'il ne faisait pas grand cas d'un promeneur solitaire en bonnet de police et canne à la main. Mais ce jour-là il dut être étonné de me voir suivi d'une demi-douzaine de guerriers casqués et inhabituels, aussi fit-il sans tarder déclencher un tir d'interdiction sur notre passage, ce qui me valut une jolie engueulade de la part de celui de ces messieurs qui se trouvait être le plus ancien dans le grade le plus élevé. Je crois me rappeler que nous ne poussâmes pas plus avant !

« IN PERICULO LUDENT ! » (1)

C'est donc à Dalem que je suis arrivé dans la matinée de l'un des plus beaux jours de ma vie ! Dalem où sont cantonnés les groupes francs du 14e GRDI (lieutenant de Cordon) et le nôtre, celui du 8e RCA (lieutenant Delacour). Installation dans « ma maison » — chacun a la sienne — et déjeuner très gai dans cette petite popote où nous étions ce jour-là quatre officiers, dont je suis le seul qui ait survécu aux jeux dangereux de la guerre... Parmi eux, Cordon, qui commandait le GF de la 26e DI et sera tué quelques jours plus tard.

C'est au cours de ce déjeuner que Delacour m'annonce la sortie du soir : « On ira se promener cette nuit et je vous emmène, vous ferez ainsi sans plus attendre votre éducation de médecin de groupe franc. »

La patrouille est prévue pour 22 h : il s'agit seulement de reconnaître le village de Merten et de familiariser avec lui les cadres des groupes francs de cette 26e division, en secteur depuis peu de temps dans la région : simple reconnaissance, sans mission de combat. Dans l'après-

(1) Ils jouent dans le danger (devise du 7e dragons).

midi — j'y assiste — mise au point de la sortie de la nuit prochaine : quelques sous-officiers sont là, eux aussi, et donnent leur avis sur les points qui leur semblent les plus épineux. J'entends pour la première fois des termes qui me deviendront vite familiers : éclaireur de pointe, accrochage, dégagement... Comme d'habitude, l'affaire est montée sur cartes, plans directeurs et photographies aériennes.

La soupe des hommes est fixée à 18 h 30, celle des officiers à 19 h. Le reste de l'après-midi se passe pour moi à compléter mon installation et surtout à préparer ma « tenue de sortie », telle que me l'a fixée Delacour : culotte kaki de troupe, moins visible que nos culottes claires d'officiers, bottes de caoutchouc, plus silencieuses que nos souliers à clous, veste de motocycliste qui, taillée en rase-pet, ne risque pas de s'accrocher dans les barbelés. Pas de casque, mais le bonnet de police qui ne brille pas, ne fait pas de bruit et permet de mieux entendre tout en étant moins lourd. Des gants et, comme armement, mon 92 et une canne ! Professionnellement, il faut bien que je justifie ma présence : une légère musette bouclée sur quelques paquets de pansements et un ou deux garrots.

Quand j'arrive à la popote, les hommes quittent déjà le cantonnement et, silencieux, vont en file indienne, conduits par un maréchal des logis. Ils ont quatre kilomètres à parcourir à pied pour gagner, à Falck, le *Café des Sports* où nous les rejoindrons tout à l'heure en voiture, mais chacun a glissé en outre quelques grenades dans son ceinturon.

Dîner court et gai, sans alcool, et à 20 h nous montons en voiture. La route sera plus longue que le raccourci sous bois et nous aurons une dizaine de kilomètres à faire par les abords de Téterchen et par Hargarten dans une magnifique soirée de fin d'hiver. La voiture est celle de Delacour, aux glaces cassées et à la carrosserie trouée de blessures déjà anciennes. En travers de la glace arrière, une banderole faite de lettres trouvées en quelque cimetière et qu'un optimiste a assemblées en inscription de couronne mortuaire : « Groupe franc du 8e GRCA. »

En sortant de voiture, Delacour m'indique la cachette dans laquelle il glisse la clé de contact : « Pour si j'étais tué » me confie-t-il, sérieux comme un pape.

Dans l'ombre, nous retrouvons nos hommes et ceux d'autres unités qui nous accompagnent et auxquels nous devons faire cette nuit les honneurs de Merten. En tout cinquante ou soixante guerriers que l'on découvre peu a peu dans l'épaisseur de l'ombre. Les dernières recommandations sont faites par les officiers aux sous-officiers et par ceux-ci aux hommes et, en route ! La colonne se met en marche dans la nuit profonde. On franchit la dernière chicane du dernier de nos avant-postes où la consigne est soigneusement donnée aux guetteurs : « Nous rentrerons vers deux heures et nous signalerons notre arrivée par trois coups de sifflet brefs et rapprochés. » Les cigarettes sont jetées, chacun tousse ou se mouche une dernière fois : on n'en aura plus le droit jusqu'au retour. Et la marche reprend, souple, silencieuse et régulière. Nous traversons un bois épais sous lequel l'obscurité est encore plus noire et je ne peux m'empêcher de penser que derrière chaque arbre, au fond de chaque fossé, une arme ennemie peut nous guetter.

Sortis de cet Eichenwald et après une bonne heure de marche, nous arrivons aux lisières de Merten : il y fait totalement noir et la lune qui, un moment, avait éclairé notre marche, s'est cachée à peine découverte. Delacour m'a commandé de suivre un sous-lieutenant de notre groupe qui, pendant toute l'action, m'en expliquera les conditions de réussite, les difficultés et les fautes à éviter. C'est cet admirable Henri Allemand qui sera tué plusieurs mois plus tard dans ce même Merten au cours d'une autre opération. Parvenus au village, nous laissons un FM avec ses servants sur un petit pont qui précède les premières maisons ; il sera chargé de protéger notre repli en cas de décrochage rapide et forcé. D'ailleurs, à chaque coin de rue, une arme automatique est postée dans le même but et notre colonne va donc en s'amenuisant au fur et à mesure que nous avançons et qu'elle se dégarnit de ses arrière-gardes.

Nous sommes maintenant à moins de cent mètres des petits postes allemands installés, nous le savons, au cimetière de Merten. Mon guide, que je ne quitte guère, me fait à voix basse la topographie des lieux : « Ici la rue des Zouaves, là, la rue du Milieu, là-bas la maison du Docteur. » Noms fantaisistes donnés par l'habitude et par le rappel d'anciennes patrouilles. Tout bas, il me dit en se retournant : « Sous ce pommier, nous en avons tué deux l'autre jour; il y a un mois, dans cette grange, nous avons fait trois prisonniers. Vous entendez ce chien qui gueule, il y a sûrement du monde dans le village et on risque de s'accrocher... »

Dans ce long Merten, nous continuons notre marche en avant; on devine plutôt qu'on ne le voit l'homme qui nous précède. Tout à coup, je perçois un murmure : « Barbelés, couchez-vous et faites passer! » et, à tâtons, je me couche, je rampe et je comprends que nous franchissons le réseau de barbelés en sentant les piques faire des trous dans ma veste et dans ma culotte! Encore un barbelé, encore une barricade et nous sommes au bout de notre course. Arrêt prolongé sous les fenêtres d'une maison, du côté de l'église. C'est à ce moment-là qu'au-delà du cimetière, chez eux, monte dans le ciel une magnifique fusée blanche. Que signifie-t-elle? On n'en sait rien, aussi pendant quelques minutes on attend le tir d'artillerie ou la contre-attaque qu'elle peut avoir pour but de déclencher si nous sommes découverts. Mais rien ne se produit et les respirations reprennent, plus profondes.

L'ordre est alors donné de faire demi-tour. Le village a été visité à fond, notre mission est remplie et il faut rentrer, sans attendre davantage. Et c'est la même suite de barbelés, de chariots entremêlés, de petits murs et de fossés qu'il faut franchir sans les voir : notre file indienne, comme un bas qu'on retire, devient plus longue au fur et à mesure qu'à chaque croisement elle se grossit des hommes qu'à l'aller on y avait laissés en éléments de sécurité. On sort du village, on regagne la forêt où la nuit est tellement profonde qu'on y tombe jusqu'aux genoux dans les trous d'obus et les ornières remplies d'eau. Et cette marche de retour semble plus longue, je ne sais pourquoi, que celle de l'aller, tant elle est rendue difficile dans les chemins coupés de réseaux, barrés d'arbres abattus que l'on devinait encore un peu au départ sous de vagues lueurs de lune. Enfin, trois coups de sifflets brefs et rapprochés et l'on franchit la chicane, sains et saufs et... sans se faire tirer par nos avant-postes. Les cigarettes s'allument, les conversations reprennent, il est 3 h du matin et j'ai reçu le baptême du groupe franc auquel j'ai l'honneur d'appartenir.

Combien d'autres la suivront cette première patrouille, combien en guiderai-je moi-même dans cette forêt de la Houve qui deviendra mon terrain de chasse familier, au point que je finirai par avoir le quasi-monopole d'y conduire les groupes francs des nouvelles divisions venues là s'entraîner jusqu'au mois de mai. Très facilement, j'obtins du commandement une situation de tout premier choix : celle de médecin-chef de tous les groupes francs des divisions dépendant du corps d'armée dans le secteur de la Houve.

2.

Les « seigneurs » du 8e GRCA

Le comte de Gauléjac, commandant le groupe d'escadrons motorisés du 8e GRCA. Un grand pur-sang, peut-être un peu en dessous de sa condition, ou plutôt un sloughi, ramené comme lui des confins des déserts d'Afrique du Nord, où il avait accompli la plus grande partie de sa carrière. Il en avait rapporté un besoin de chaleur et de soleil dont il semblait toujours manquer sous les climats humides et froids du secteur « entre Sarre et Moselle ».

Dans les cantonnements de repos, il vivait dans une indifférence totale à tout ce qui pouvait se faire autour de lui, passant son temps dans un coin de son PC, le coin où brûlait une sorte de petit cubilot de tôle qu'il entourait de ses longues jambes maigres et à la chaleur duquel il essayait de réchauffer ses mains glacées. Quand je l'y rejoignais, sous quelque prétexte que ce fût, ses premières paroles étaient toujours : « Venez toubib, venez vous asseoir en face de moi pour vous réchauffer les couilles ! » Puis, généreusement, il m'offrait une cigarette de son éternel paquet de Gitanes papier maïs que je me plaisais à appeler des cigarettes d'officier supérieur. Puis, tout d'un coup, il regardait l'heure, qui devait être celle du berger, et me priait de vouloir bien m'assurer que sa voiture était devant la porte ; cette voiture, qu'il nommait pompeusement son carrosse, était pilotée par un élégant brigadier pour lequel il ne devait guère avoir de secrets car le Dieu seul des amours guerrières et ce chauffeur savaient où il pouvait bien aller chercher l'aventure !

Ce qui était le plus frappant, aux jours de repos, dans l'allure de ce chef, c'est que toujours il avait l'air de sortir d'une salle de jeux ou de se préparer à y entrer. Le jeu, en effet, était son vice et je l'ai vu ramasser la moitié de la solde de l'un ou l'autre d'entre nous, tout bonnement aux dominos. Cependant, sa grande affaire était le bridge, que l'on jouait après le repas du soir, dès que l'adjudant de semaine était venu rendre l'appel. Il y entrait en transe, mais en transe contrôlée par son habituel sang-froid et nous l'avons tous vu, certains soirs, refuser de jouer parce que la carte qu'il avait tirée pour commencer la partie était la dame de pique qui, comme chacun sait, porte malheur. Ces soirs-là, il ne se désintéressait cependant pas de la partie et passait son temps à examiner les treize cartes de chacun des joueurs et, à celui qui était assis en face du mort, il disait : « Mais voyons, mon bon ami, ces trois cœurs, vous devez les faire très facilement. » Et je pense qu'il regrettait de n'avoir pas à les jouer lui-même.

La première fois où j'avais bridgé avec lui, une veine insolente et des impasses heureuses, risquées par pure inconscience, m'avaient fait gagner. Plus tard, il me dit : « Toubib, il faut que je vous fasse un aveu : la première fois que je vous ai vu à une table de bridge, j'ai cru que vous saviez jouer aux cartes ! » Car il disait toujours « jouer aux cartes » et non au poker ou au bridge. En dehors du service, et même peut-être dans le service, quand nous étions plusieurs réunis autour de lui, à attendre ses ordres, sa première phrase commençait toujours par ces mots : « Mes Seigneurs. » Comme au grand siècle. Et quand le vaguemestre était passé : « Bonnes nouvelles de vos bergères ? »

Un tel homme ne pouvait, bien sûr, pas faire la guerre

sans un officier-adjoint et, comme ce poste n'avait pas été prévu pour son commandement, il avait choisi et pris auprès de lui l'un de ses chefs de peloton qui était plutôt son chef de cabinet ou même son chambellan. L'objet de ce choix était l'un de nos meilleurs camarades, le lieutenant Bruyneel, qui réunissait toutes les qualités requises pour un tel honneur. Ancien spahi, il avait gardé, contre tout règlement, le képi à fond rouge et à bandeau bleu clair et les galons d'or. Et même il n'hésitait pas, en certaines occasions, à sortir de sa cantine le burnous rouge des cavaliers d'Afrique dont je pense qu'il ne les avait connus que dans les quartiers de Senlis ou de Compiègne. Ses qualités de confident, je suppose qu'il les tenait d'une pratique déjà longue des cabinets ministériels et il devait, plus tard, les faire fructifier jusqu'aux charges fort honorables de député, de sénateur et de ministre...

Dès qu'était venue l'heure de l'action, le commandant de Gauléjac devenait un autre homme : son sens de la guerre était celui d'un grand chef : il savait prévoir les moindres mouvements de l'ennemi, y parer le moment venu et ses ordres devenaient alors durs, fermes, exigeants et précis autant qu'il le fallait. Il ne supportait pas cependant que quoi que ce fût le fatiguât physiquement, faute de quoi sa respiration devenait rapide, haletante, difficile, et il s'arrêtait. Un jour où je désirais le conduire sur l'une de nos positions que j'avais visitée le matin et qui m'avait semblé « un peu en l'air », il me déclara qu'il voulait bien aller avec moi jusqu'où je voudrais « à condition qu'il fût possible de s'y faire mener en carrosse »! C'est ce que nous fîmes, mais l'endroit n'était pas très éloigné des Fritz et, pendant que nous étions arrêtés devant le mur blanc d'une école de village, à quelques centaines de mètres d'un petit bois, un coup de fusil en partit dont l'impact s'inscrivit dans le mur, juste entre nos deux têtes. « Merde, il tire bien! » dis-je en reculant. Mais lui, sans bouger d'une oreille, me répondit : « Pas si bien que ça, sans quoi il devait en tuer au moins un des deux! »

Son courage ressemblait à une sorte d'indifférence lointaine, bien plus qu'à la bravoure téméraire d'un sabreur de Reichshoffen.

Le baron Boudet, commandant le groupe d'escadrons à cheval du 8e GRCA descendu tout droit et à cheval de je ne sais quel tableau de Detaille ou de Meissonnier, était une pieuse et héroïque relique de la guerre de 1914. Quand on le voyait, branché sur son grand pur-sang gris recouvert d'une peau de mouton qui évoquait singulièrement les chabraques d'antan, on se demandait d'abord s'il venait de charger à Rezonville ou à Wagram, ou même, comme l'affirmaient certains, à Azincourt ou à Malplaquet.

Une toute petite tête, pas plus grosse qu'un poing fermé. Mais qu'aurait-il fait d'une grosse tête? Toutes ses qualités étaient ramassées bien au fond de sa selle d'arme et dans ses longues, longues jambes, fendues, semblait-il, plus haut que la boucle de son ceinturon. Tel qu'il était, et à cheval, il était historiquement beau!

A la popote, c'était autre chose, et je me souviens d'un jour où je m'étais permis de l'inviter à notre table avec un autre vieil officier de cavalerie, rappelé après l'âge de la retraite pour commander les trains régimentaires d'une division d'infanterie qui cantonnait comme nous à Courcelles-Chaussy. Ce chef d'escadrons avait appris qu'il y avait tout près de lui le médecin d'une unité de cavalerie, encore à cheval, et il avait fait appel à moi pour soigner ses rhumatismes. Nous nous étions plu à les faire dîner face à face et ce n'est qu'au bout d'un très long moment qu'ils s'étaient aperçus qu'ils étaient de la même promotion et qu'il était donc de leur devoir de se tutoyer. Et cela n'avait plus été que ramassis et échange de souvenirs vieux d'une autre guerre :

« Comment donc s'appelait notre écuyer?

— Tu sais bien, un nom en L.
— Oui, tu as raison, un nom en L.
— Attends, je me rappelle : Ballore.
— Oui, c'est bien ça, Ballore. »

On avait mal aux tibias, à force de coups de pied sous la table. C'est alors, ou dans des cas semblables, que le commandant Boudet réclamait la bouteille de mirabelle que, Bacchus seul sait pourquoi, il appelait « l'eau pour les yeux ». Quand il avait vidé son verre, il se dépliait de sa chaise pour se lever et s'en allait vers la porte en faisant connaître à tous, en toute simplicité, « qu'il allait pisser, et que ce ne serait pas sans fanfare ».

Le marquis de Bouillé ne dédaignait pas de servir aux armées de la République et il commendait au 8e GRCA l'escadron hors-rang. Ancien combattant de la guerre 14-18, il avait passé l'âge des gamineries de la première ligne, mais les rubans de décorations agrafées sur sa poitrine montraient qu'il en avait autrefois connu d'autres. Cet EHR était la source de tous les besoins matériels de l'unité : ravitaillement de toutes sortes, habillement, parc automobile, etc. Aucun d'entre nous ne pouvait ignorer qu'il aurait, une fois ou l'autre, l'occasion d'avoir recours à lui. Monsieur de Bouillé sortait peu de ses terres, qui étaient, pour le moment, celles du château de Verny où il menait une vie de grand seigneur mais où il ne lui déplaisait pas de recevoir à sa table chacun de ceux qui venaient lui présenter leurs devoirs. Mon commandant m'ayant dit un jour qu'il serait courtois que j'y allasse à mon tour, je fis téléphoner pour lui demander s'il voulait bien me recevoir : il me pria à déjeuner.

Je fus reçu d'une façon fort aimable, mi-mondaine, mi-guerrière. Il voulut bien s'enquérir d'abord de mes éventuels besoins : je n'en avais aucun. Et nous passâmes à table. Physiquement, le capitaine de Bouillé faisait penser aux portraits que l'on a pu voir de Saint-Exupéry : même distinction un peu lourde, même regard brillant d'intelligence et de contact humain. Le service était impeccable : couverts d'argent à ses armes, menu simple, mais très au-dessus de celui de l'ordinaire, vins d'Anjou de la bonne année, le tout servi par une ordonnance noire, sans doute importée des Iles et pour laquelle son maître avait fait couper un spencer blanc marqué sur sa poche, en haut et à gauche, de l'insigne du GR : un numéro 8 sur fond noir du « Graoully » de la ville de Metz bordé du triple jonc d'argent des groupes de reconnaissance.

Mais comme le maître de maison recevait en pantalon long et en bottines vernies aux petits éperons d'argent, je me sentis quelque peu gêné avec mes bottes éculées et mes lourds éperons réglementaires qui, cependant, avaient l'avantage de mieux claquer chaque fois que je me présentais devant un supérieur ou que j'en prenais congé. C'est ce que je fis.

J'avais déjà entendu parler de Claude Delacour dans nos popotes et je savais que, le GR étant au repos dans les cantonnements de Landonvillers et de Courcelles-Chaussy, il commandait le groupe franc de notre unité. Certains l'enviaient, d'autres admiraient ses actions, sans éprouver cependant l'envie d'être à sa place : la preuve en était que c'était à lui, sous-lieutenant de réserve, tout frais licencié en droit, qu'était revenu l'honneur de commander cette troupe d'élite qui, seule, avait gardé le contact avec l'ennemi tout au long de la « drôle de guerre ». Et j'entends encore l'un de nos capitaines dire de lui : « A force de jouer au con, c'est seulement la croix de bois qu'il va récolter ! »

A la fin de l'un de ces déjeuners qu'il avait pris avec nous, nous nous étions sentis attirés l'un par l'autre et je lui avais posé la question : « Que diriez-vous si je me faisais affecter chez vous ? » Il avait trouvé l'idée excellente et m'avait quitté en me disant simplement : « A bientôt, si le ciel et nos chefs le veulent ! » Comme je l'ai dit, ils le voulurent bien, et il me fut alors donné de connaître et d'aimer ce garçon de vingt-trois ans.

Il était avant tout un guerrier, mais un guerrier paresseux, à l'air toujours un peu absent et endormi; il donnait à penser à un jeune lion toutes griffes rentrées et les yeux mi-clos qui avait besoin de confort et d'aise. Il faisait transporter dans la camionnette de son groupe franc un matelas, un fauteuil et un petit meuble de bureau, le tout ramassé je ne sais où et auquel il tenait infiniment. Le fauteuil lui servait, dès son lever qui n'était pas de bonne heure : il s'y installait pendant que son ordonnance, qui savait raser, lui faisait la barbe et qu'il buvait le quart de café qui lui avait été apporté de la cuisine. C'est ensuite qu'il abandonnait sa robe de chambre de soie bleue pour se mettre en tenue et, assis « à son bureau », faire le compte rendu de la sortie de la nuit précédente et préparer le coup de main de celle qui allait suivre. Puis venait, avant la soupe de midi, l'entraînement des hommes sur le petit terrain qu'il avait fait installer dans un vague enclos. Là, il devenait singulièrement sévère, dur et exigeant : le moindre de ses ordres devait par chacun être compris et exécuté dans un temps record. Et malheur à celui qui ne se faisait pas assez plat, moi comme les autres, pour passer sous le barbelé sans en faire vibrer les fils, malheur à celui qui mettait plus de dix secondes pour passer de la position du rampeur à celle du tireur couché, à genoux ou debout, et deux fois malheur à celui-ci s'il manquait la cible découpée en silhouette d'homme ou s'il ratait l'objectif qu'était n'importe quel morceau de bois lancé par lui dans n'importe quelle direction. Et je me souviens de sa joie le jour où nous avions découvert, dans une pâtisserie d'Hargarten, un stock de cartons ronds tels qu'en utilisent les marchands de gâteaux pour y déposer les tartes! On les lançait dans tous les azimuts et il fallait au mieux les trouer à coups de fusils, de revolver ou de pistolet-mitrailleur.

Puis venaient les répétitions de combat corps à corps :

les étranglements, les doigts dans les yeux et les coups de pied dans le ventre qu'il faudrait inventer quand l'occasion s'en présenterait! Mais je dois reconnaître que les Fritz avaient au moins autant d'imagination que nous et qu'ils bénéficiaient, dans cette « drôle de guerre », de tout ce qu'ils avaient pu apprendre dans les grands jeux des Hitlerjugend et qu'il leur arrivait de nous baiser aisément chaque fois qu'il s'agissait pour eux de se regrouper après une débandade probablement voulue, guidés par les cris, parfaitement imités, de la chouette ou du chat-huant.

Nous avions cependant appris à connaître leurs rappels et toutes leurs finesses et savions à l'avance s'ils allaient se rameuter à droite ou à gauche ou si avait été hululé pour eux l'ordre de retraite ou celui d'un nouveau bond en avant.

L'armement qu'avait choisi Delacour était fort varié : le mousqueton de cavalerie, notre arme de base, le PM arme nouvelle, inconnue dans les corps de troupe, mais dont les groupes francs avaient cependant perçu un certain nombre. Ces pistolets-mitrailleurs avaient été — disait-on — fabriqués en France pour être vendus aux républicains espagnols mais le commandement était chiche de ses munitions : celles-ci se présentaient en chargeurs doubles de 16 cartouches dans chaque sens, du même calibre que celles des Allemands : aussi était-il recommandé à tous, en cas de combat, de rapporter le plus possible de ces chargeurs dont nous étions toujours à court.

Les armes de poing étaient des pistolets modèle 35, jusqu'au jour où Delacour découvrit son arme personnelle : un magnifique revolver modèle 92 de 8 mm. Il n'en voulut plus avoir d'autre. L'arsenal de Metz en possédait qui nous furent facilement cédés. Personnellement, Delacour préférait, pour les combats dans l'ombre, le fusil de chasse et les cartouches à gros gibier : « Vous ne pouvez pas savoir, me disait-il, combien un coup de chevrotines est efficace dans le buisson où se cache un Fritz dont, sans le voir, on devine la présence. »

Bien sûr, il y avait l'entraînement au combat à la grenade : le jet devait en être rapide, précis et efficace, et correspondre exactement à ce que l'on attendait des OF (1) qui devaient faire beaucoup de bruit et très peur, ou des F1 (1) qu'il fallait lancer avec beaucoup plus de précision puisqu'il s'agissait, grâce à elles, de se défendre et de tuer. Enfin, Delacour avait prévu des reconstitutions de mines ennemies et des exercices de détection et de désamorçage qui devaient être réussis les yeux bandés. Certaines n'étaient pas dangereuses pour les piétons : nous les appelions des « mines de rien »!

Le groupe franc était bien l'œuvre de son chef, et il en portait le nom. Il avait su y faire naître et vivre une discipline de fer, joyeusement consentie dans un esprit de confiance mutuelle incroyable. Parfois, après le déjeuner, les yeux de Claude paraissaient s'agrandir, son regard se faisait plus brillant, on avait l'impression que ses griffes de jeune fauve devaient s'acérer : le lion s'était réveillé, il montait dans sa voiture et prenait la route de Metz : peut-être y allait-il dévorer quelque innocente chevrette.

Contre toute attente, ce n'est pas cette guerre-là qui le tua : il fut blessé dans les Vosges, fait prisonnier le 21 juin, et emmené en captivité. Il avait mon adresse et m'écrivit pendant plusieurs années des cartes d'Oflag qui, gentiment, me remerciaient du tabac ou du chocolat que j'avais pu lui envoyer. Puis, un jour, je reçus de lui une lettre, une vraie lettre dans une enveloppe avec un timbre d'Hitler: il m'y expliquait qu'il s'était fait affecter par les boches à un travail en ville : il était, ajoutait-il, à peu près libre et était employé dans une fabrique de mécanique-optique. J'avoue avec remords que j'en ressentis une certaine désillusion mais j'étais prêt, bien sûr, à tout lui pardonner: je pensai seulement

(1) OF : grenades offensives. F1 : grenades dites quadrillées.

que le jeune lion avait eu faim et s'était mis en chasse, à la recherche de quelque nouvelle « Junge Zieger » blonde d'outre-Rhin.

C'est seulement après la guerre que je reçus de son père, officier de cavalerie à la retraite en Normandie, un mot me disant que Claude était mort en Allemagne, décapité à la hache en 1945, dans une prison de Hambourg : tout pour moi s'éclaircit et j'écrivis à son père l'affection d'homme et de soldat que j'avais eue pour son fils. Peu de temps après, une image mortuaire me fut envoyée sur laquelle je pus lire, avec une émotion infinie, ces quelques lignes que j'avais moi-même écrites dans la lettre que j'avais adressée au commandant Delacour :

Je le revois, tranquille et hardi, son mince sourire toujours au coin des lèvres et tellement brave qu'il en semblait téméraire. Je revois son élégance, son chic cavalier, son amour du danger, l'orgueil qu'il avait de sa troupe et l'affection qu'il avait pour elle.

J'ai confié ce mémento à la garde du 30e Dragons : il s'y trouve à l'ombre de l'étendard, dans la salle d'honneur du régiment, au camp de Valdahon (1). Delacour m'avait bien souvent parlé de sa famille et du château de Livry, dans le Calvados, en faisant des projets de rencontre pour « après la guerre ». Bien plus tard, j'ai voulu connaître cette propriété qu'il aimait tant : je suis allé à Livry : j'y ai vu un joli château normand, livré aux colonies de vacances ; j'ai vu au cimetière du village une tombe de famille sous laquelle reposent ses parents et ses deux sœurs, dont souvent il m'avait parlé, et j'ai vu, sur une plaque de marbre blanc, ces quelques mots :

Claude Delacour : 1916-1945 — Lieutenant de réserve au 30e régiment de Dragons.

Croix de guerre. Mort pour la France. Priez pour lui.

(1) Le 30e Dragons a cessé d'exister le 23 septembre 1978. Il a été remplacé au Valdahon par le 5e Dragons dont un escadron garde la tradition du 30e.

Pour les cartes d'état-major, elle était seulement le passage à niveau nº 12, au croisement de la route de Merten à Creutzwald et de la ligne de chemin de fer de Metz à Sarrelouis.

Pour nous, elle était la « maison de la garde-barrière » à laquelle nous pensions avec une sorte d'attendrissement, comme à une cabane de bergère! Cabane que nous connaissions bien pour aller parfois pendant la nuit voir si les Fritz l'occupaient ou non.

Bien des hommes y avaient écrit leur nom, français ou allemand, sur les murs blanchis à la chaux de la pièce du rez-de-chaussée, au hasard des incursions successives, et on y ramassait parfois un paquet de cigarettes boche vide, preuve qu'ils « étaient venus ».

L'accès en était relativement facile, quoique les Allemands aient eu, sur le bout de la route qui y aboutissait, un tir bloqué de mitrailleuse qu'ils déclenchaient chaque fois que quelque chose leur donnait à penser que nous nous en approchions de trop près. La zone dangereuse était aisément évitée à condition de la dépasser en empruntant le cours d'un vilain petit « Merdenbach » au fond duquel on marchait pendant une centaine de mètres avec de l'eau jusqu'aux genoux. Il y avait, à une portée de fusil plus au sud, un joli petit bois d'acacias dont les fleurs devaient devenir enivrantes à l'approche du mois de mai. (« Fiancés, disait une affiche publicitaire à l'usage des corps francs collée à un mur du *Café des Sports,* ne manquez pas au cours de votre voyage de noces de visiter le bois des Acacias avec ses parfums sensuels... »)

Un jour d'avril, mon camarade le lieutenant de Cordon qui commandait le groupe franc du 14e GRDI et qui sera tué peu après dans le secteur, a reçu l'ordre de visiter le soir même cette « maison de la garde-barrière ». Comme il pensait que l'on serait peut-être amenés à un combat corps-à-corps si Fritz était avant nous dans la place, il déplora de ne pas avoir de fusils Mas 36, dont la baïonnette rentrant dans le fût était préférable à celle du mousqueton portée au ceinturon et qui, toujours, se coinçait dans les barbelés. Comme j'étais allé quelques jours plus tôt faire un tour avec le groupe franc d'un régiment d'infanterie qui cantonnait à Creutzwald, j'avais remarqué que les hommes le possédaient, eux, ce fameux Mas 36. Je proposai en toute simplicité à Cordon d'aller emprunter quelques-unes de ces armes à l'officier qui en disposait. C'était le lieutenant Guérin, officier de réserve lui aussi, comme nous l'étions Cordon et moi. Nous ne fûmes donc pas effleurés par l'idée du sacrilège qui allait être commis en détournant des armes de leur affectation réglementaire ! Je partis tranquillement, seul dans ma voiture, sans penser que c'était folie de traverser ainsi, sans aucune escorte, toute la forêt de la Houve. Parfois, en effet, il nous arrivait, aux boches comme à nous, de déposer un « voyeur » (ainsi disions-nous) presque à l'intérieur des lignes ennemies, dans une cave de maison isolée ou même en pleine nature, dans un creux de rocher, muni de « petits vivres » pour 24 ou 48 h. Nous l'abandonnions là au cours d'une patrouille et allions le rechercher une ou deux nuits plus tard, après qu'il eut disposé du temps et de la lumière nécessaires pour voir ce qui se trafiquait dans le coin.

En principe ces isolés, que le commandement, je ne sais pourquoi, désapprouvait, n'avaient aucune mission de combat mais seulement d'observation et il est probable que, souvent, il nous arrivait, ou aux Allemands, de passer à quelques pas de l'un ou de l'autre. Rien cependant de fâcheux ne m'arriva et je fis affaire avec Guérin :

« Combien en veux-tu ?

— Avec six, ce sera suffisant !

— Rapporte-les-moi sans faute demain matin ! »

Je le promis bien sûr, et m'en revins avec mes six arquebuses sur mon siège arrière.

« Il vous les a prêtés ? me demanda Cordon, tout de même un peu étonné.

— Bien sûr, puisque les voilà ! »

La patrouille se mit en route le soir et se termina d'ailleurs sans que rien ne se fût produit : les boches n'étaient pas au rendez-vous et nous laissâmes seulement la « maison de la garde-barrière » ornée de quelques graffiti supplémentaires. Nous essuyâmes au retour un assez méchant tir de mitrailleuse qui nous donna quelques soucis pour le franchissement de la voie ferrée, mais les Allemands, cette nuit-là, tiraient à balles traçantes, ce qui, à mon avis, est un avantage qui permet de mieux éviter les trajectoires, et il n'y eut aucune casse. Le lendemain matin, comme convenu, je retournai à Creutzwald, restituer les fameuses pétoires à leur propriétaire : il n'en manquait pas une !

Quand, plus tard, je racontai l'histoire à des camarades — militaires plus chatouilleux que je ne l'avais été moi-même sur le respect des règlements de l'armée —, tous essayèrent de me faire comprendre de combien peu j'avais frôlé le conseil de guerre dans cet horrible trafic d'armes ! J'aimais avoir avec ceux-ci, les militaires professionnels, des discussions d'autant plus plaisantes qu'elles étaient plus idiotes. Un jour j'avais fait remarquer qu'il me paraissait dénué de bon sens d'accrocher sur les branches d'arbre, comme des fils de la vierge, au lieu de les poser tout simplement par terre, les lignes téléphoniques volantes qui faisaient communiquer entre eux les PC et les différents avant-postes : elles auraient ainsi beaucoup moins risqué de se faire couper par les éclats d'obus et d'isoler les sacrifiés de l'extrême pointe de l'avant.

« Comment faites-vous, avais-je poliment demandé au commandant, quand des coups de canon tombent sur votre route ? Quant à moi, brave mais pas téméraire, je me couche dans le fossé et me garde bien de grimper aux arbres, ce qui serait, convenons-en, une connerie sans nom. Sans compter le nombre d'autres occasions que nous avons tous, dans une seule journée, de faire le singe. Sauf bien entendu, le respect que je vous dois. »

***

Par une nuit sans lune, nous avons quitté une nouvelle fois le fortin du *Café des Sports,* ancien bistrot où, avant la guerre, les gens de Falk et d'Hargarten devaient venir le dimanche boire de grands demis de bière en regardant la partie de foot ! En notre temps, le café n'était plus qu'une maisonnette d'un étage aux fenêtres aveuglées de sacs de sable et aux murs renforcés de troncs d'arbre abattus dans la Houve voisine. Du côté ennemi, quelques meurtrières garnies d'armes automatiques braquées sur les sentiers qui filaient vers la Sarre. En avant, deux ou trois postes de guetteurs, bien armés et camouflés. C'était à ceux-ci que l'on donnait, à chaque départ, le mot ou la chanson qui leur ferait part de notre retour.

A l'intérieur, quelques sédentaires, fournis par une unité d'infanterie voisine, en avaient la garde et l'entretien. Il n'y avait rien à boire !

Cette nuit-là, nous le quittâmes pour aller je ne sais où, faire je ne sais quoi, mais ce dont je me souviens c'est que très vite tout commença à mal aller : un homme toussa, un autre laissa tomber son PM et eut toutes les peines du monde à le retrouver dans le noir. Nous commencions à nous demander si tout n'était pas raté, avant même d'avoir commencé, tellement peu nous avions été silencieux, quand un troisième de nos cavaliers se prit les pieds dans un fil de fer qui n'aurait pas dû traîner là. On le suivit, ce fil, sur quelques dizaines de mètres et l'on s'aperçut qu'il allait jusqu'à un buisson du bord du chemin d'où sortit, comme un sanglier de son roncier, dans un grand bruit de branches froissées, un homme seul qui, les coudes au corps, prit la direction des Fritz. Un coup de fusil, un seul, tiré presque au jugé, l'arrêta dans sa Feldwebel qui, une fois remis sur ses jambes, parut tireur et veinard, qui lui avait logé une balle dans la poitrine. Il n'était naturellement plus question de poursuivre notre route : on ramassa l'homme, un jeune Feldwebel qui, une fois remis sur ses jambes parut pouvoir marcher.

On comprit tout de suite qu'il était en train de poser une ligne d'écoute à proximité du fortin pour que « ceux d'en face » fussent prévenus de nos sorties bien avant que nous fussions au voisinage de leurs lignes d'avant-postes. Déjà, à plusieurs reprises, nous avions vu de telles installations de micro. Le Feldwebel, que j'avais pris en charge et que je poussais au cul en le ramenant chez nous, continuait à marcher relativement droit, jusqu'au moment où, au passage de la dernière chicane de barbelés, il s'effondra dans mes bras. C'est presque en le portant que je le ramenai de notre côté des fils de fer où je l'étendis doucement pour jeter un coup de lampe électrique sur sa blessure : un tout petit trou d'entrée en arrière à hauteur du poumon droit, mais une affreuse plaie en avant, au lieu de sortie de balle. Il parlait encore et je me rappelle avoir été, avec lui tout naturellement, d'une infinie douceur, pas en gestes seulement, ce qui était la moindre des choses, mais en paroles aussi, que je voulais réconfortantes et autant que je le pouvais consolantes car, faute de pouvoir l'aider à vivre, je voulais au moins essayer de l'aider à mourir. Il le fit dans mes bras.

Le lendemain matin, on l'enterra dans le petit cimetière du village de Falk et nous voulûmes que quelques hommes du groupe franc lui rendissent les honneurs militaires : « Garde à vous ! Présentez... armes ! » Et un brigadier qui était dominicain récita le *De profundis*.

Parfois, il nous arrivait à l'un ou à l'autre, c'est-à-dire à Delacour ou à moi, d'avoir envie de nous aérer après la soupe du soir qui se prenait tôt, comme tout ce que font les militaires, et nous décidions de filer à Metz avant qu'il ne soit l'heure de se mettre en route pour la reconnaissance de nuit qui allait suivre. Et toujours, avec le même bon esprit de camaraderie, le lieutenant Henri Allemand nous donnait « quartier libre » en promettant qu'il allait « garder la maison ».

Henri Allemand était un sous-lieutenant ancien, qui venait des adjudants-chefs et avait conservé comme un respect exagéré pour les officiers que nous avions été avant lui et le souci de nous éviter toutes les corvées matérielles de la troupe que nous formions. Nous prenions alors, dans la nuit tombante, la route de Metz, après nous être sapés en tenue n° 1 : pantalons longs à sous-pieds, bottines à éperons de ville et képis aux couleurs de nos armes ou services. Il me souvient que ma tunique portait alors aux poches de poitrine un bouton d'artilleur d'un côté et un bouton blanc de cavalier de l'autre !

Le commandement avait la faiblesse de nous considérer un peu comme ses enfants chéris et nous avait remis à chacun une permission permanente pour Metz. Cette « grande vie » consistait à aller boire un jus d'orange au *Café du Globe,* en face de la gare, monument grandiose du germanisme d'entre les guerres de 70 et de 14 et rendez-vous de tous les militaires en goguette du secteur : officiers de toutes armes, français et anglais, pharmaciens, intendants, aviateurs et tous, la chose était assez remarquable, vêtus de tenues semblant beaucoup plus que les nôtres faites pour aller à la guerre ! Un seul détail : nos croix de guerre sur lesquelles louchaient un peu les habitués des deux sexes de cette taverne de luxe !

Nous nous asseyions, Delacour et moi, sur un guéridon isolé et commandions toujours, et uniquement, un jus de fruit. Delacour, en effet, interdisait formellement l'alcool avant toute action de nuit, à lui comme aux autres. Nous demeurions là d'ailleurs peu de temps, que nous passions à regarder les autres clients du bistrot, des femmes de toutes sortes, des civils et sans nous dire un seul mot : nous savions que dans une heure ou deux nous franchirions la dernière chicane des avant-postes, vêtus en chasseurs... ou peut-être en gibier. Probablement la chose nous donnait-elle à penser.

En remontant en voiture, nous revérifions les armes, car nous allions devoir, un peu imprudemment, parcourir avant d'arriver à Dalem quelques kilomètres qui n'étaient pas absolument sûrs : « Dalem, disait une autre pseudo-affiche d'agence de voyages, Dalem, ses fantômes, ses feux d'artifice ! »

C'est d'ailleurs vers la fin du mois d'avril, je crois, que le corps d'armée se rendit compte seulement que son groupe franc avait choisi comme centre de ses opérations ce village de Dalem qui, en fait, était très en avant de la dernière ligne de nos avant-postes, et donc à la merci de n'importe quel coup de main boche un peu culotté. Il nous fut ordonné de le quitter et de nous porter immédiatement à Falk, à quelques kilomètres en arrière. Dans la maison que je m'affectai il y avait un piano : c'était la belle vie !

Il y avait cependant un inconvénient, c'est qu'une section d'artillerie baladeuse y venait souvent tirer quelques coups de canon ; après quoi elle rentrait chez elle, Dieu seul sait où, pendant que nous étions là, bons pour recevoir le tir des boches qui, régulièrement, rendaient la politesse.

Un matin, je suis allé à Metz faire quelques achats pour ceux qui étaient à court de lames de rasoir ou d'eau de Cologne et j'ai assisté, de loin, à une magnifique prise d'armes que s'offrait la division relevée hier dans notre secteur, après six semaines de contact avec l'ennemi. En rentrant j'ai raconté cette vision d'histoire qui m'a permis d'admirer ces guerriers d'hier, en train, comme je le disais, de « s'entre-décorer ». Mais qui dit division relevée dit aussi nouvelle division engagée et celle-ci, nous l'avions appris, était de Clermont-Ferrand.

Deux jours après, nous sommes attablés dans notre popote quand l'une de nos ordonnances vient annoncer qu'un lieutenant demande à voir le docteur; il entre et, bien réglementairement, claque des talons, salue, se présente et se découvre : il souhaite me voir pour des raisons parfaitement extra-médicales. Il est, nous dit-il, le commandant du groupe franc de son bataillon et a reçu l'ordre de ses chefs de reconnaître certain petit bois « en croupe » que je situe très vite, et de s'assurer s'il est ou non occupé par les Fritz. Le pauvre garçon s'est aperçu qu'il ne trouve pas facilement sur les cartes et sur les plans directeurs dont il a été pourvu, les chemins et les sentiers qu'il lui a été recommandé d'emprunter. Comme il a entendu dire dans le quartier que le médecin du groupe franc du 8e GRCA est un habitué de ce genre de promenades nocturnes, il vient tout bonnement me demander de bien vouloir l'accompagner pour guider sa patrouille. Et bien sûr, j'accepte puisque de notre côté nous ne devons pas sortir cette nuit.

Rendez-vous est pris pour 23 h au *Café des Sports* de la gare de Falk, lui accompagné de ses quinze ou vingt bonshommes. Je les y retrouve le moment venu et m'assure d'abord que le chef a bien fait exécuter les consignes que j'avais données : pas de casque mais le bonnet de police pour tout le monde, pas de capote mais veste et ceinturon et un armement léger, sans baïonnettes qui sont des trucs à se faire piéger dans les barbelés que l'on risque de rencontrer. Je ne souhaite pas trop de lune car je sais que l'on aura à franchir une sorte de pré, entre deux bois, où il serait pernicieux d'être trop visibles; aussi ai-je choisi l'heure qui me semblait la meilleure pour cette partie de campagne.

Je fais aux fantassins du groupe mes dernières recommandations : « Toussez, mouchez-vous et pissez, car vous n'en aurez plus le droit tout à l'heure ! »

J'ai pris naturellement la place de l'éclaireur de pointe puisque je suis le seul à savoir où, exactement, il va falloir que nous posions nos pieds. Jusqu'au voisinage de l'objectif tout se passe sans histoire, sauf qu'à l'entrée d'un bosquet, j'ai levé sous mes pas un faisan qui est parti dans un bruit terrible : mes suivants ont cru que c'était un boche qui se sauvait et ont, m'ont-ils avoué après, failli tirer dans le tas. Quand nous arrivons à proximité du fameux petit bois en croupe, dont je sais qu'il est desservi par un chemin de terre descendant bordé de deux fossés, nous organisons en silence notre couverture : un FM à droite, un autre à gauche et, à quelques-uns, nous nous glissons en rampant dans le fossé montant : une petite centaine de mètres à faire pour arriver aux lisières : nous n'en avons pas fait la moitié quand nous commençons à entendre parler allemand et des ordres donnés à mi-voix. En outre, des bruits de masses percutant des piquets probablement recouverts de sacs pour atténuer les bruits : le bois est occupé. Il est même mis en état de défense. Mission accomplie, il ne reste plus qu'à aller se coucher et, demain matin, mon petit camarade ira rendre compte à son chef de bataillon...

C'est alors que le drame commence, ou plutôt l'émotion : du bois je vois sortir à cinquante mètres un chien qui me semble être aussi grand qu'une vache, vu comme il l'est d'en bas et d'en dessous. Il s'approche de nous et plus particulièrement de moi qui rampe en tête de colonne. Mais qu'est-il ce chien ? Un chien errant ou celui des Allemands qui enfoncent leurs piquets ?

Une trouille terrible me fait sortir mon revolver de son étui bien que je me rende parfaitement compte que tuer le chien, qu'il soit civil ou militaire, n'arrangerait pas du tout notre situation.

Mais il n'a pas l'air très belliqueux ce berger allemand et, en reniflant doucement, il s'approche de moi, de plus en plus près, et sans aucun air agressif : je le laisse venir. Il me sent et, très naturellement, se met à me lécher la figure jusqu'à ce que, du bois, une voix appelle : « Wolf, komm daher ! » Et il s'en va alors, bête et discipliné, retrouver son maître.

La manœuvre de dégagement commence : on redescend le fossé, on se regroupe et on prend sans histoire le chemin du retour. Le lendemain, quand je raconterai à mes camarades l'affaire du chien, je concluerai en disant qu'il s'agissait sans doute d'un chien de soldats, mais certainement pas d'un chien de guerre ! Dieu sait pourtant que je m'y connaissais en chiens de soldats pour traîner avec moi, depuis août 39, mon bouvier des Flandres que j'avais amené à la guerre, faute de savoir qu'en faire. Très vite d'ailleurs, il avait préféré à ma compagnie celle des cuistots qui, autour des roulantes, le nourrissaient comme un roi ! *Max,* c'était son nom, n'aimait d'ailleurs pas les coups de canon, malgré les qualités fameuses de sa race : attaque et défense !

« SI MA PAUVRE MÈRE ME VOYAIT ! »

Delacour est en permission : il m'a paru partir sans joie ; il ne lui plaît pas de nous laisser et d'abandonner, même pour quelques jours, ce groupe franc qui est pour le moment sa seule raison d'être. Il m'a fait mille recommandations et en particulier m'a dit, jour par jour, où il sera pendant son absence, afin qu'il me soit possible de le rappeler en cas de malheur.

Il a passé naturellement son commandement à Henri Allemand et c'est sous les ordres de ce dernier que le service continue. Cette nuit, une fois de plus, une reconnaissance dans Merten. Elle se révèle un tragique traquenard dans lequel nous tombons. Le village est fortement et astucieusement occupé : une souricière qui se referme derrière nous et dans laquelle on entend vite les armes pétarader de tous les côtés : des hommes de chez nous sont blessés, d'autres entrés dans les maisons n'en ressortent pas, tués, blessés ou prisonniers. Mais surtout, le sous-lieutenant Henri Allemand, magnifique de courage et de sang-froid, meurt frappé d'une rafale d'arme automatique. Son corps sera cependant rapporté et enterré dans le petit cimetière de Bionville, à quelques kilomètres à l'arrière sur la route de Saint-Avold.

Outre une peine immense, cette mort et cet enterrement furent pour moi un cas de conscience difficile : la femme de notre camarade, en effet, demeurait à Metz et tout le monde savait qu'il allait fréquemment la voir et lui faisait remettre son courrier par le vaguemestre. A mon avis, il fallait immédiatement la prévenir avant qu'elle ne l'apprenne par des rumeurs portées par l'une ou l'autre des corvées qui, journellement, allaient à Metz. Je me présentai au colonel pour lui faire connaître ma façon de penser : ce n'était pas la sienne et il me rappela que les avis de décès des combattants ne devaient être remis aux familles que par la voie hiérarchique et ceci, dans un délai mal prévisible. Il voulut bien cependant me faire connaître, qu'à l'officier de son GR que j'étais, il interdisait formellement une démarche personnelle, mais qu'au médecin que j'étais également il ne se voyait pas le droit de donner un ordre dans ce cas particulier.

Je me rendis donc à Metz, à l'adresse que je savais, et y trouvai une jeune femme que je ne connaissais pas mais qui, voyant en moi un médecin et sur ma tunique l'insigne du 8e GRCA, devina immédiatement la nouvelle que je lui portais : elle fut merveilleuse de courage et de résignation même, et surtout quand je lui proposai de tout faire pour obtenir l'autorisation de la conduire à cet enterrement. Par un hasard heureux, le général commandant la Place de Metz était à cette époque un cousin éloigné, le général Brusseaux, qui me fit délivrer sans difficulté un laissez-passer m'autorisant à faire franchir dans ma voiture militaire, à Mme Henri Allemand, le fossé anti-chars et le réseau de rails, pour se rendre à Bionville. La route en fut, pour elle comme pour moi, une dure épreuve, mais je crois qu'elle trouva quelque consolation à assister aux honneurs rendus à son mari par les cavaliers du groupe franc.

Le même soir, en revenant de Metz où je l'avais reconduite, je m'arrêtai à l'ambulance chirurgicale du corps d'armée à Pont-à-Chaussy, pour y voir mes blessés de la nuit précédente. Des médecins amis me retinrent à dîner. L'un d'eux était un camarade de toujours, Pierre Giry, chirurgien de Briey qui, chaque fois qu'il me voyait, me redisait sa crainte, quand il voyait l'ambulance de « mon cirque » s'arrêter dans la cour de son hôpital que ce soit moi que l'on en sorte avec une balle dans le foie.

Ils voulurent écouter le communiqué du jour et, comme je protestais, l'un d'eux me dit : « Vous pouvez bien écouter les nouvelles puisque c'est vous qui les faites. »

Elles étaient brèves : « Rencontre de patrouilles entre Sarre et Moselle, un lieutenant allemand tué a été ramené dans nos lignes. » Quiproquo dû, sans doute, à une mauvaise transmission des dépêches. Le JO du 6 mai donna le texte de la citation :

> *8e GRCA Allemand Henri. Sous-lieutenant d'un courage admirable, d'une bravoure et d'une énergie indomptables. Commandant le GF de son unité, a trouvé une mort glorieuse dans le village de Merten, au cours d'une opération de nuit.*

Le même jour, le 6 mai 1940, le groupe de reconnaissance tout entier remonta en ligne dans le secteur de Falk-Hargarten, pour y relever une unité qui ne semblait pas avoir donné toute satisfaction. Le PC du colonel était à la Knalhütte et celui du commandant de Gauléjac à Téterchen. Je fus prié de rejoindre les avant-postes aux lisières de l'Homerich, comme médecin des détachements qui allaient occuper les points d'appui longeant la forêt, face au village de Merten. Le lieutenant Rougeot, qui commandait un escadron, m'invita à partager son PC sous l'une des plus belles fûtaies de hêtres qu'il m'ait été donné d'admirer.

Visites quotidiennes à chacun des petits postes : celui du lieutenant de Pommery, celui du lieutenant Carcassès, celui du lieutenant Bady. En route, je cueille du muguet, je mange la soupe chez l'un ou chez l'autre, je porte de l'aspirine et de bonnes paroles. Obligation de ne pas se promener seul le soir ou la nuit, car les Fritz viennent patrouiller chez nous comme nous avions l'habitude de le faire chez eux. Je m'essaye au fusil à lunette à des cartons malchanceux sur les boches du cimetière de Merten qui courent à leurs feuillées que nous avons repérées. Ils me rendent la pareille quand, pour m'isoler, je traverse une languette du pré visible de loin, entre deux bois. Il fait outrageusement beau et le 10 mai approche.

Pour nous le 10 mai passera presque inaperçu, sauf que pendant la nuit de lourdes vagues d'avions ont vrombi au-dessus de nos têtes, des avions dont nous ne savions pas qu'ils étaient les signes avant-coureurs de l'offensive. On avait même, à vrai dire, oublié de nous prévenir, et ce n'est que par les corvées de soupe, vers midi, que nous apprîmes que la vraie guerre était commencée. Chez nous, à quinze kilomètres de Sarrelouis et bien en avant de la ligne Maginot, elle a toujours ses airs de « camping » et de nonchalance. A part quelques obus quotidiens sur nos petits postes, c'est la même « drôle de guerre » : sans grand danger on se promène le soir à cent mètres des avant-postes allemands d'où l'on entend parfois gémir des harmonicas. Et nous profitons de cette tranquillité pour vivre en campagnards cette douce existence de secteur calme.

L'escadron Rougeot tient quatre ou cinq points d'appui éloignés les uns des autres de 1 800 ou 2 000 m, enterrés et bien cerclés de barbelés dans lesquels on s'enferme la nuit sous la garde des guetteurs. Parfois, les boches nous « tâtent » mais sans nous attaquer et peut-être, certaines nuits, sont-ce seulement les chevreuils qui viennent faire sonner les boîtes de conserves attachées à nos fils de fer, ce qui n'en déclenche pas moins quelques tirs de fusil-mitrailleur. En outre, tous les postes sont reliés entre eux par un téléphone de campagne et nous pouvons nous rassurer sur nos sorts respectifs après le moindre coup de canon ou le plus insignifiant tir de mitrailleuse.

Le dimanche soir, vers 9 h, je suis revenu au PC Rougeot après être allé dîner aux lisières de l'Homerich, chez Bady. J'ai bien reçu au retour quelques coups de 105 dont j'ai rapporté une fusée tombée dans mes culottes alors que je m'étais bien sagement planqué dans un fossé; mes anciennes connaissances d'artilleur m'avaient permis de diagnostiquer un tir SOM (réglage par coups fusant haut, du nom de la « Société optique mécanique » qui fabriquait les appareils compliqués destinés à les calculer). Et j'avais signalé cette prise sous les tirs allemands de chacun de nos postes : personne cependant n'avait eu l'air, dans les états-majors, d'y attacher la moindre importance.

Après mon retour, nous nous couchons dans nos abris, sur nos paillasses. Il est interdit de se déchausser et nous nous préparons à passer une nuit aussi calme que d'habitude quand, vers deux heures, nous sommes réveillés par une canonnade effrayante. Aux premiers coups, Carcassès qui commande le poste 7 téléphone : « C'est sur le 7 bis qu'ils tirent... » mais la phrase ne peut s'achever, un obus a sans doute coupé la ligne. Pendant deux heures, nous allons entendre ce tir qui s'abat sur les nôtres. C'est un roulement de tonnerre ininterrompu sur nos camarades à deux kilomètres de nous, et cette préparation massive laisse deviner qu'elle n'est que le prélude à une attaque sur l'un de nos postes, des petits postes qui sont si peu faits pour recevoir semblable déluge avec leurs tranchées peu profondes, leurs abris illusoires recouverts d'une mince épaisseur de terre posée sur des tôles ondulées et de petits rondins! Sans parler, enfin, des garnisons ultra-légères.

A 4 h, le tir d'artillerie cesse brusquement mais pour faire place à celui des armes d'infanterie : on reconnaît le bruit des mitrailleuses et celui des fusils, l'éclatement sourd des grenades et tous les signes d'une attaque vigoureusement menée.

Rougeot est haletant et tremble pour ses hommes. Il brûle de savoir. Il veut y aller : je l'en dissuade. Puisqu'il commande l'escadron, sa place est à son PC et non sur les chemins marmités. J'obtiens de lui à la fois qu'il reste et qu'il me permette à moi, qui mieux que personne connaît le secteur, de partir avec une dizaine d'hommes. Nous allons d'abord secourir les autres, voir de quelle aide ils ont besoin et je veux, en outre, personnellement et sans tarder, être en mesure de soigner les blessés que nous ne pouvons pas manquer d'avoir là-bas après un tel bombardement. Et nous partons, la colonne sous les ordres de l'aspirant Noirot, arrivé de la veille et qui ne connaît absolument pas le pays. Nous sortons par le nord du PC de l'Homerich en longeant la forêt, théoriquement jusqu'au bout : la route sera un peu plus longue mais beaucoup plus sûre me semble-t-il. Après un kilomètre à peu près, nous atteignons le début de la zone qui a été bombardée : le sol est jonché de branches, d'arbres arrachés et de lignes téléphoniques coupées que nous essayons d'abord de réparer, mais il y a trop de coupures et nous devons y renoncer. Sans autre incident que quelques obus isolés, nous parvenons chez Carcassès, au poste 7, un charmant village nègre à demi enterré en sous-bois. On a tiré sur lui aussi, mais beaucoup moins que sur son poste annexe, le 7 bis, distant de quatre ou cinq cents mètres : « De celui-là, me dit-il, je me demande ce qu'il peut rester après une telle dégelée. Je n'ai plus aucune liaison avec lui depuis la nuit. »

Comme tout est relativement calme, canonnade et

mousqueterie, je décide de faire sans tarder le dernier demi-kilomètre : Carcassès nous souhaite bonne chance et je reprends la route avec mes bonshommes. Les trois cents premiers mètres se font à l'abri des vues de l'ennemi et nous les franchissons sans encombre mais, pour finir, il faut traverser une petite crête en dos d'âne qui doit se voir de partout comme le nez au milieu de la figure. En effet, nous n'y sommes pas plutôt engagés que le bombardement reprend. Les boches nous tirent comme des lapins, à vue, pour nous interdire les accès du poste qu'ils convoitent. S'ils ont tout à l'heure ralenti leur attaque ce n'était pas définitivement, mais pour rétablir leurs positions ou ramasser leurs blessés.

A la première salve, nous nous sommes laissés tomber à terre, sur un sol nu, sans un fossé, sans un abri autre que celui des trous d'obus : on se fait tellement petit, tellement plat, que l'on a l'impression de rentrer dans le sol, de s'y fondre, on pense sauver sa vie en se rabattant le casque sur les yeux et en s'enfonçant la tête dans les bras croisés. Pendant dix ou quinze minutes, nous allons subir cette pluie d'obus ; ils nous encadrent de toutes parts, les éclats et les cailloux claquent sur nos casques. De temps en temps un cri s'élève : « Merde, je suis mouché ! » Mais il ne s'agit que de blessures légères. De temps en temps, l'intensité du tir a l'air de diminuer, on tente alors de progresser de quelques longueurs d'homme mais, à chaque fois, il faut renoncer à atteindre la chicane ou le boyau qui nous attendent à moins de cinquante mètres. Tout à coup, Noirot, dont la tête est contre la mienne, me dit : « Mon lieutenant, vous êtes blessé ! » Il y a effectivement du sang sur mon gant et je me découvre à la racine du nez une mince coupure qui saigne assez fort, mais véritablement cela n'est pas grave. L'éclat a coupé la jugulaire de mon casque et m'a égratigné la figure : « Si ma pauvre mère me voyait ! » dis-je en riant à Noirot.

Finalement, on va tenter de gagner le poste par bonds, individuellement. Je crois que le tir est tout de même moins nourri que tout à l'heure et que le risque est moins grand. Cette manœuvre s'exécute sans accident, et sous les yeux ahuris de nos gens qui se demandent pourquoi nous ne sommes pas tous morts dans cette aventure. Nous nous glissons dans les boyaux et dans les abris qui ont été tellement bombardés qu'il n'en reste plus que quelques mètres à peu près existants et nous devons nous y tasser affreusement pour y tenir tous (vingt-cinq ans plus tard, ce petit sous-secteur aura encore l'allure des champs de bataille de Verdun : tous les arbres y sont morts et la terre n'y sera pas cultivée).

Le bombardement reprend de plus belle, les obus continuent à tomber en plein sur le poste, les coups claquent littéralement sur nous, nous aveuglant de poudre, nous étouffant de fumées empoisonnées mais... par miracle, sans tuer personne.

Le chef de poste, un maréchal des logis, nous explique que, lors du premier bombardement, la casse a été sévère pour les armes : les deux FM détruits, le mortier enterré, les réserves de grenades dispersées... Maintenant, l'ennemi est aux abords nord du poste et c'est à coups de crosses et de pelles que l'on s'y défend et que l'on s'y bat. La garnison a pu résister à la première attaque. En sera-t-il de même pour la seconde ? Les hommes n'en peuvent plus, ils n'ont pratiquement plus de munitions. La défense ne pourra se prolonger plus de vingt ou trente minutes, à moins d'un appui de notre artillerie qui ne doit pas oser tirer, ignorant tout de la situation des combattants. Il faut absolument envoyer un agent de liaison à Rougeot pour lui rendre compte et demander le tir d'arrêt en avant du poste 7 bis que les artilleurs connaissent bien.

« Un agent de liaison, volontaire autant que possible ? » demande Noirot. Puisque les pansements ont été faits aux cinq ou six blessés, puisque je laisse un infirmier, je décide de partir moi-même et, après avoir enfilé en rampant sur les corps couchés le bout de boyau qui me sépare de la chicane, je prends mon élan. A la grâce de

Dieu ! Je risque ma chance et, sans me cacher, je franchis au pas de course les deux cents mètres dangereux : les Allemands ont progressé et le 7 bis n'est plus qu'une mince presqu'île reliée au bois par l'isthme du chemin de crête. J'enfile ce chemin maudit, tiré au fusil de droite et de gauche ; les mitrailleuses entrent dans la danse, les balles sifflent, des obus éclatent mais je passe sans une égratignure et ne pense à ralentir ma course qu'en arrivant au PC Rougeot où je bondis au téléphone pour rendre compte au commandant de Gauléjac. Il est 8 heures : un tir d'arrêt de 75 est immédiatement déclenché. Le groupe franc part renforcer la défense et porter des munitions : le 7 bis est sauvé. Sa garnison sera d'ailleurs relevée la nuit suivante : les décrochages ont commencé.

Le lendemain, mon colonel m'accueillit aimablement en me demandant si j'étais médecin ou agent de liaison et en me gratifiant de huit jours d'arrêts simples, qui ne furent d'ailleurs que des « paroles verbales ». Il les accommoda cependant d'une citation à l'ordre de la division :

> *Henri Gousset, médecin-lieutenant au 8e GRCA. Volontaire pour les missions périlleuses. A accompagné le 13 mai 1940 une patrouille de liaison sur un poste attaqué. A été légèrement blessé par éclat d'obus.*

De retour dans la matinée du poste 7 bis, je reçois maintenant les blessés que l'on a pu en ramener. Du PC de l'escadron de l'Homerich, il s'agit de les conduire à la ferme Saint-Jean où, par Dalem, l'ambulance peut venir les chercher. Quelques-uns partent à pied par le bois, d'autres avec les chevaux d'une corvée de soupe qui va faire un long détour, et il ne me reste finalement qu'un brigadier, blessé d'un éclat d'obus à l'épaule, vilaine blessure qui intéresse le poumon. Celui-là, il faut le brancarder jusqu'à la ferme, à trois kilomètres. J'ai trois chemins à choisir : l'un, assez sûr, qui passe à l'abri des vues de l'ennemi mais qui est bien long; un sentier par le bois avec plusieurs passages de ruisseau, difficile avec un blessé sur un brancard. Le troisième enfin, un peu moins long que le premier mais qui a l'inconvénient de se promener sur un bon kilomètre en pleine vue des Allemands. C'est celui-là cependant que je décide de prendre, et nous partons. Peu riche en brancardiers, je prends un bout de la civière, ce qui va me permettre de voir combien c'est lourd, un homme, au bout de quelques centaines de mètres.

La première partie du trajet suit le fond d'une petite vallée qui se parcourt facilement malgré un soleil de plomb. Au bout d'un kilomètre, changement de direction à gauche, passage du ruisseau que nous franchissons comme nous le pouvons, sans aller jusqu'au bout, pour gagner quelques centaines de mètres... et la partie dangereuse commence : un long glacis en pente raide qu'il faut monter. Nous n'y sommes pas plutôt engagés que déjà nous sommes repérés; le premier obus ne se fait pas attendre. Les coups de canon vont nous suivre jusqu'à la ferme, pendant deux kilomètres; à chaque sifflement, on pose le brancard pour repartir aussitôt, à peine couché et relevé. Mais le blessé souffre tellement à chaque manœuvre que l'on est obligé de les faire lentement et, le plus souvent, l'obus a éclaté avant même que l'on ait fini de poser le brancard. Au cours d'une rafale plus vacharde que les autres, mes valeureux brancardiers se sont repliés jusqu'au bois que nous longeons. Moi je reste près de mon gars pour lui donner au moins l'impression qu'il n'est pas abandonné, mais vraiment à moi seul, je ne peux pas grand-chose pour lui!

Enfin, d'obus en obus, de pause en pause, nous arrivons à la ferme Saint-Jean en même temps que le bombardement qui nous a suivis depuis une heure : on s'y planque contre une porcherie, à l'abri de murs qui paraissent solides : cette porcherie a dû servir de feuillées mais elle est surplombée de magnifiques arbres en fleurs sous lesquels grouillent tous les insectes nés dans cette touffeur du mois de mai... et je me récite quelques vers de Jehan Rictus :

V'là le printemps, c'te putain de vie qui repique au truc,
Ça sent la merde et les lilas.

La voiture sanitaire arrive enfin, mettant un terme à mes pensées bucoliques ; il faut charger les blessés dont quelques autres parvenus là par leurs propres moyens attendaient comme à l'arrêt de l'autobus. J'ai à ce moment-là un désir fou de partir aussi, de monter dans la sanitaire, sous prétexte d'accompagner les blessés et d'aller ailleurs respirer un air moins toxique. Mais il faut regagner le PC, y ramener les brancardiers, plus quelques téléphonistes qui se joignent à moi pour la ligne de retour. Je décide cette fois de prendre le chemin de la forêt mais nous allons la traverser encore sous les obus ! Est-ce un hasard, une malchance ou bien sommes-nous devenus un objectif ? Je n'en sais rien mais le fait est que le bombardement ne nous aura pas lâchés pendant plus de deux heures. Ce bois, nous le franchissons en courant d'arbre en arbre : sitôt un obus éclaté nous bondissons contre le tronc suivant pendant que les branches et les éclats dégringolent autour de nous. Pour diminuer les risques, j'ai déployé mon personnel en une longue file étirée en tirailleurs, sur plus de cent mètres. Heureusement que les obus préviennent un peu mais, sous bois, avec le vacarme des branches arrachées, on les entend mal. Enfin, je rameute tout mon monde aux abords du PC et je l'amène au complet : j'ai gagné !

J'ai gagné, mais pas tout à fait encore, car de retour à l'Homerich, j'apprends que le petit poste situé à la gauche de celui où je suis allé ce matin a été bousculé et enlevé par une attaque boche voisine de la nôtre. Il était tenu par des fantassins mais avait été repris dans l'après-midi par le peloton Delacour qui n'y avait plus trouvé qu'un cadavre, celui de l'officier qui le commandait et qu'il avait fait rapporter chez nous, posé, je m'en souviens, sur une échelle en guise de brancard. Cet officier était le lieutenant Guérin à qui j'avais, quelques semaines plus tôt, emprunté les fameux Mas 36 de la folle nuit de la « maison de la garde-barrière »; il avait été tué d'une balle dans la tête.

Pendant que j'étais en train de le faire enterrer, mon commandant nous appela au téléphone pour nous prévenir que le poste, que nous tenions encore, serait évacué le lendemain à l'aube. Apprenant que le corps de ce lieutenant Guérin avait été ramené chez nous, il me précisa « qu'il attacherait du prix à ce qu'il fût rapporté à l'arrière, à Téterchen où il se ferait un honneur de le remettre à son colonel ». J'eus beau tenter d'éviter un nouveau voyage à mes brancardiers sur ces mauvais chemins, précisant que j'étais prêt à le faire pour n'importe quel blessé, mais que je répugnais à prendre de nouveaux risques, à mon avis inutiles, pour un mort, je dus exécuter, et ceci d'autant plus facilement, je l'avoue, que dans le même moment nous arrivait par le fond du bois, venant de je ne sais où, une corvée de soupe totalement inattendue, composée d'un cheval de bât et de deux bonshommes. On arrima le pauvre type sur le dos du cheval, entre les bouteillons, cassé en deux et attaché par des sangles, les pieds d'un côté, la tête de l'autre. Sur sa plaque d'identité, dont j'avais déjà détaché une moitié, je relus une dernière fois : « Guérin Marcel, officier. Recrutement de Dijon, né le 20 juin 1916. »

Je voulus garder son casque troué d'une balle, avec l'idée que je pourrais peut-être un jour le remettre à sa famille... mais il y avait de la cervelle dedans et des morceaux d'os. Au bout de quelques jours, il se mît à empester ma voiture et je le balançai dans un fossé. *Sic transit Gloria mundi...*

LES « DROLES DE MOINES » DE TETERCHEN

Au lendemain des attaques allemandes sur Tromborn et ses environs, qui ont été pour nous, essentiellement, celle du poste 7bis, le Petersberg est replié. Le village de Falk et la Grande-Saule sont gravement menacés, aussi l'ordre est-il donné au GR de faire mouvement sur la ligne Volmunster-Rickring, juste derrière le fossé anti-chars. Le colonel avec son état-major se fixe à la Knalhütte, petit bistrot champêtre isolé au bord de la route de Boulay. Seul le commandant de Gauléjac reçoit une sorte de créneau axé sur Téterchen, très en avant de la ligne Maginot. Il décide de m'y garder avec lui.

Nous élisons domicile dans un couvent de rédemptoristes vide depuis longtemps de ses pieux occupants qui ont été évacués en août 39. Nous allons y demeurer jusqu'au 8 juin, à quelques centaines de mètres des Allemands qui ne cherchent d'ailleurs pas à pousser plus avant. Nos ultimes points de contact ne sont distants du village que de deux ou trois kilomètres et le PC du commandant, le monastère, ne doit guère être éloigné des avant-postes boches de plus de 1 500 m, puisque rien ne nous sépare du bois Bambousch, qui est occupé et nous domine du haut de sa colline. Je me demande parfois pourquoi les Fritz ne nous lancent pas tout simplement des pierres ! En tout cas, il ne faut pas trop passer devant les fenêtres ouvertes de leur côté car on est toujours à la merci d'un coup de fusil bien ajusté.

Nous tenons encore, à l'est, une lisière de la forêt de la Houve d'où les guetteurs les plus avancés doivent signaler ce qu'ils voient en face d'eux. Ce poste, ultra-léger, simple « sonnette d'alarme », est occupé par une section d'infanterie qui dépend de nous et dont le chef, malgré le calme relatif, ne cesse de faire connaître, par les corvées de soupe, que sa position est intenable et qu'il est impossible et impensable de le laisser là. Si bien qu'un matin, le commandant me donna l'ordre d'y faire une visite et de voir ce qui s'y passait d'aussi fâcheux. Je m'y rendis en bonnet de police et la canne à la main, en voiture jusqu'aux abords, puis à pied pour finir, seul mon fidèle 92 sur la fesse me donnant un air quelque peu guerrier. Je tombai sur un capitaine d'infanterie, instituteur dans le civil, complètement démoralisé qui, cependant, avait dû être un excellent officier de réserve plein de bonne volonté, avant la guerre. La preuve en était le ruban des « Services militaires volontaires » qu'il portait fièrement au-dessus du téton gauche et qui était le signe des bonnes leçons qu'il était allé prendre, autrefois, dans les écoles de perfectionnement de réservistes (satisfecit qui donnait également le droit, avant la guerre, de voyager en première classe avec un billet de troisième). Cet officier, qui ressemblait à un Tartarin physiquement et moralement dégonflé, me déclara d'entrée qu'il lui était impossible de demeurer là; cette réponse avait été prévue par le commandant qui m'avait ordonné, dans cette éventualité, de le ramener avec moi au PC. J'obéis à cet ordre et embarquai le capitaine dans ma voiture, muni de son paquetage. La réception fut fraîche : M. de Gauléjac avait voulu autour de lui des témoins; j'étais le premier et Bruyneel le second : « Monsieur, de deux choses l'une; ou bien vous êtes malade et mon médecin va vous évacuer, ou vous ne l'êtes pas et je vous remets à la Prévôté. »

Nous nous regardâmes affolés, Bruyneel et moi, car il y avait belle lurette que nous n'avions pas vu de gendarmes. Dans cette alternative, le capitaine n'hésita pas et choisit l'évacuation. Je fus chargé de l'exécution et le conduisis dans ma voiture jusqu'à Boulay, après avoir épinglé à la boutonnière de sa vareuse un carton au diagnostic un peu vache, mais qui disait bien ce qu'il voulait dire : « Chiasse. » Je me rappelle quelle était l'atmosphère de ce trajet au long duquel nous ne nous dîmes pas un seul mot. Le lendemain, mon chef me pria de retourner au poste de la Petite-Saule pour voir par qui avait été remplacé l'évacué de la veille. Un grand garçon, un sous-lieutenant, m'avait aperçu de loin et je le vis se lever de la caisse de grenades sur laquelle il était assis en dépliant ses longues jambes et, dans un garde-à-vous impeccable, se présenter : « Turenne, commandant le point d'appui. Docteur, je vous présente mes respects. » On n'entendit plus par la suite parler d'attaques-surprises !

Trente ans plus tard, j'écrivis un jour au Turenne dont la télévision présentait les émissions de batailles : je voulais lui demander si, d'aventure, il n'était pas celui que j'avais rencontré autrefois. Je reçus de lui une lettre, telle que j'aurais aimé l'avoir écrite moi-même, dans laquelle il se disait « désolé de ce rendez-vous manqué avec mes souvenirs », et qu'il devait s'agir de l'un ou de l'autre de ses cousins, qui pouvait répondre aux conditions de ce temps-là.

Je suis étonné, quand je repense à ces semaines vécues à Téterchen du 15 mai au 8 juin ; je suis étonné de constater combien peu nous nous rendions compte de la situation de la France. En effet, nous avions bien abandonné quelques positions avancées, mais nous n'avions reculé, en somme, que de quelques kilomètres, et nous nous trouvions encore très en avant de la ligne Maginot. Mais nous ne recevions aucune vraie nouvelle et ne pouvions imaginer combien l'avance allemande était partout ailleurs quasi générale. Nous étions installés dans notre couvent, tout près de l'ennemi bien sûr, mais comme il ne nous inquiétait pas beaucoup, nous pensions naïvement qu'il en était de même jusqu'à la mer. Il n'y avait ni journaux, ni TSF et, à condition d'être quelque peu optimiste, on avait le droit de penser que tout allait s'arranger.

Notre escadron motocycliste avait même touché des side-cars neufs qui devaient, par la suite, être abandonnés les uns après les autres au bord des routes, moteurs grillés, faute d'avoir été suffisamment rodés. Nous ne le savions pas encore et nos horizons se bornaient, en avant vers l'ennemi, à la Petite-Saule, au Bambousch et, en arrière, à la Knalhütte où était l'état-major du groupe de reconnaissance, à l'est de Boulay. On faisait même de temps en temps une toute petite guerre de position et je me souviens, malgré son peu d'importance, d'une reconnaissance de plein jour commandée au peloton Bruyneel. Il s'agissait de voir s'il était vrai que les boches avaient avancé leur dispositif face à la station de chemin de fer de Brettnach et nous avions été nombreux à accompagner cette patrouille jusqu'à sa base de départ pour la voir, depuis les fenêtres de la chambre à coucher du chef de gare, monter courageusement vers Odenoffen les pentes de la cote 236, au sommet de laquelle elle ne trouva personne.

Un autre jour, l'un de nous remarqua que la pendule de l'église du village avait changé d'heure depuis la veille. Or, comme elle était arrêtée depuis au moins huit mois, on pensa, ou l'on fit semblant de penser, que peut-être un Fritz était venu dans la nuit changer les aiguilles de position pour en faire un signal. Il y avait cependant là de quoi faire une ascension jusqu'en haut du clocher, ce que nous fîmes à trois ou quatre, à la queue leu leu et le revolver à la main. Nous redescendîmes bredouilles !

Nous allions aussi surveiller nos fraises dans les jardins du village en nous demandant si elles seraient mûres avant que nous nous en allions (je crois que nous en avons mangé quelques-unes). Sans cesse, bien sûr, un officier demeurait au téléphone du PC qui nous reliait d'une part au commandement et d'autre part aux avant-postes, lesquels demandaient parfois un tir d'arrêt d'artillerie sur leurs positions un peu égratignées. Volontiers, je prenais ce poste pendant la nuit et je me rappelle avoir plusieurs fois réveillé les artilleurs par un coup de téléphone, lequel en provoquait immédiatement un autre, venu de l'arrière, exigeant des détails et des explications. J'étais toujours ravi, à la question « qui êtes-vous »? de répondre en toute innocence que « j'étais le médecin! » Je dois dire que ces tirs d'arrêt, fournis par les ouvrages de la ligne Maginot (le fort d'Anzeling), étaient d'une telle rapidité et d'une telle précision que cela donnait envie de recommencer!

En même temps, notre PC conventuel avait pris des airs d'*Hostellerie de l'Ange-Gardien;* nous y tenions table ouverte, tous les pèlerins venaient faire pénitence dans notre coin et, n'ayant pas grand-chose à faire, j'en étais devenu un peu le père-hôtelier. Quelques-uns passaient la nuit chez nous et je faisais préparer pour eux des chambres qui étaient des cellules monacales au nom, je pense, des saints de la congrégation; le lieutenant de Turenne me fit remarquer un jour que c'était la seconde fois que je le faisais coucher chez saint Alphonse de Liguori. En faisant le tour de ma communauté, j'étais tombé, dans une sévère bibliothèque, sur un vieux livre qui n'était, en somme, que le catalogue des péchés, et je l'avais rapporté au réfectoire-popote pour le traduire (il était en latin) et le faire lire à nos hôtes. J'avais obtenu un vif succès en faisant connaître à tous les fautes de la chair que sans doute les confesseurs du XVIIIe siècle ne pouvaient se permettre d'ignorer. Il y en avait de tellement curieuses dans leur folle imagination que les camarades présents s'écriaient : « Celle-là, je ne la connais pas, il faudra que j'essaye. »

Tous, en réalité, pensaient plus à se débarrasser de leurs vieux péchés qu'à en accumuler d'autres, si tentants soient-ils, et, bien souvent, j'étais attiré dans un coin par quelque pèlerin qui voulait discrètement me demander, à moi qui était censé connaître tout le monde, s'il n'y avait pas un curé dans le secteur. J'en connaissais effectivement un, un brave sous-officier du génie qui nous avait été laissé avec sa section pour faire sauter derrière nous les ponts et les tunnels quand le jour en serait venu. En attendant, il venait chaque matin dire sa messe dans notre chapelle où je la lui servais pieusement, comme un frère lai, sous le regard sévère de saint Ignace. C'est là que nous avons reçu un nouvel aspirant de la dernière promotion des élèves-officers de Saumur, celle qui avait, je crois, immédiatement précédé les « Cadets » sacrifiés à l'honneur de la cavalerie après un stage de quatre mois d'instruction. Nous lui avions bien sûr demandé son rang de sortie qui nous paraissait devoir être excellent puisqu'il lui avait permis d'être affecté au 8e GRCA. A notre grand étonnement, Fougerolles nous avait avoué très honnêtement être sorti dans les derniers de sa promotion. A notre question : « Où sont donc allés les premiers ? » il répondit qu'ils avaient choisi les services de remonte en Afrique du Nord... à l'abri des coups longs. Pour le moment tout au moins.

Il se montra un très brillant chef de peloton et se fit remarquer par son courage physique, son allant et ses initiatives, parfois osées, au cours de reconnaissances souvent téméraires dans un secteur qu'il connaissait pourtant mal. Prisonnier comme les autres à Charmes, l'aspirant de Fougerolles réussit ensuite une très belle évasion et se retrouva dans les rangs d'une unité de choc pour les combats de la Libération. Il fut par la suite Délégué général pour la France de la Confédération européenne des Anciens Combattants... et il voyagea beaucoup, européen précoce, pour retrouver en amis les ennemis d'autrefois.

3.

Les heures sombres de la retraite

Il va m'être infiniment plus facile de fixer à partir du 8 juin, les faits principaux qui ont marqué pour moi ces dernières semaines de la guerre 39-40, cela grâce à un petit carnet rouge barboté dans une épicerie du village des Etangs (Moselle) en même temps qu'une paire de chaussettes, et sur lequel j'ai écrit jour par jour, presque heure par heure, les phases de nos pérégrinations du 8 au 21 juin : les dates rappelées maintenant sont donc d'une vérité historique.

8 juin : il est question d'une attaque de chars sur Téterchen, aussi évacue-t-on sur les arrières de la ligne Maginot dont on va fermer les barrières tout ce qui est encombrant ou inutile, dont ma voiture sanitaire et mes brancardiers-infirmiers. Je me replie à Rickrange où je partage la chambre du lieutenant de Pommery, commandant d'un peloton à cheval. Mes repas sont pris à la popote du colonel, à la Knalhütte.

Je pense que ces bruits d'attaque par blindés étaient nés de ceux qu'avaient dû faire sur nos avants, dans la direction de Falk, des camions ennemis, car jamais par la suite on ne vit de tanks dans le secteur.

9 juin : tout à l'air d'aller plutôt mal... Je vais dans la matinée à Boulay, reconnaître l'antenne chirurgicale sur laquelle je dois faire mes évacuations. Cette ambulance est installée dans les locaux de la sous-préfecture et j'y découvre un médecin tellement bien abrité dans les caves, sous des étais de poutres de fer et de bois, qu'il s'y sent parfaitement en sécurité et que, naïvement, il a l'air de trouver que tout va très bien. Il est 8 heures du matin, c'est dimanche et je tombe dans un coin de la cave à vin du sous-préfet, vide depuis longtemps, sur un lieutenant botté en train de dire sa messe : j'y assiste par habitude.

De retour à la Knalhütte j'essaye de faufiler ma voiture dans la chicane du fossé anti-chars et du réseau de rails : comme elle y passe facilement, je pousse jusqu'à Téterchen où tout est relativement calme. Le capitaine Hürstel, commandant l'un des escadrons du GR, m'avait demandé de le prendre avec moi et nous devons, avant d'arriver à Téterchen, parcourir un bout de route dont chacun sait qu'il est, depuis fort longtemps, en vue d'une position de batterie d'où les Fritz s'amusent de temps en temps à envoyer des tirs d'interdiction. Ces quelques centaines de mètres, je les enfile d'habitude à toute allure pour en être plus vite sorti, mais ce jour-là, le capitaine Hürtsel, qui comprend fort bien les causes de mon accélération, me fait cette remarque : « Docteur, il y a là l'occasion d'un effort de calme et de sang-froid. Obligez-vous à rouler plus lentement ! » Il était stoïcien et, en même temps, mon supérieur ; je dus lui obéir. Peut-être nous sauva-t-il la vie car, devant nous, éclatèrent deux ou trois obus, au ras des fossés, dont quelques éclats auraient bien pu nous moucher si nous avions roulé plus vite.

10 juin : Journée à Téterchen et à Rickrange où l'on creuse des abris et où l'on fortifie les caves des maisons. Je me demande pourquoi. En effet, dans la soirée arrive l'ordre de repli derrière la ligne Maginot : je quitte la Knalhütte. Après le passage des derniers hommes, nous partons pour Les Etangs où je me couche vers 5 heures du matin dans une maison vide ; je vais y alléger mes bagages qui me semblent encombrants et dorénavant inutiles, j'y laisse en particulier ma trompe de chasse qui ne m'a pas quitté depuis longtemps et sur laquelle j'ai sonné, un peu partout, des fanfares que je croyais victorieuses.

11 juin : Journée aux Etangs où l'on s'amuse à changer de place les panneaux indicateurs de direction, pour tromper l'ennemi. Peut-être s'y laissera-t-il prendre et confondra-t-il les routes de Berlin et de Paris ! L'après-midi, virée à Metz avec le capitaine Hürstel. La ville se vide et donne une impression de profonde tristesse. Nous voulons aller au corps d'armée glaner quelques nouvelles mais, sur le chemin, nous rencontrons le lieutenant Bazaille, adjoint du colonel, qui en vient et nous annonce que nous partons le soir même pour la région de Conflans-Jarny. Départ à 21 heures. Finalement, c'est à Etain que nous devons aller : routes de Gravelotte, Conflans, Jeandelize que je fais par cœur et dans le noir, tellement je les connais. A Etain on se couche de 4 à 6 heures.

12 juin : Départ à 7 heures après une réunion de l'état-major du groupe de reconnaissance à la mairie. Je croise des habitants de « mes villages » de temps de paix : ils viennent de Billy ou de Mangiennes d'où ils se sont sauvés dans la nuit, abandonnant leurs maisons.

Nous allons à Moranville : quand l'ordre arrive, nous comprenons toute l'étendue du désastre. La ligne Maginot sera abandonnée et il s'agit de retarder la marche nord-sud de l'ennemi. Je dors quelques heures l'après-midi dans un lit tout frais, refait du matin par des gens qui ne savaient pas encore qu'ils allaient tout quitter. Dans la soirée arrivent les escadrons à cheval avec 90 kilomètres dans les jambes. Ils vont en faire 210 en trois jours.

Ce village n'est évacué que du matin et tout y est encore « vivant ». Dans les maisons, dans les étables, dans les poulaillers. Je retourne à Etain au PC du colonel voir s'il existe par là un semblant de Service de Santé sur lequel je puisse prévoir mes évacuations en cas de besoin. Il n'y a rien de semblable ! Trous de bombes d'avion fraîchement creusés sur la route Etain-Verdun. C'est là que je rencontre le peloton à cheval de mon camarade le lieutenant Maire; des avions boches arrivent de la ligne d'horizon et j'arrête ma voiture pour m'allonger prudemment dans le fossé. Les cavaliers du peloton Maire aimeraient en faire autant et j'en vois quelques-uns qui, la main déjà sur l'encolure, commencent à passer la jambe droite au-dessus du paquetage, mais leur officier, tout seul en tête, se retourne sur sa selle, le stick à la main, et commande de sa plus belle voix : « Je n'ai pas commandé pied-à-terre, en colonne derrière moi ! »

13 juin : Toujours Moranville. Les escadrons motocyclistes se battent sans cesse et partout. Dans la matinée, je vais à Etain avec le commandant de Gauléjac en passant par Verdun évacuée la veille de ses civils. Je me rappelle que je voulais y acheter une croix de guerre (j'avais perdu la mienne !) mais les magasins sont fermés ! On n'y voit que des sapeurs en train de miner les ponts sur la Meuse et quelques bonshommes dont je suis certain qu'ils seraient bien incapables de dire où est, à cette heure, leur colonel...

Le soir, vers 22 heures, départ pour Haudiomont (pourquoi Haudiomont ?). Je prends une chambre dans la maison du curé et y installe une sorte de poste de secours. Sur un lit du presbytère, je découvre un chasseur des bataillons d'infanterie légère d'Afrique et ce « joyeux » est tellement saoul qu'il m'est impossible de le réveiller. Tout est tellement fou que je me rappelle avoir eu un instant l'idée de le tuer là, d'une balle de revolver ! En revanche, je décroche du bureau du curé un drapeau tricolore, de ceux qui ont fait florès pendant la guerre de 1914 : « Cœur sacré de Jésus, sauvez la France. » Ces trois couleurs, je les ai emportées, pensant les rendre après la guerre à leur propriétaire. J'ai voulu le faire, bien des années plus tard, mais le curé était mort depuis longtemps, me fut-il dit dans le village, et je les ai laissées à l'un de ses paroissiens.

14 juin : Nous quittons dans la soirée ce village tout neuf, comme ceux de la zone rouge. J'ai fait auparavant le tour du secteur avec le commandant de Gauléjac : routes encombrées de troupes en retraite venant des intervalles de la ligne Maginot et du secteur fortifié de la Crusnes, en particulier, celui de Longuyon.

Départ à 22 heures pour Belrupt. Il s'agit, paraît-il, de défendre Verdun, Vaux, Douaumont ! Nous marchons en principe vers l'avant et les routes sont relativement libres dans cette direction, mais nous n'irons pas loin. Dormi vaguement une heure dans un fossé au fond du village de Belrupt. Successivement, lueurs des explosions des ponts de Verdun qui sautent et énormes lueurs d'incendie sur la ville. Dans une maison de Belrupt, je tombe sur une sorte d'officier « riz-pain-sel » qui dort du sommeil du juste et ne se réveille que pour me voir embarquer dans ma voiture des paquets énormes de cigarettes de l'intendance qu'il essaye de me disputer, mais je lui dis qu'il ferait mieux de défendre ses armes, s'il en a. Et je l'envoie ch...

Ces cigarettes vont, pendant huit jours, faire plus d'heureux que je ne l'imaginais en les barbotant.

15 juin : Départ de Belrupt à 4 heures du matin, pour Ranzières. J'ai heureusement pris soin de me munir depuis quelques jours d'une carte de la Meuse, modèle calendrier des PTT décrochée à Etain ou ailleurs et qui me sera d'un grand secours, tout au long de ces folles journées. Je pars en avant par la route de Saint-Mihiel ; mon commandant m'a en effet donné l'ordre de lui préparer un PC à Ranzières en même temps que mon poste de secours. Les routes prennent un air tragique : débâcle, chevaux fourbus, abandonnés, unités mêlées.

Ranzières : petit village des côtes de Meuse, en haut d'une route blanche qui part de Troyon. J'y prépare le cantonnement dans deux maisons charmantes débordantes de rosiers en fleurs, aux jardins pleins de fraisiers et de cabanes à lapins. Sur une table de la cuisine, un billet sous une bouteille de vin : « Soldats qui viendrez, n'abîmez pas cette maison, elle est le seul bien de deux vieillards : buvez le vin et mangez les lapins. » Je dors de 8 à 10 heures sur un lit qui sent bon le propre.

Dans l'après-midi, bombardement par avions : trois ou quatre blessés. Mais ce bombardement a intéressé aussi la route de Troyon et j'y vais donc voir si je peux être utile. Quelques blessés que j'évacue sur Saint-Mihiel. C'est pendant ces soins et ces embarquements que deux « passants » s'arrêtent près de moi et me demandent s'ils peuvent m'aider : le premier, descendu d'une voiture légère, était un capitaine du génie qui m'offrit ses services de prêtre : c'était le RP Vicaire, brillant dominicain, professeur à Fribourg (Suisse). Il me dit être le frère du directeur des usines de Villerupt, que je connaissais. Le second de mes « bons Samaritains » était un lieutenant de cavalerie sorti d'un side-car qui, très aimablement lui aussi, me demanda s'il pouvait faire quelque chose pour moi. Puisque j'en avais fini avec mes bombardés, nous nous assîmes au bord du fossé et, fraternellement, partageâmes cigarettes et chocolat ! Ce lieutenant était comme moi cavalier de groupe de reconnaissance (70e GRDI) et, pour dire quelque chose, je lui demandai d'où il venait, ce dont en réalité je me foutais éperdument... Il commença cependant à m'intéresser en me racontant qu'il venait de Longuyon et qu'il y était resté, en arrière-garde... d'arrière-garde, les Allemands ayant occupé la partie nord de la ville dès le 13 ou le 14 juin. Ils étaient restés sur les hauteurs qui dominent le confluent de la Chiers et de la Crusnes, ne faisant de nuit que quelques reconnaissances timides jusqu'aux ponts détruits. Il me fit le récit de l'une de ces actions qui avait eu lieu quelques jours plus tôt et au cours de laquelle il avait eu la chance de tuer deux Fritz, dont un officier, qui avaient franchi les rivières sur des pierres entassées et s'étaient hasardés dans la rue d'en face. J'essayai de lui démontrer qu'il avait agi comme un apprenti et qu'il lui aurait été facile de les prendre vivants en les laissant s'aventurer dans la souricière qu'il croyait avoir tendue avec habileté. Il fut étonné de ma compétence en la matière et je dus lui expliquer que c'était un métier que je pratiquais depuis plus de six mois aux abords de la Sarre. Il avait pu cependant ramasser les corps de ses victimes et les avaient emportés au PC de son commandant où ils avaient été délestés de leurs papiers et inhumés décemment. Dans un grand éclat de rire, il me raconta que ce PC était dans le bordel du pays et qu'il y avait un très joli jardin dans lequel on avait enterré les deux patrouilleurs.

Nous nous étions bien sûr présentés l'un à l'autre, mais je n'avais absolument pas retenu son nom; le triple jonc d'argent des groupes de reconnaissance avait suffi pour que je me retrouvasse en famille. Le soir, triste conversation avec Bruyneel qui me connaît assez pour savoir que je comprend bien mais qu'il faut m'expliquer longtemps! Tout se résume en trois mots : « Nous sommes foutus! »

A 21 h, départ pour Saint-Mihiel: routes abominablement encombrées. Je m'endors deux fois au volant, percutant la voiture du commandant qui me précède et en profite pour m'engueuler et pour me dire que puisque je dors, je n'ai qu'à faire conduire mon chauffeur, mais celui-ci est tout aussi abruti que moi. Temps fou pour arriver à Saint-Mihiel.

16 juin : A l'entrée de la ville, je laisse la voiture à Gallo (mon chauffeur — infirmier — ordonnance) et vais à pied dans les rues pleines de troupes en déroute : camions, chevaux, fantassins, Sénégalais, sans ordre ni chef. Vague installation dans une sorte de château : j'y dors de 7 à 10 heures, puis il faut repartir pour Bruley et Toul.

Nous ne savons plus de qui nous dépendons ni d'où viennent les ordres que, parfois, nous recevons! Je crois qu'en huit ou dix jours, nous avons appartenu successivement au 6e corps, puis au 42e, puis au corps d'armée colonial et finalement au fameux groupement Dubuisson qui ne fut jamais pour nous qu'une entité mystérieuse et totalement inconnue.

Arrivée à Bruley vers 14 heures. Pendant que je me rase et me lave à une fontaine publique, une vieille dame sort de chez elle et m'offre à boire et à manger. Il me souvient encore du menu : omelette, fraises à la crème et fromage, le tout arrosé d'une excellente bouteillle de vin de Toul, ou plus exactement de Bruley, qui en est le firmament. L'après-midi, plein d'essence dans un garage abandonné. La ville de Toul vient d'être bombardée par avions ; la pagaille est inouïe : civils, militaires, tout court, se sauve, se planque dans les fossés et s'y endort, assommé : c'est affreux ! A 23 h, départ.

17 juin : C'est à Punerot que nous allons. Après tout, pourquoi pas ? Mais c'est un village des Vosges qui sent de plus en plus la fuite vers le sud. J'ai dormi, je crois, pendant tout le trajet Toul-Punerot, dans la voiture que conduisait Gallo. Ce village était, nous disent ses habitants, plein de troupes la veille encore et a été, de ce fait pensent-ils, largement bombardé. Aussi nous voient-ils arriver d'un fort mauvais œil, ce qui n'empêche pas le curé, debout devant sa porte, de m'offrir une tasse de café. C'est là que je suis appelé par des civils pour aller voir, dans un bois voisin, une petite fille qui achève de mourir d'un éclat de bombe dans le ventre. Je la charge dans ma voiture avec sa pauvre mère et les ramène toutes deux chez des gens du village. Les chemins parcourus sont criblés de trous de bombes : on n'y voit que des chevaux éventrés, vaches crevées, ponts de bateaux du génie, et même tas de papiers d'état-major mal brûlés, et toujours cette retraite qui semble même ne pas savoir où aller, ce qui est, de toute évidence, la triste réalité.

C'est ce soir-là que je fus arrêté par un groupe d'officiers de je ne sais quelle unité qui, voyant que j'étais officier moi-même, me prièrent de signer avec eux le procès-verbal d'incinération des billets de banque du trésorier. Il paraît que c'était le règlement... mais ce trésorier avait eu l'amabilité de me demander, avant de livrer ses billets aux flammes, si j'avais touché ma solde de juin : je ne sais plus ce que je lui ai répondu.

Les routes continuent d'être horriblement confuses; on dirait une fourmilière qui a reçu un coup de pied! Tout grouille dans tous les sens dans un désordre sans nom. Notre GR garde un semblant d'organisation dans ses déplacements successifs et nous savons même que nous devons dans la soirée partir pour Barisey-au-Plain. C'est sans doute à ce « semblant d'organisation toujours dû à des ordres qui continuaient à nous arriver, même si l'on ne savait pas très bien d'où ils venaient, que nous avons dû, et moi personnellement, de ne sentir aucun sentiment de honte tout au long de ces abominables journées. Mais sans que nous soit épargnée, bien sûr, l'humiliation de la défaite.

Comme d'habitude, depuis quelques jours et dans des cas semblables, il m'est commandé de partir le premier, dès que j'aurai rameuté mon personnel, et de préparer à Barisey le double campement du PC Gauléjac et de mon poste de secours. « Le groupe d'escadrons doit suivre, m'a dit le commandant, incessamment et peut-être avant! »

Il ne le fit jamais, car à peine étais-je parti qu'un nouvel ordre arrivait, celui de prendre la direction de Charmes et d'y préparer la défense de la Moselle. C'est ce soir-là que je me suis trouvé définitivement coupé de mon unité et de son chef : je ne l'ai jamais revu. L'historique du GR m'a cependant appris par la suite le sort qui avait été, dans les jours qui suivirent, réservé aux escadrons motorisés : « Ils reçurent du général Loizeau (commandant le 6e corps d'armée) l'ordre de tenir à la sortie de Charmes les routes d'Epinal et les rives de la Moselle. Ils furent bombardés par artillerie et eurent une vingtaine de tués. Les Allemands, en passant par le pont ouest de la ville, purent pénétrer dans Charmes et installer un PC à la mairie. Ils envoyèrent le maire négocier la reddition du GR et celui-ci assura que l'armistice était signé. Ayant essuyé un refus, comme il insistait, le commandant de Gauléjac lui répondit qu'il n'avait d'ordres à recevoir que de ses chefs. Malgré ces démarches, la résistance continua, énergique, avec le consentement unanime de la troupe. A minuit, les Allemands envoyèrent un prisonnier et une femme chargés de faire savoir au 8e GRCA que s'il ne se rendait pas, ils allaient bombarder la ville. Le commandant de Gauléjac répondit qu'il ne se rendrait que sur l'ordre de son chef, le général Loizeau. Les Allemands allèrent alors chercher le capitaine des Graviers, qui apporta l'ordre de capituler pour éviter le massacre de la population civile.

Les cavaliers du groupe de reconnaissance demandèrent un répit pendant lequel ils jetèrent leurs armes dans la Moselle. Ils se rendirent le 21 juin au matin et furent félicités par le commandement allemand pour leur belle résistance. La conduite du 8e GRCA restera un exemple pour tous et cette belle unité sera citée à l'ordre de la 3e Armée.

Tel fut le commandant Jean de Gauléjac, souvent aimé, parfois critiqué; pour moi je garde l'honneur d'avoir servi sous ses ordres.

« VOUS N'AVEZ PAS VU UN GROUPE DE RECONNAISSANCE? »

J'ai donc quitté Punerot pour Barisey : je me suis offert un nouveau calendrier des postes, de Meurthe-et-Moselle cette fois, qui va me guider pendant les prochains jours. J'ai dû abandonner ma sanitaire qui buvait goulûment ses cent litres d'essence aux cent kilomètres et probablement en proportion autant d'huile : elle est morte au champ d'honneur! Mais je dois faire deux voyages avec ma 301 pour mener au nouveau cantonnement tous mes hommes et le plus que je pourrai de mon matériel.

Barisey-au-Plain : gros village circulaire dans lequel est

déjà stationné un groupe sanitaire divisionnaire (celui de la 58e DI) avec le directeur de son Service de Santé, le médecin-colonel Le Lyonnais (quel nom prédestiné pour un médecin militaire!). Ce médecin-colonel, étant donné mes très faibles moyens d'évacuation, me conseille d'installer mon poste de secours aux environs de son GSD et, tranquillement, il achève de se coucher, bien que je ne lui aie pas caché qu'un groupe de reconnaissance va arriver pour défendre ce village sur lequel on redoute une attaque allemande au petit jour. Sans aucun doute il ne me crût pas.

Au retour de Gallo accompagné de mes cinq infirmiers-brancardiers, dont un brigadier, je leur donne à tous l'ordre d'aller dormir dans une grange attenante au GSD et je vais, moi, attendre mes camarades à l'entrée du village. Jusqu'à minuit je ne vois rien venir quand arrive enfin le lieutenant Lambert avec son peloton d'engins et mitrailleuses. Il s'installe dans le village, précédant ainsi le gros des escadrons. Certain de ne plus être seul, je rejoins mes hommes et me couche dans la paille, contre ma voiture.

A mon réveil, vers 5 heures (18 juin), je ne trouve plus un chat du GR. J'attends un long moment, certain que je n'ai pu être oublié mais, vers 7 heures, voyant un bataillon d'infanterie qui se prépare à organiser la défense du patelin, je comprends que les projets ont dû être changés, que mon GR doit être ailleurs et que ce sont ces biffins avec leurs barricades et leurs enchevêtrements de machines agricoles qui nous ont remplacés.

A tout prix, je veux retrouver les miens : je retourne au village de la veille : on ne m'y a laissé ni ordre ni agent de liaison. Je découvre seulement deux cavaliers de chez nous, perdus eux aussi avec leur side-car en panne. Je demande aux habitants, aux traînards de toutes armes que je rencontre, s'ils n'ont rien vu qui ressemblât à un GR, mais c'est en vain et, après avoir parcouru toutes les routes du secteur marquées de trous de bombe, de vaches et de chevaux tués, d'équipages abandonnés, je regagne Barisey et me mets à la disposition du médecin-chef de la 58e DI.

Au début de l'après-midi, il reçoit l'ordre de se rendre avec son GSD dans le bois d'Allain et d'y bivouaquer. Une partie des hommes va à pied, par des petits chemins, l'autre par la route, en voiture : j'accompagne les piétons afin de pouvoir charger un peu plus de matériel dans la 301. Et nous allons, à travers bois et champs, pour éviter en principe les bombes d'avions. Un médecin-capitaine de l'active prend la direction topographique de l'opération. C'est un colonial, probablement un enfant perdu du corps colonial, au képi noir et rouge marqué de l'ancre de marine. Il est très beau, mais prétend nous mener en des endroits fort éloignés de celui où nous devons aller. Malgré tout le respect que je lui dois, je l'abandonne à son sort hasardeux et je ne le reverrai jamais! Quant à moi, à l'aide d'une boussole et de ma carte des PTT je continue avec mes bonshommes cette marche tuante de plus de vingt kilomètres, sans chemins, à travers bois et sous le plomb du soleil comme sous celui des bombes. Enfin, vers 20 heures, nous arrivons au fameux bois d'Allain, où je retrouve mes gars aussi heureux que s'ils voyaient arriver leur père! Ils nous pensaient perdus, morts ou cravatés. Ce bois, plein comme un œuf de troupes de toutes sortes et voisin du croisement de deux routes, me semble être un magnifique objectif pour les bombardiers ennemis. Il y a là en particulier une splendide batterie de DCA (batterie légère de 25, je me suis renseigné auprès des connaisseurs!). Elle est servie par d'élégants canonniers qui ne sont ni sales ni fatigués, ni surtout assoiffés comme nous le sommes, au terme de notre pédestre cross-country. Ce cross a dû nous faire passer à plusieurs reprises très près de légères reconnaissances allemandes. La preuve : deux ou trois fois j'ai voulu faire boire les hommes de ma caravane à quelque fontaine et, régulièrement, nous avons reçu une paire de coups de fusil, mal ajustés, en particulier au voisinage de Colombey-les-Belles. Aussi crevons-nous de soif littéralement en arrivant au bois d'Allain et c'est à ces jolis artilleurs que, personnellement, je demande à boire : « N'importe quoi ! » Ils sont compatissants bien sûr, mais un peu gênés de n'avoir à m'offrir que du champagne. « Ça ira très bien, dis-je à un fringant maréchal des logis, envoie la bouteille ! »

Ce sont deux bouteilles que je bois à la régalade après en avoir cassé le col sur une roue de canon. Après quoi, je suis saoûl comme une bourrique et réclame mon cheval pour aller à Berlin ! Il y a cependant bien longtemps que je suis démonté ! Cette folle ivresse passe d'ailleurs très vite et je me rends compte que je suis entouré de gens qui ne pensent qu'à « aller ailleurs » demain, quand il fera jour. Et je crois même comprendre que cet « ailleurs » est en Suisse. Bien sûr, on ne connaît pas grand-chose à la situation générale, et je pense que ces desperados qui veulent aller en Suisse croient qu'ils le pourront. De toute façon c'est de la folie et je me donne la nuit pour réfléchir.

On a fait creuser aux hommes des trous « Gamelin » au fond desquels ils doivent, en principe, être à l'abri des bombes d'avions. Quant à moi, je préfère dormir couché par terre, enveloppé dans une couverture, et je crois que j'ai dormi, dormi en tous cas assez profondément pour être réveillé à l'aube par un bruit de combat qui s'approche. Nous recevons même quelques blessés qui sont évacués théoriquement sur Vittel ou sur Thorey-Lyautey, dans des voitures qui jamais ne reviendront...

Il est alors décidé, plutôt que de rester en plein air, d'aller s'installer à Goviller, village éloigné de moins de dix kilomètres. Départ vers midi, avec deux ambulances qui sont encore là et vont me suivre fidèlement : je me suis en effet placé en tête de colonne. En revanche, les quelques médecins qui étaient là eux aussi, avec ce squelette de groupe sanitaire divisionnaire, disparaîtront pendant le voyage et personne ne les reverra.

CEUX QUI SONT MORTS A GOVILLER

Je retrouve à Goviller une demi-douzaine d'auxiliaires, médecins-pharmaciens et dentistes rescapés des perditions des grands chemins, plus un officier d'administration du service de santé qui vient se présenter à moi et me déclare qu'il est prêtre du diocèse de Metz : il ne sait pas encore, le pauvre innocent, quel travail l'attend pendant les deux jours qui vont suivre.

Apparaît aussi un médecin-capitaine d'active, venant de ne je sais où. C'est un camarade de faculté, Cosserat, ORL des hôpitaux militaires. Je me mets naturellement sous ses ordres, mais il refuse carrément en me disant : « Tu étais là avant moi et c'est moi qui suis à ta disposition. » Enfin, tombent véritablement du ciel et viennent offrir leurs services, deux infirmières en voile blanc et deux religieuses, toutes quatre coiffées d'un casque de tirailleur au croissant de Mohamed par-dessus leur voile et leur cornette. Dès lors JE SUIS EN PAIX : j'ai choisi délibérément de me laisser prendre là par les boches quand ils arriveront, mais au moins, ce ne sera pas en fuyant comme un rat empoisonné. Nous serons tous prisonniers, la chose est sûre, mais en faisant notre devoir et nous n'aurons pas à en rougir. C'en est fini pour nous des routes encombrées, des chevaux errants, des fuyards, des canons basculés dans les fossés : je suis et nous sommes tous à notre place.

Nous ignorons qu'un petit monticule boisé, le mont d'Anon, qui se dresse à un kilomètre derrière nous, est rempli à craquer d'hommes de toutes armes et de toutes provenances, qui s'y sont réfugiés, croient-ils, à l'abri des arbres. J'ai placé à l'entrée nord du village l'un de mes hommes que j'ai choisi brigadier, en pensant qu'il aura ainsi plus d'autorité. Je lui ai dit : « Tout ce que tu verras passer par là de tant soit peu médical en hommes et en matériel, tu me le mets de côté : on en a besoin ! »

Il fera une assez belle chasse et ses prises seront étonnantes : d'abord un médecin-général, directeur du Service de Santé de je ne sais quoi, qui veut bien approuver mon idée de rester là quoi qu'il arrive, mais n'en continuera pas moins sa route. Puis un médecin-commandant de l'active, lui aussi, que je sors de sa voiture un peu sèchement pour lui expliquer qu'il doit prendre le commandement de cette espèce d'ambulance de campagne et que nous y serons à ses ordres. Je tairai son nom par respect pour ses quatre galons et surtout pour la médaille militaire, la Légion d'honneur et la croix de guerre dont les rubans barrent sa poitrine et qu'il a dû gagner en 14-18 comme jeune médecin-auxiliaire. Aujourd'hui, il est fini et ne peut que s'asseoir sur une borne en pleurant et en me signalant cependant qu'il est suivi d'une voiture sanitaire contenant quelques paniers de secours dont il me demande de disposer à ma guise. Il disparaît enfin pour aller se faire prendre ailleurs. Mon brigadier confisque enfin une ou deux camionnettes sanitaires avec leur matériel de pansement qui vont, hélas, nous être infiniment utiles.

Je me suis installé dans un café de village, le long d'une place d'église, dans lequel nous disposons de deux grandes salles au rez-de-chaussée. Et j'ai eu soin de fixer à tous les endroits visibles de grands insignes de la Croix-Rouge; puisque je me suis mis à mon compte, il s'agit maintenant de faire venir la clientèle : elle ne tardera pas. Les blessés se mettent à affluer, nous en aurons plus de 600 le lendemain, qu'il est impossible d'évacuer puisque, nous le savons maintenant, nous sommes coupés de tout...

Nous nous mettons, Cosserat et moi, à opérer et à panser ces centaines de malheureux pour lesquels nous pouvons si peu, démunis comme nous le sommes. J'ai dit à Cosserat : « Toi qui es ORL tu prendras les blessés de la tête, ils sont plus proches de ta spécialité. Je prendrai le reste. » Nous recevons de tout : des Français, des Allemands, des tirailleurs sénégalais et des artilleurs, des sapeurs, des cavaliers, et des civils blessés sur les grands chemins où ils ont eu l'imprudence de s'aventurer. Et des hommes du 11e Etranger dont je me rappelle l'insigne : la grenade de la Légion marquée en son centre du numéro du régiment et dont la flamme monte tout droit, sous l'Arc de Triomphe, comme celle du Soldat inconnu : ils nous sont tous aussi inconnus les uns que les autres, mais aussi chers puisqu'ils ont perdu leur régiment, leurs camarades et leur espoir.

Nous sommes quelques-uns à savoir ce que devient après la bataille le jeune soldat, ami ou ennemi, guerrier du matin, que nous apportaient les brancardiers : une fois dégrafées ses lourdes buffleteries, une fois débouclé son ceinturon de cuir alourdi de grenades, une fois tombé son masque de fer et son uniforme de drap ensanglanté, il ne restait entre nos mains qu'un malheureux enfant de vingt ans, attendrissant de faiblesse et de confiance, au cou duquel nous retrouvions bien souvent, au bout d'une petite chaîne d'argent, la médaille de son baptême ou le chapelet de la première communion (celui-ci surtout chez les Allemands). Et l'homme qui, tout à l'heure, faisait trembler, ne fait plus que pitié et bien souvent, trop souvent hélas, faute de pouvoir le faire vivre, il nous était réservé de l'aider à mourir, privé comme il l'était, de toute tendresse. Souvent aussi, nous pouvions lire, dans des yeux qui allaient se fermer pour toujours, quelque chose comme la reconnaissance.

Dans les deux pièces contiguës de ce bistrot de campagne, nous avons installé deux équipes opératoires, une pour Cosserat et l'autre pour moi. Les brancards sont amenés de l'extérieur par-dessus un balcon-terrasse et les blessés posés sur une longue table de cuisine après avoir reçu, dans la grange voisine où ils avaient été déposés à leur arrivée, une dose de sérum antitétanique et de morphine des mains des infirmières. Les jeunes médecins, dentistes et pharmaciens, sont nos seuls aides, mais leur volonté de bien faire compense largement leur incompétence. Les blessures sont affreuses : membres arrachés, poitrines défoncées, crânes ouverts, sans compter les cas moins graves mais souvent aussi absorbants. Nous ne sommes que deux à travailler dans ce « chantier » dégouttant de sang et nous allons y demeurer deux jours entiers, sans aucun arrêt, même pour manger, même pour dormir. Et il fait chaud, horriblement! Je bois entre chaque blessé un grand verre d'eau glacée que me tend mon ordonnance.

Comme il n'y a jamais eu d'évacuation à envisager, nous éliminons d'emblée, pour économiser sérum et pansements, tous les agonisants, et ils sont nombreux. Nous les rassemblons dans une sorte d'écurie vide qui est un lieu affreux et je pense, chaque fois que j'y entre, à l'horreur qui écraserait l'un de ces mourants s'il pouvait, dans un moment d'ultime lucidité, se rendre compte de l'endroit où il se trouve. L'officier d'administration-prêtre confesse, onctionne, bénit, sans arrêt... et on enterre.

Des civils arrivent aussi; deux vont mourir là : une petite fille de dix ans qui a une grosse plaie dans la poitrine et un petit garçon de quatre ou cinq ans, touché à la tête par un éclat d'obus. Tous les deux meurent ainsi, loin de leurs parents, dans une espèce d'indifférence abrutie de tout le monde. Nos blessés remplissent maintenant toute une extrémité du village. Il y en a partout : dans les granges, dans les écuries, dans les maisons voisines. Nous envisageons un instant de les rassembler dans l'église, mais nous y renonçons en raison des difficultés matérielles et du risque de bombardement qui serait multiplié par une bombe ou un obus venant crever la voûte.

Au matin du deuxième jour, on sent se resserrer la

tenaille allemande; les blessés nous sont apportés de tout près. Un colonel chargé de la défense de Goviller envisage sa mission sans enthousiasme. Personnellement, je trouve démentiel de se battre dans le village-hôpital, mais je me garde cependant de le dire... Pour comble de malheur, le feu prend dans la rue de nos blessés, allumé par un obus tombé dans un grenier et, sous un joli petit vent, les flammes se propagent. Un homme énergique prend la direction de pompiers occasionnels et le feu s'éteint à temps. Vers midi, le bombardement du village commence, précis mais peu nourri, à coups de mortiers dont je reconnais le bruit caractéristique. Ce bombardement est suffisant pour que mon personnel, mal aguerri, saute à la fois sur son casque et dans la cave.

A 13 heures, les obus cessent de tomber et, sans un coup de feu, les Allemands, au nombre de cinq ou six, prennent possession de Goviller sans se heurter à la moindre résistance. Tout ce qu'il nous est donné d'entendre, c'est le bruit honteux des fusils qui tombent. C'est à ce moment-là, je crois, qu'un jeune lieutenant du 61e GRDI blessé d'une balle au bras me déclara : « La honte m'est tout de même épargnée d'être pris en état de me battre. »

C'est pour moi le moment d'aller au-devant de l'ennemi qui se fait plus nombreux mais, à l'instant où je vais quitter notre « hôpital », je me sens retenu par la manche; c'est mon curé-officier-d'administration qui me dit : « N'y allez pas, ils vont vous fusiller! » Et comme je m'éloigne, je le vois me gratifier d'une bénédiction qui devait être l'absolution de tous mes péchés!

Au premier Fritz venu, je demande à parler à un officier. Il me regarde, assez étonné de ma blouse blanche pleine de sang de deux jours à même ma poitrine nue, tellement il fait chaud. J'ai remis mon képi rouge à bandeau de velours grenat et je suis conduit vers un lieutenant à qui j'explique notre situation : cinq ou six cents blessés, dont pas mal d'Allemands, et un besoin pressant d'aide chirurgicale et de moyens d'évacuation. Il m'entraîne avec lui vers une sorte de command-car camouflé au coin d'une ruelle et je l'entends rendre compte par radio à sa division de ce qu'il a trouvé à Goviller et de ce que je lui demande. Moins d'une heure plus tard arrive tout le train-auto d'une ambulance chirurgicale de campagne. De la première voiture descend un « Oberartz » (médecin-colonel) à qui, une nouvelle fois, j'explique le coup! Il voit très bien et très facilement de quoi il s'agit et entre avec moi dans notre boutique. Je lui montre les cas les plus graves, dont des garrots posés depuis près de quarante-huit heures sur des membres déchiquetés. Mais en même temps, il fallait que je dispute un à un chacun de mes infirmiers et de mes brancardiers aux fantassins vainqueurs qui voulaient les faire entrer dans les colonnes de prisonniers ramassés là en quelques minutes. J'y parviens à force de répéter qu'ils me sont indispensables.

Puis tout s'éloigne, gagnants et perdants, et il ne reste dans le village que nous et cette unité chirurgicale allemande qui, je le dis sans aucune gêne, va être parfaite. Ce chirurgien-chef est accompagné de ses subordonnés qui, eux aussi, ont fait le tour du café, de ses granges et viennent à tour de rôle dire qu'ils ont trouvé des Fritz parmi les blessés et désirent que ceux-ci soient soignés en priorité. Leur chef me dit simplement qu'il considère comme moi qu'il n'y a pas de nationalité qui compte, mais uniquement un degré d'urgence plus ou moins pressant.

Deux ou trois tentes opératoires ont été déployées et les chirurgiens, eux parfaitement équipés en matériel, se mettent sans plus attendre à amputer, à débrider et à panser. Une colonne d'ambulances est arrivée, elle aussi, et nos malheureux types y sont rapidement chargés et évacués, m'est-il dit, sur les hôpitaux de Nancy déjà occupé. Quand nous étions arrivés dans le quartier de mes *morituri*, le chirurgien avait fort bien compris la façon de faire qui avait été la mienne et il va continuer à la pratiquer, avec tous ces agonisants... dont beaucoup sont déjà morts. Je discute un peu pour faire partir sur Nancy un pauvre garçon qui, apporté la veille, m'avait reconnu pour être né dans un village voisin de Longuyon où je l'avais soigné quand il était enfant. Celui-là, bien que son cas soit sans espoir, j'insiste pour qu'il soit évacué et j'en donne la raison à mon boche, raison uniquement sentimentale qu'il accepte parfaitement en m'affirmant même qu'il me comprend très bien.

Quand tout est à peu près liquidé, la nuit est tombée, en même temps qu'un affreux orage : la première pluie que je voyais depuis le 10 mai. C'est alors que je demande à ce médecin-colonel ce que je dois faire personnellement. En toute simplicité, il me déclare qu'il s'en fout et me précise qu'il ne se reconnaît aucune qualité pour me faire prisonnier. « Je vois, ajoute-t-il, que vous avez encore votre voiture et votre chauffeur, et même votre chien. A votre place, je me dirigerais vers Nancy où vous pourrez retrouver vos blessés d'aujourd'hui et continuer à les soigner, à moins que vous ne préfériez rentrer chez vous. Mais permettez-moi de vous donner un conseil : passez encore la nuit ici et demain matin tâchez de trouver un ou deux blessés légers et emmenez-les vous-même à Nancy en n'omettant pas de placer un fanion de la Croix-Rouge sur votre voiture; personne certainement ne vous demandera rien. Après... bonne chance ! »

Je m'étais rhabillé, j'étais en tenue correcte quand nous nous quittâmes et je n'eus aucune gêne à serrer la main qu'il me tendit et à le remercier. C'est à ce moment-là que je rencontrai deux biffins de chez nous, légèrement blessés, que je me mis de côté pour qu'ils me servent le lendemain de laissez-passer. Nous passâmes une dernière nuit dans ce Goviller maudit où j'avais cependant l'impression d'avoir été, pour une fois, utile à quelque chose, et où je n'ai jamais regretté d'être demeuré de mon plein gré, alors que tout le monde ne pensait qu'à s'en sauver. Mes brancardiers-infirmiers avaient eux aussi été emmenés à Nancy pour accompagner nos blessés. Quant à mes médecins, pharmaciens et autres dentistes, ils avaient disparu sans laisser de traces et je ne les ai pas revus...

Aujourd'hui, et depuis longtemps sans doute, le champ voisin du cimetière du village dans lequel nous avions enterré tous les morts de ces tristes combats a été dégagé de ses tombes. Dans le cimetière demeure seulement une modeste stèle qui a été élevée à la mémoire de ces combattants de l'avant-dernière heure :

Aux officiers, sous-officiers et soldats français tombés en service commandé pendant les néfastes journées des 20 et 21 juin 1940.

Priez Dieu pour le repos de leurs âmes.

COMMENT SE DÉMOBILISER SOI-MÊME

La dernière nuit dans Goviller a été une chose étrange : des troupes allemandes passaient, nombreuses, dans le village, pendant que le bruit de la bataille s'estompait vers le sud, dans la direction des Vosges, mais pas un chat-botté ne mit les pieds dans la petite grange où j'avais fait entrer ma voiture, autour de laquelle nous dormîmes tous les quatre, plus mon chien qui était toujours là!

Quand il fit jour, on se leva, lava, rasa. Et nous prîmes la route de Nancy, timidement d'abord, puis carrément, en voyant que personne ne s'occupait de nous. J'avais naturellement pris soin de fixer un fanion à croix-rouge sur ma 301, suivant les conseils de l'Oberartz de la veille, ce qui me parut en effet être un excellent Ausweiss. Je ne fus arrêté qu'une fois, par un pauvre couillon de fantassin français qui me demanda si je n'avais pas rencontré une colonne de prisonniers dont il faisait partie et qu'il avait perdue! Comme je lui conseillais de se barrer, il me répondit naïvement qu'il avait déjà eu le temps d'entendre dire qu'ils seraient libérés le lendemain matin :

« Morgenfrüh ! » Ce n'était pas la peine de jouer au con ! Il était en train d'y jouer, et de gagner, d'autant que s'il était perdu, c'était parce qu'il était entré chez des cousins au bord de la route et qu'il y avait pris le café...

A Ceintrey, un Feldgendarme me demanda bien poliment où j'allais et me précisa que pour Nancy je devais passer la Moselle à Flavigny dont seul le pont avait été remis en état.

Ce pont de bois, reconstruit pendant la nuit, on devait le franchir sur voie unique et un autre Feldgendarme y faisait la police de la route sans penser à mal ! Pendant que j'attendais mon tour, je me rappelle avoir vu, dans la cour d'un petit bistrot de pêcheurs, un Herr General qui se faisait raser, à califourchon sur une chaise de cuisine. De nouveau il faisait beau.

En entrant dans Nancy, j'hésitai un moment, me demandant si j'allais me diriger vers l'hôpital militaire Sédillot où théoriquement avaient dû être conduits mes blessés de Goviller, ou vers l'hôpital civil que je connaissais bien pour y avoir fait toutes mes études. La providence intervint qui, déguisée en un troisième Feldgendarme et voyant sans doute ma croix rouge, me dirigea impérativement par le plus court chemin vers le second de ces deux hôpitaux. J'y tombai dans les bras de la mère supérieure qui, naïvement, me demanda d'où je venais pour avoir l'air aussi fatigué : « De la guerre ! » lui répondis-je fièrement.

Bien vite je m'aperçus que cet hôpital était lui aussi bourré de blessés auxquels je n'eus aucune peine à ajouter mes deux éclopés. Toutes les sœurs vinrent me congratuler et l'une d'elles, sur l'ordre de la supérieure, me conduisit dans une chambre isolée de cette vieille maison, me déshabilla et me plongea dans un bain avant de me border dans un lit, un vrai lit blanc, « comme pour un malade », où je dormis d'une traite plus de vingt-quatre heures. Ces religieuses étaient d'autant plus aux petits soins pour moi qu'elles savaient que j'étais le frère de l'une des leurs (je m'amusais à les appeler mes belles-sœurs), une des leurs qui, beaucoup plus tard, devint elle-même supérieure de cet hôpital de Nancy.

Quand je repris pied dans la vie, je m'aperçus que dans cet immense centre hospitalier, il ne restait pas un seul médecin civil, aucun interne, aucun externe même, sauf quelques étudiantes de troisième année qui étaient venues là se mettre à l'abri en même temps qu'elles apportaient leur bonne volonté. J'avais trouvé en revanche cinq ou six médecins-lieutenants arrivés au cours des dernières journées, accompagnant leurs propres blessés et restés avec eux pour les soigner, ne sachant d'ailleurs où aller. Pendant plus d'un mois, c'est nous qui allons faire fonctionner l'hôpital et y soigner civils et militaires. Personnellement, je m'étais nommé patron du service de médecine infantile, sous prétexte que j'y avais été autrefois externe. Les soins aux blessés nous prenaient le plus de temps : les salles en regorgeaient et nous voulions à tout prix que les boches ne viennent pas se mêler de nos affaires. Il y avait en effet un médecin militaire allemand qui passait de temps en temps voir les blessés et vérifiait que leur état justifiait encore leur hospitalisation.

A mon arrivée il m'avait été signalé que dans une chambre de Bon-Secours était soigné un officier qui semblait porter au col de sa vareuse les mêmes numéros que ceux qui distinguaient ma tenue. J'y courus et tombai sur le lieutenant Céalis, commandant l'un des pelotons à cheval du 8e GRCA. Il avait été, quelques jours plus tôt, en tout cas depuis que je m'étais trouvé séparé de mon unité, blessé d'une façon particulièrement héroïque : en reconnaissance, avec quelques-uns de ses cavaliers, il était tombé sur des blindés ennemis auxquels il avait voulu tenir tête. A l'abri des chevaux tués, il avait, avec ses hommes, engagé une lutte inégale contre les panzers ; une balle de mitrailleuse n'avait pas tardé à lui transpercer le cou, sectionnant à la fois sa veine jugulaire et son artère carotide. Sentant sa vie s'en aller par le trou béant qui l'inondait de son sang, il avait eu le temps — et l'idée salvatrice — de boucher la plaie avec son doigt ganté et tout humide encore de la sueur de son cheval. Ce geste le sauva : l'hémorragie s'arrêta et, pendant plusieurs heures, Céalis garda ainsi comprimée la blessure dont il aurait dû mourir. Bien que tiré d'affaire, il n'était pas guéri car s'était installée une communication artério-veineuse qui faisait un bruit bizarre (le thryll comme disent les grands médecins !) et surtout provoquait chez le blessé une série de malaises perpétuels. Il fallut dans les semaines qui suivirent rétablir une circulation normale de son sang; intervention délicate de chirurgie vasculaire qui fut effectuée par nos camarades chirurgiens et pour laquelle mon ami tint absolument à être endormi par moi. Cette anesthésie à la compresse et au chloroforme est l'un de mes mauvais souvenirs d'assistance opératoire : j'étais accroupi sous les champs stériles, obligé de me débrouiller comme je le pouvais pour verser goutte à goutte sur le masque de gaze le liquide anesthésique et sans trop gêner les opérateurs qui, tout au long de l'intervention, ne cessèrent de m'engueuler : « Tu en donnes trop... Tu n'en donnes pas assez, il va se réveiller, il respire mal, etc. » Finalement tout se passa bien et Céalis sortit vivant de cette seconde aventure. Il fut l'un de ceux que je présentai quelques jours après au médecin allemand en lui demandant de le faire renvoyer chez lui dès qu'il serait guéri et après lui avoir expliqué comment il avait fait lui-même son hémostase. Il me répondit d'un mot : « Fortuna ! » La chance.

Tous les médecins qui étaient là étaient des réservistes de tous les coins de la France : un interne de Paris, un autre de Lyon, un troisième de Bordeaux, dont deux par bonheur étaient chirurgiens. Notre chance fût de voir arriver deux de mes camarades nancéiens, piqués par les boches à l'hôpital de Toul, je crois, et dirigés sur Nancy : les docteurs Bodard, agrégé et chirurgien des hôpitaux, et

Haudidier, chirurgien également de l'hôpital de Remiremont, qui devinrent les patrons de nos équipes.

Bodard était un homme extraordinaire devant lequel chacun s'inclinait. Il avait été mon interne autrefois et avait cette particularité, ayant fait un petit bout de la guerre de 14-18, d'avoir refusé toute « militarisation » depuis vingt ans. Il avait donc, en 1939, été mobilisé comme médecin-auxiliaire, ce qui me permettait, chaque matin, quand nous nous disions bonjour, de lui lancer un : « Bodard, tu ne pourrais pas te mettre au garde-à-vous quand tu me salues ? » auquel il répondait par les mêmes mots tous les jours : « Ce que tu peux être bête ! »

Nous prenions la garde comme de jeunes internes et assurions les soins aidés par les sœurs et les quelques infirmiers militaires qui nous restaient. J'avais sur mes semblables un avantage énorme : celui d'être venu là tout seul, sans y avoir été, comme mes camarades, amené par un Service de Santé allemand qui avait commencé par leur demander leur nom, leur unité d'origine, leur lieu de capture, etc. Si bien qu'il y eut un jour un appel, laissant prévoir un départ en Allemagne. Mon nom ne figurait nulle part, aussi trouvai-je plus prudent, à partir de ce moment-là, de revêtir une « tenue bourgeoise » que les sœurs me procurèrent.

Dès que j'eus l'impression que je n'étais plus d'une grande utilité, je décidai un beau matin de rentrer chez moi. D'autant que les médecins de Nancy, ceux du moins qui ne s'étaient pas sauvés trop loin, commençaient à refaire surface. Je sortis dans la ville et j'allai me renseigner à la gare sur la remise en route des trains pour Longuyon. Je faisais en outre des courses pour les camarades moins chanceux et achetai même des complets civils pour ceux d'entre eux qui avaient envie de s'évader ; la chose était encore relativement facile. Vers le 15 août, m'étant moi-même démobilisé une nouvelle fois, je regagnai mes foyers.

4.

La vie s'organise en zone interdite

Ce voyage de retour vers mes pénates fut quelque chose d'épique; il m'avait été dit à la gare de Nancy qu'il y aurait peut-être un train, tel jour à telle heure, qui essayerait d'aller à Longuyon, mais rien n'était garanti... En effet, la moitié des ponts, surtout dans la seconde partie du trajet, n'était pas encore remise debout, aussi la SNCF employait-elle les locomotives et les quelques wagons restés en panne entre deux destructions pour parcourir une étape après l'autre, et l'on était obligé de franchir les rivières et les ravins à pied pour remonter dans un nouveau convoi de l'autre côté.

En une bonne dizaine d'heures, cent kilomètres furent dévorés et il n'en restait qu'une douzaine qu'il fallut faire à pied le long des voies. C'est là que pour la première fois j'entendis des cheminots, qui travaillaient à remettre les rails bout à bout, prononcer des paroles qui évoquaient, bien à l'avance, les jours futurs de la Résistance : « On leur refait les ponts à ces vaches-là, pour qu'ils puissent rentrer chez eux, et peut-être même pourra-t-on les y reconduire à coups de pied au cul ! »

Mes foyers rejoints, j'en fis d'abord le tour et n'y découvris que pillage et destruction par le fer et par le feu. Sur les six ou sept mille habitants que comptait la ville avant la guerre, cent ou deux cents seulement étaient revenus : ceux qui ne s'en étaient pas trop éloignés, d'autant plus que la fameuse ligne de démarcation de la zone interdite était, disait-on, une frontière difficile à franchir. Quand j'eus faim, j'entrai chez Flore Burton que j'avais aperçue devant sa porte. Sans façon, elle m'offrit à dîner et me dit ensuite : « Tu reviendras demain ! » J'y suis revenu quatre ans, midi et soir, pour chacun de mes repas.

Quant à ma maison, il fallut des jours et des jours pour en sortir les gravats et les carreaux cassés, et pour en boucher les trous que les obus avaient faits dans son toit. La SNCF — j'étais son médecin — se chargea de tous ces travaux et nettoyages car il lui fallait bien occuper ses employés qui, peu à peu, revenaient, puisqu'elle n'avait pas encore de trains à faire rouler. Elle mit aussi à ma disposition un agent qui m'était affecté comme infirmier, intendant et presque valet de chambre. Finalement il fut décidé que les miens demeureraient à Poitiers où ils s'étaient réfugiés en août 39 et où ils étaient parfaitement installés.

On avait connu, bien sûr, dès les premiers jours, les conditions de l'armistice qui coupait la France en deux parties : les zones occupée et non occupée, mais aucune publicité n'avait été faite sur une troisième zone, la nôtre, que les Allemands avaient baptisée « Grüne zone », la zone verte, ou zone réservée, et qui était pour nous la zone « interdite ». Elle était délimitée par une ligne partant du nord, au niveau des plages de la Somme et du Pas-de-Calais, et descendant jusqu'à la frontière suisse, tout en bas du département du Doubs, absorbait un territoire d'une bonne centaine de kilomètres de large, avec une grande partie des provinces du nord et de l'est de la France. Quant à l'Alsace et à la Lorraine, elles avaient été discrètement annexées et leurs limites étaient devenues la frontière allemande du Luxembourg à la Suisse. Le Grand Duché semblait d'ailleurs avoir subi le même sort.

Cette zone réservée avait bien sûr des modalités d'administration allemande assez particulières et dépendait d'un gouvernement militaire installé à Bruxelles qui était le même que celui de la Belgique et des Pays-Bas, et non de Paris comme le reste de la France occupée. Il a été dit, et il a été souvent écrit après la guerre, que la zone interdite avait échappé au gouvernement de Vichy.

La chose était fausse et cette dizaine de départements du nord-est de la France n'ont jamais été retirés à la juridiction officielle de Vichy. Ils ont continué jusqu'à la fin à être administrés par des préfets et des sous-préfets nommés par le maréchal Pétain, qui a même nommé des maires — j'ai été l'un de ceux-là — sans jamais demander leur avis aux boches. La police et la gendarmerie y étaient également françaises. Il a été dit aussi que cette troisième zone était marquée par une frontière infranchissable dans un sens comme dans l'autre. Cela non plus n'a pas été vrai et je pense même qu'elle était moins imperméable que celle de la zone libre à la zone occupée et je ne connais personne qui se soit jamais trouvé dans l'impossibilité absolue de la franchir, aussi bien pour entrer que pour sortir.

Les Allemands avaient fini par accorder de nombreuses autorisations aux habitants qui voulaient revenir, et tous les prétextes, ou presque, étaient bons : employés de chemin de fer, ouvriers métallurgistes, cultivateurs, bûcherons, mineurs, etc. Il était même assez curieux de voir les Fritz tolérer des passages semi-clandestins qu'ils connaissaient certainement, en laissant les voyageurs descendre du train à la station de contrôle pour aller le reprendre à l'arrêt suivant où la rame les attendait. Parfois, bien sûr, il y avait un petit cornard et les Feldgendarmes faisaient du zèle, mais ces contretemps étaient toujours de courte durée et chacun se disait que s'il était « Verboten » de passer aujourd'hui, il serait certainement possible de le faire « Morgenfrüh ». En outre, il y avait des trucs et les cheminots français se faisaient toujours un plaisir d'aider les plus malchanceux à rentrer chez eux quand ils en éprouvaient véritablement le désir.

Le courrier n'était ni mieux ni plus mal qu'ailleurs acheminé par les PTT français et même rien n'interdisait de téléphoner de Longuyon à Paris ou à Poitiers. Longuyon se repeuplait lentement au fur et à mesure que ses habitants rentraient les uns après les autres. Cette « zone verte », sans doute était-ce pour cela que les Allemands l'avaient baptisée ainsi, avait une autre particularité : celle d'être le siège de l'Ostland ou WOL (Wirstchaftoberleitung), organisme chargé de la remise en culture de toutes les terres demeurées en friche depuis 1940 en raison de l'absence des jeunes cultivateurs mobilisés d'abord en 1939 et prisonniers ensuite, pendant que leurs familles avaient été évacuées dans la Gironde ou dans le Puy-de-Dôme. Ces terres non cultivées avaient été regroupées en vastes exploitations qui devaient coopérer au ravitaillement de l'Allemagne en denrées de toutes sortes sous la haute direction des chefs de « Kulture ».

Il existe encore dans le pays de grands « WOL » peints à la chaux qui marquent les fermes occupées en ce temps-là par l'Ostland. Il est vrai que je connais aussi des inscriptions qui subsistent encore et qui ont été faites sur certains maisons de la région par les boches... de 1917!

Chacun entrait dans son tunnel et, bien sûr, je ne percevais encore aucune clarté au bout du mien, mais, depuis ce mois d'août 1940, je sentais d'une façon instinctive et animale que les Allemands perdraient la guerre. Mais combien de temps allions-nous devoir les côtoyer et les supporter chez nous, en maîtres qu'ils étaient? J'étais à peu près dans le même état d'esprit qu'au cours de la guerre de 14-18 tout au long de laquelle jamais, un enfant de 10 à 15 ans, comme je l'étais alors, n'aurait pu envisager une victoire de l'Allemagne. Bien sûr, je n'avais pas encore en 1917 l'âge de raison... mais l'avais-je atteint en 1940?

Il fallait que je fisse quelques démarches auprès de ces gens-là, d'abord pour leur signaler que j'étais rentré et ensuite pour faire valoir mes droits de médecin à circuler jour et nuit, intra et extra-muros. Il y avait de ce côté-là une chose qui me tracassait quelque peu : j'étais en effet revenu à Longuyon sans rien qui ressemblât à un titre quelconque de démobilisation ou de libération et je redoutais qu'il me fût demandé d'où je venais, ce que j'avais fait jusque-là et en particulier depuis la date de l'armistice. Mais les sous-officiers de la Orstkommandantur ne se montrèrent pas curieux et se contentèrent de me délivrer le papier que tout habitant devait être en mesure de présenter à n'importe quel contrôle : l'Ausweiss.

Pour les autorisations à sortir la nuit, il me fallut attendre le lendemain : l'officier qui devait signer une telle autorisation n'était pas là, mais lui non plus ne fit preuve d'aucune curiosité déplacée et certifia que « Herr Docteur Gousset ist berechtigt im Kanton Longuyon die Strassen zu jeder Tages und Nachtzeit, um seine artsliche Tätigkeit auszuüben zu betreten. » Der Ortskommandant : illisible !

Plus tard je ne fis plus attention à ce genre de détail et je parlais facilement aux boches de la guerre que j'avais faite. J'avais commencé à rouler à bicyclette sur une bécane retrouvée à peu près utilisable, puis un garagiste du coin, rentré lui aussi, arriva à me fabriquer de bric et de broc une sorte de Rosengart qui, ma foi, roulait assez bien ! Elle avait une particularité : celle d'avoir deux grandes roues et deux plus petites. La finesse avait été de placer les grandes à l'arrière pour aller plus vite. Elle me servira fidèlement jusqu'à la Libération, malgré les huiles et essences abominables qu'on lui donnait à boire et à manger !

Je me rappelle toujours avec étonnement les deux premiers « malades » qui, me sachant revenu, ont eu recours à moi : deux habitants d'un village voisin qui s'étaient battus au sujet d'une armoire dont chacun prétendait qu'elle était sa propriété, alors qu'en réalité, elle l'était d'un troisième larron non rentré. En toute simplicité, mes deux clients désiraient que je leur établisse un certificat de coups et blessures pour le porter aux gendarmes qui, eux, étaient encore absents. L'affaire se solda par un coup de pied au cul des deux plaideurs, mais me donna en même temps une idée assez nette de l'infini de la connerie des hommes !

Un des premiers jours aussi, je fus appelé simultanément pour deux accouchements aussi urgents l'un que l'autre. Par hasard il y avait tout près de chez moi une infirmerie régimentaire allemande avec un jeune médecin qui m'avait un jour bien poliment salué. Je fus obligé d'avoir recours à lui pour mettre au monde l'un des deux nouveaux petits Français. Il s'en acquitta fort bien, mais la femme me déclara le lendemain qu'elle avait cru ne pouvoir accoucher en face d'un soldat allemand. Un matin, je rencontrai dans la rue, pétaradant sur une grosse moto militaire française, un camarade d'avant-guerre, lieutenant du génie au fort de Fermont, qui m'expliqua que les Fritz l'avaient gardé, seul officier prisonnier dans l'ouvrage, parce qu'il en était l'électricien et que lui seul savait tout faire marcher. Je lui donnai, bien sûr, le conseil de filer sans plus attendre et de profiter de cette semi-liberté qui lui était laissée et lui permettait de se balader tout seul à motocyclette. Je lui proposai même de lui trouver un costume civil, mais il refusa carrément et me déclara, comme l'autre, comme tant d'autres, qu'il serait libéré « Morgen früh », qu'il serait bien con alors, etc. Il a tiré quatre ans dans un Oflag en Allemagne.

Pendant plusieurs mois, je restai ainsi seul médecin à Longuyon et dans tout le pays, sur un rayon de trente kilomètres, ne sachant plus où donner de la tête du matin au soir et du soir au matin, et plus encore quand vint l'hiver, cet affreux hiver 40-41 couvert de neige, par des froids de moins 25° qui ne valaient absolument rien aux moteurs de Rosengart, entretenus parfois à l'huile de vidange des camions boches, voire à la graisse de harnais.

MAIRE D'ALORS

Un jour je reçus la visite du préfet de Nancy, que je ne connaissais absolument pas et qui venait me déclarer, d'entrée de jeu, qu'il avait décidé de me proposer comme maire de Longuyon au gouvernement de Vichy. S'il avait eu une tête à rigoler, ce préfet, j'aurais cru qu'il voulait me faire une blague, mais il n'en avait absolument pas l'air. Il me rappela seulement, ce que je savais fort bien, que la ville n'avait plus de maire depuis mai 40, qu'un ancien conseiller municipal revenu à Longuyon en juillet en avait pris la place, mais qu'à présent les villes de plus de trois mille habitants, je crois, devaient avoir un conseil municipal et un maire nommés par Vichy sur proposition des préfets. J'eus beau me débattre, lui avouer même que je ne savais pas ce qu'était un centime additionnel, rien n'y fit. Il me précisa qu'il savait tout de moi : que je parlais allemand, que j'avais fait la guerre, que j'étais décoré et qu'enfin et surtout, j'étais là, le seul à peu près qui pût faire le poids.

Je me rappelle m'être mis au garde-à-vous et lui avoir déclaré que si c'était un ordre je l'exécuterais : « Considérez-le, me dit-il, comme un ordre. » J'avais 35 ans.

Quelques jours plus tard je devais recevoir les règles du jeu. Ces règles étaient simples et aussi peu démocratiques que possible. Nommé maire, il me fallait désigner moi-même mes vingt-deux conseillers et mes deux adjoints et en envoyer la liste au préfet pour ratification et signature par le gouvernement de Vichy. J'avais prévenu le préfet que si cette liste n'était pas acceptée intégralement et telle que je la lui soumettrais, je me refuserais à poursuivre. Je pense que c'est ce jour-là que je me suis fait le serment solennel de tout mettre en œuvre pour réussir la mission qui m'était confiée et en particulier de donner gaiement ma peau, s'il le fallait un jour, pour cette ville où j'étais né et dont tous les habitants me connaissaient et, plus ou moins, me tutoyaient.

Je voulais naturellement un conseil municipal à l'image de la population, à la fois rurale, ouvrière, commerçante et bourgeoise, mais je ne voulais essuyer aucun refus qui aurait été immédiatement connu et aurait amoindri l'autorité de l'équipe que je voulais réaliser. Je puis dire que je fus favorisé par l'amitié et la confiance de tous ceux qui acceptèrent de jouer la partie avec moi : employés de chemin de fer, ouvriers d'usine, agriculteurs, « riches marchands » et d'autres encore.

Henri Jacotot : Bourguignon de la classe 17. Combattant de la guerre d'avant qu'il avait terminée, décoré de la croix de guerre, comme chef de section d'infanterie. A l'époque chef de bureau à la SNCF, il était membre, dès avant 39, du conseil municipal de Longuyon où il avait été élu sous l'étiquette SFIO qu'il n'a jamais reniée. Homme de caractère, toujours de parti pris et sujet à des colères homériques au cours desquelles réapparaissait, plus jeune que jamais, son accent d'autrefois. Ses conseils étaient précieux et son action fut toujours la meilleure, étant donné les circonstances, vis-à-vis de ses camarades socialistes. Il fut plus tard, après la guerre, mon premier adjoint et mon conseiller le plus sûr.

Achille Simon, ancien adjudant-chef de cavalerie chez qui une longue expérience de la comptabilité d'un escadron avait fait naître des qualités hors pair de conseiller financier, agrémentées d'une finesse paysanne qui lui permettait de prévoir les réactions de chacun en face de telle solution que nous avions été obligés d'adopter. Il m'a été très précieux, lui aussi, en m'évitant de prendre parfois quelque décision qui n'aurait pas été bien comprise par nos administrés d'alors. Il m'a légué à sa mort son vieux sabre de cuirassier : une latte aussi longue et droite que lui, ferme et souple, tout à son image.

Louis This : commerçant avisé, lui aussi brillant combattant de 14-18. Sa connaissance de tout le monde et de toutes choses était irremplaçable. Ainsi que les conseils qu'il savait donner « hors mairie » à ceux qui venaient lui en demander — et je crois qu'ils étaient nombreux — conseils qui toujours restaient dans la ligne des décisions qu'ensemble nous avions prises. Je pense que j'étais le plus jeune de ce conseil et les habitants avaient eu besoin, au début tout au moins, de vérifier que mon autorité était approuvée et soutenue par chacun des membres de la municipalité.

Emile Guérin, également ancien de 14, était, comme je me plaisais à le nommer au-dedans de moi, « mon âme et ma conscience » et je m'arrêtais souvent, au bout du champ qu'il était en train de labourer, pour lui demander un avis. Après un instant de réflexion, il me le donnait, toujours le meilleur, même s'il n'était pas exactement celui que j'attendais. Je pense que toujours il avait raison.

Outre ceux-ci, adjoints ou conseillers les plus proches de moi pour une raison quelconque, la vingtaine d'autres ne cessa jamais de se montrer d'une fidélité exemplaire et de faire preuve d'une coopération sans faille quelles que fussent leurs opinions politiques du temps de paix. Je ne crois pas avoir, en quatre ans, entendu une seule remarque qui aurait pu faire sentir que nous étions, en réalité, tous très différents les uns des autres. Il y avait entre nous un dénominateur commun, nécessaire et suffisant, qui était notre désir de bien faire, malgré les difficultés, et notre dégoût de l'occupant qui unifierait notre volonté de tenir jusqu'à ce qu'il ait disparu. Car nous étions tous aussi certains que la guerre ne pouvait avoir d'autre issue que le départ des Allemands vaincus. Peut-être étions-nous béatement optimistes, mais les faits ont prouvé que nous avions raison et, ensemble, nous avons mené jusqu'au port la pauvre embarcation dont on nous avait confié la responsabilité. Peu importe celui qui nous avait mis le gouvernail entre les mains.

Le pouvoir civil? C'était un préfet lointain et sans doute très absorbé par sa tâche, que je n'ai jamais revu pendant quatre ans. Le sous-préfet de Briey, en revanche, était beaucoup plus proche à tous points de vue et se voulait très au courant de toutes les difficultés rencontrées par ses maires, mais qu'y pouvait-il? Homme d'une exceptionnelle qualité, il ne venait pas de l'administration mais, officier de réserve et brillant combattant de la guerre 14-18, à la croix de guerre lourde de citations gagnées dans l'infanterie, il avait, en 1939, commandé les Etapes de la région de Briey et s'y était fait remarquer par ses qualités d'organisateur et d'administrateur; le gouvernement de Vichy en avait fait un sous-préfet. Je peux certifier que Mancel, jamais, ne souhaita autre chose que la défaite des Allemands. Au lendemain de la guerre, il fut fait Officier de la Légion d'honneur pour faits de résistance et se fit élire facilement conseiller général de Meurthe-et-Moselle.

Les maires! Tout reposait sur eux et seuls ils devaient tout décider, tout prévoir et tenter de sauver le plus possible de ce qui pouvait l'être. Les réunions de la municipalité, dans mon bureau de l'hôtel de ville, ne pouvaient déboucher que sur de vagues échanges d'idées, sans que rien jamais pût ressembler à un véritable projet. Un régime, en somme, présidentiel, mais sans aucun pouvoir!

Les jeux sont faits! il ne reste qu'à avancer dans NOTRE tunnel, avec de temps en temps des risques de déraillement. Il ne faut que survivre : distribution de cartes d'alimentation, validation des tickets de sucre ou de fromage, coupes de bois dans les forêts communales pour réchauffer les habitants : c'était là le quotidien et un quotidien qui était parfois bougrement désespérant. Pour mille et une choses matérielles, telles que les réfections des canalisations d'eau détruites par les bombardements et le déblaiement des ruines des maisons incendiées, je fus, pendant toute cette période, aidé d'une façon inimaginable par André Mouilbeau, ingénieur des travaux publics de la ville et du canton, qui, très vite, me devint indispensable et sut gagner, en même temps que mon estime et ma confiance, ma reconnaissance et mon amitié.

M. et Mme de Chevigny sont rentrés à Colmey, mais n'ont pu encore reprendre possession, même partielle, du château. J'ai proposé à M. de Chevigny de faire savoir au Major allemand qui occupe Martigny qu'il aimerait revoir sa maison. Rendez-vous fut pris et j'assistai à l'entrevue entre l'occupant et le propriétaire. Celui-ci, dans la cour, se découvrit devant l'officier allemand qui venait le saluer, mais, immédiatement après être entré dans sa maison, remit son chapeau sur sa tête, pour bien montrer qu'il était là chez lui, envers et contre tous.

HERR DOKTOR, BURGERMEISTER ET... KANTON-FUHRER!

Il me fallait compter aussi avec les chefs-occupants du coin qui, bien entendu, étaient les plus gênants. Un Kreiskommandant qui, son titre l'indiquait, commandait le secteur de Longwy et y résidait. Celui-là était pratiquement inamovible et j'ai eu affaire à lui du début à la fin. C'était un Major d'infanterie, architecte en Saxe dans le civil, qui avait fait la guerre 14-18 et se souvenait de Longuyon, sur la route de Verdun en 1916. Il semblait toujours avoir peur de n'être pas à la hauteur de sa tâche et certainement, comme bien d'autres, il redouta longtemps de se retrouver un beau jour sur le front russe, à la tête d'un bataillon d'infanterie. En réalité, il n'était pas mauvais cheval et avait peur, semblait-il, de me mécontenter et que je finisse par lui amener des emmerdes !

Le Orstkommandant, chef de la place de Longuyon, était souvent relevé puisqu'il était seulement l'officier le plus ancien dans le grade le plus élevé des troupes cantonnées dans la ville. Je n'avais que peu de rapport avec lui qui ne faisait que passer, et le savait bien. Et moi aussi bien que lui. Et puis il y avait la Feldgendarmerie dont le gros était à Longwy et n'avait à Longuyon qu'un simple détachement. Elle était commandée par un Oberleutnant qui, je le sentis très vite, me détestait et s'est toujours, j'en suis persuadé, méfié de mes activités et de l'habitude que j'avais, en face de lui, de faire comme s'il n'existait pas. Enfin, la Gestapo de l'arrondissement de Briey qui y avait son PC et que l'on ne faisait qu'entrevoir, toujours en civil et roulant en traction Citroën. Si l'Oberleutnant des Feldgendarmes se méfiait de moi, je me méfiais, moi, de ces argousins silencieux. Comme disait, paraît-il, l'impératrice Eugénie des zouaves du second Empire : « Je déteste ces gens-là, on ne sait jamais ce qu'ils pensent ! »

Pour tout ce monde, j'étais Herr Doktor Gousset (prononcer Go-oussette) Bürgermeister von Longuyon und Kanton-Führer !

Mon conseil installé, je me rendis vite compte de sa quasi-inutilité ! Les activités d'une commune comme la nôtre, envahie et totalement à la merci de l'occupant, étaient en réalité réduites à fort peu de chose. Pas de travaux à entreprendre faute de crédits, même pas la réparation de l'éclairage des rues condamnées à l'obscurité. Seuls les Allemands faisaient aménager, améliorer et entretenir les locaux et immeubles qu'ils occupaient et ce, aux frais de la ville qui y pouvait à grand-peine suffire. J'avais pourtant un avantage : je bénissais des mariages, ceint d'une large écharpe bleue, blanche et rouge. Cela m'enchantait et me permettait de pavoiser ma mairie quand j'apparaissais au balcon.

C'est un soir que s'arrêta devant ma porte une traction noire d'où descendit un type en civil qui, avec son imperméable de cuir vert, n'essayait véritablement pas de se faire prendre pour un autre. Il se présenta d'ailleurs avec tous ses titres : chef de la Geheimestatpolizei de Briey, nouvellement en poste. Il désirait seulement faire ma connaissance, me parla du pays, de ses habitants et de leurs habitudes puis, tout bêtement, du temps qu'il allait faire.

Ce n'est qu'au moment de s'en aller qu'il aborda incidemment le chapitre des évasions de prisonniers qui transitaient par Longuyon et m'affirma qu'il en connaissait fort bien toutes les filières : leur réception à la gare, leur acheminement vers tel ou tel bistrot où leur étaient données de fausses cartes d'identité et d'alimentation. Il savait, me précisa-t-il, dans quelles fermes et dans quels couvents ils passaient leur temps en attendant d'être dirigés vers la zone libre. Et comme je lui répondais que j'ignorais tout cela, il me rit aimablement au nez en me donnant le nom de chacun de mes paroissiens qui étaient dans le coup... et le mien par-dessus le marché. Puis il s'en alla après m'avoir déclaré que personnellement la chose l'intéressait peu et qu'elle était sans importance : il comprenait fort bien que les prisonniers aient envie de rentrer chez eux.

Cette conversation me rendit cependant pensif : ces gens-là savaient vraiment beaucoup de choses et il serait bon de s'en méfier davantage.

J'avais reçu de l'administration française mission de demander à tous les légionnaires (Légion d'honneur) du canton de signer une sorte de serment de fidélité au Maréchal, tel qu'il en était, je crois, exigé de tous les fonctionnaires (1). J'avoue que je m'attendais un peu à ce

(1) En fait, ce serment n'était pas exigé des légionnaires, mais de certaines catégories de fonctionnaires. Les membres de la légion des combattants, association qui regroupait l'essentiel des anciens combattants, le prêtaient également. Peut-être la transmission des décisions de Vichy s'est-elle effectuée à Longuyon avec une erreur.

que chacun de ces « décorés au péril de leur vie » m'envoyât ch... avec mes imprimés. A ma grande surprise, il n'en fut rien et tous, sauf un, signèrent soigneusement là où il leur était demandé : les anciens combattants dits républicains, les socialistes, les francs-maçons, tous jurèrent sans hésiter de tenir ce serment d'allégeance que je leur proposais au nom du gouvernement de Vichy. Tous sauf un : M. André de Chevigny, Officier de la Légion d'honneur, qui refusa tout net en me précisant qu'il n'avait de comptes à rendre à personne de ses sentiments. Pendant que, sur son bureau, je lorgnais du coin de l'œil une grosse médaille d'argent à l'effigie du maréchal Pétain : Travail, Famille, Patrie.

Je pense que c'est dans les mêmes temps que je reçus du préfet une note assez brève qui me faisait remarquer « qu'il n'avait pas vu figurer parmi les communes du département ayant adressé une motion de confiance au chef de l'Etat, celle de Longuyon ».

« Vous avez donc, ajoutait-il, un excellent moyen de prouver que, malgré les apparences, vous et votre conseil êtes restés attachés au Maréchal. »

Je n'ai même pas répondu, mais je veux noter ici que, jamais, à aucun moment, à moi, maire nommé, aucun serment semblable ne fut jamais demandé sous une forme tant soit peu officielle.

Une autre chose me chagrinait, une appellation qui s'attachait curieusement à notre région. Nous faisions partie de l'Ostland, le territoire de l'Est! Nom qui avait une résonance d'annexion, comme la Pologne (Ostland déjà!) bien que nous fussions à l'ouest. En outre, il y avait derrière nous cette barrière difficilement franchissable de la zone interdite : la nôtre! Les Allemands laissaient entendre qu'ils étaient là pour toujours et, pour bien le prouver, ils avaient confisqué les terres de tous les cultivateurs absents et s'étaient mis à les exploiter eux-mêmes sous la direction de chefs de culture directement importés d'outre-Rhin. Ceux-ci étaient, je pense, qualifiés en labourage et en pâturage et avaient sous leurs ordres, d'abord un certain nombre de prisonniers français et, par la suite, des familles entières de déportés polonais logés dans les maisons vides des villages.

Les premiers, les prisonniers, étaient relativement tranquilles et heureux. Ils étaient assez libres et étaient reçus chez les habitants des communes voisines de leur lieu de travail. Certains y sont même demeurés après la guerre, s'y trouvant bien et ayant épousé des filles du pays auxquelles ils avaient par inadvertance fait un enfant. Pour nous, ils étaient de précieux ravitailleurs en « benzine », car leurs tracteurs marchant à l'essence, il leur était facile d'en sucer quelques litres derrière un buisson, au bout de chaque sillon de charrue, dont on prenait discrètement livraison le soir venu. Une autre source d'essence, plus tard, fut celle qui restait dans les réservoirs vides que larguaient les bombardiers anglais ou américains retour de mission et que tous nos gens ramassaient soigneusement : c'était une « gazoline » de couleur verte qui paraissait donner des ailes à nos vieux tacots !

Parmi ces prisonniers, il y avait quelques tirailleurs sénégalais, auxquels les femmes n'ouvraient ni leur porte, ni leur lit. L'un d'eux, par un beau soir de printemps (c'te putain de vie qui repique au truc !) avait quelque peu bousculé une bonne femme sur un tas de paille, tellement bien qu'au bout de quelques semaines celle-ci avait pu croire qu'elle allait avoir un enfant ni noir ni blanc. Comme elle était mariée et redoutait les réactions maritales, elle était allée se plaindre à la Feldgendarmerie et le tirailleur avait été jeté en prison.

Ce drame s'était passé dans la Meuse et c'est devant le conseil de guerre de Verdun qu'il fut jugé par un tribunal militaire allemand. Nous y avions été convoqués, nous aussi, la femme comme témoin et victime, moi comme témoin de moralité, mais je n'ai jamais su si c'était pour répondre de la moralité de la Française ou de celle du tirailleur sénégalais. Cependant, aux portes du tribunal, la victime était venue me confier qu'elle n'avait plus aucune crainte et que toute cette affaire ne méritait pas que l'on condamnât ce pauvre garçon à quelque peine que ce fût et que vraiment les boches faisaient des histoires pour pas grand-chose! Mais le vin était tiré et il fallait le boire. Toute la séance du tribunal militaire se résuma en une déclaration du président, un colonel d'infanterie, qui rappela que l'empereur Napoléon avait lui-même écrit que le viol d'une femme était aussi difficile à réaliser que la remise d'un sabre dans un fourreau qui remue, et que, dans ces conditions, le caporal sénégalais était acquitté. Je n'eus pas à prononcer une seule parole : la farce était terminée et le mari cocu qui n'y avait rien compris fut satisfait.

Des drames, des vrais, il y en eut, bien sûr, à travers ces importations et déportations, tel celui de cette petite fille polonaise, séparée de ses parents et arrivée chez nous dans les bras de sa vieille grand-mère qui mourut à Colmey dès le lendemain de son arrivée. Pratiquement abandonnée de tous, cette petite Edwige fut recueillie par une famille du village qui la garda et l'éleva comme si elle avait été sienne; elle y est demeurée pendant et après la guerre, coupée de tous liens avec sa patrie, elle y a grandi et s'y est mariée avant de devenir mère d'une nouvelle famille française.

Je veux en revenir, et en finir avec eux, aux chefs de culture : ils étaient souvent d'anciens officiers un peu hors d'âge, que l'on avait placés là pour les utiliser, mais il y en avait de jeunes, probablement des protégés du Parti, soigneusement embusqués loin du front. Leur moyen de transport ordinaire, aux uns comme aux autres, était le cheval, et certains en avaient de très beaux, en particulier celui de Pillon, dans la Meuse, qui montait une magnifique jument baie, mise à la perfection, que je voyais de loin, parfois, enfiler les chemins de terre « au passage » sous la selle d'un vieux cavalier à la jambe et à la main parfaites. Combien de fois avais-je répété aux garçons du village que « cette jument-là, ça ne m'emmerderait pas de la barboter aux Fritz ! ».

AVEC « LES REGRETS ÉTERNELS » DU SOUS-PRÉFET DE BRIEY

L'administration française vient d'élargir la distribution des cartes de tabac aux « femmes-qui-fument ». Cela m'a donné l'idée de demander à la supérieure d'un couvent de nonnes que je soigne de réclamer cette carte pour chacune des sœurs de la congrégation, et de me la donner. Elles ont tout d'abord été aussi émues que si je leur avais proposé de se prostituer, mais elles ont finalement accepté : je ne manquerai plus de cigarettes. Cependant, personne dans notre région n'était véritablement privé de tabac. En effet, nos voisins belges, avec lesquels la frontière était demeurée assez perméable, ne cessaient de répéter que « tant qu'il y aurait de l'herbe chez eux, les Français seraient sûrs d'avoir de quoi fumer ». Ce qui était aussi vrai que dégueulasse.

Il faisait cet hiver-là un temps affreux avec un thermomètre à 20° au-dessous de zéro, des routes enneigées qui n'en finissaient pas de se dégager et, ce jour-là, sur une croûte blanche profondément gelée, la pluie s'était mise à tomber, réalisant ainsi le plus parfait verglas qu'il soit possible d'imaginer.

Pendant ma consultation SNCF, à laquelle mes braves cheminots se présentaient toujours nombreux pour me demander l'exemption de service qui leur éviterait pendant quelques jours de conduire les trains des Fritz, la porte de mon cabinet médical s'était ouverte brusquement, livrant passage à deux officiers de la Geheime Feldpolizei. J'avais pris l'air étonné et leur avais fait remarquer qu'ils auraient pu frapper ; je crois qu'ils s'étaient d'abord excusés, puis m'avaient rapidement expliqué que leur général avait eu un accident d'automobile et qu'ils venaient me requérir pour lui porter secours. Ces cousins germains de la Gestapo m'avaient entraîné jusqu'à leur voiture, celle de l'escorte du général, pour me conduire à dix kilomètres de Longuyon, près du village de Nouillonpont, où j'avais pu admirer une magnifique Mercedes enroulée autour d'un pommier qui bordait la route. Le chauffeur n'avait rien, mais le passager était bel et bien mort au fond de son siège arrière et je ne pouvais que constater son décès et en faire part à ses subordonnés : il avait les vertèbres cervicales fracturées. J'avais essayé de leur expliquer qu'ils avaient roulé trop vite sur une route dangereuse et qu'ils n'avaient plus qu'à me ramener chez moi, en faisant attention aux accidents.

L'après-midi, j'avais eu l'occasion de repasser par là au cours de mes visites. Le chauffeur, un sous-officier de la Geheime-Feldpolizei, y était encore qui gardait la Mercedes accidentée. Je m'étais arrêté pour lui dire gentiment que je ne comprenais pas qu'il n'ait pas été déjà fusillé mais qu'en tout cas son affaire était bonne et qu'il lui faudrait prochainement, en Russie, faire bien attention car les routes devaient y être bougrement glissantes aussi. Il me remercia de mes conseils en me racontant qu'il conduisait son chef de Paris à Wiesbaden et qu'il lui avait été commandé de mener bon train. « Je pense que tu as gagné », lui avais-je dit en le quittant !

Un planton en bottes éperonnées et au cul largement basané est venu un matin me prier de bien vouloir recevoir, à l'heure qui me conviendrait, son chef, le Rittmeister von W. qui se trouve être actuellement le Orstkommandant de la ville. Celui-ci se présente le lendemain matin à mon bureau de maire ; c'est effectivement un élégant capitaine de cavalerie qui cantonne pour le moment à Longuyon avec son escadron. Il vient m'entretenir de réquisition de fourrage pour ses chevaux. Une discussion, d'ailleurs fort courtoise, commence sur les quantités journalières nécessaires et suffisantes. Il me semble qu'il en exagère le volume et je lui rappelle aussitôt que, par cheval, quatre kilogrammes de paille, de foin et d'avoine me semblent quotidiennement raisonnables. La glace est rompue : il s'est aperçu que je suis un homme de cheval et que j'en connais l'entretien.

« Vous êtes cavalier? » me demande-t-il, et, sur ma réponse affirmative, il se met à me faire l'offre aimable de me prêter des chevaux...

Je l'en remercie, mais j'ajoute que je ne monte que mes chevaux et qu'il ne saurait être question pour moi d'accepter ses propositions.

« Pourrais-je au moins, enchaîne-t-il, vous montrer les miens? »

Cela, je l'accepte volontiers et il me conduit alors à ses écuries où il m'est donné d'admirer quelques très beaux animaux dont il a le droit d'être fier, surtout les deux siens, deux magnifiques Meklembourgeois, en parfaite condition et astiqués comme des pfennigs neufs! Au-dessus de la stalle de chacun d'eux, leur plaque d'écurie qu'il doit transporter de cantonnement en cantonnement : l'un s'appelle *Siegfried* et l'autre *Fritz!*

« Qu'en pensez-vous? » me demande le Rittmeister.

Et moi : « Je pense que le *Fritz*, je le monterais bien cinq minutes et que je lui flanquerais une sacrée Schlag! »

Nous nous sommes, le capitaine et moi, séparés en forts bons termes.

Le piment de certaines journées résidait précisément dans la diversité des visites qui m'étaient faites. Hier le Rittmeister von W..., aujourd'hui « la Tunisienne », une aimable putain, d'origine tunisienne, dont tout le monde se méfie car elle est la bonne amie d'un sous-officier de la Feldgendarmerie.

J'avais déjà eu sa visite une fois ou deux sur un plan médical, aussi la connaissais-je fort bien et je me méfiais d'elle comme tout le monde. Mais cette fois, elle veut me voir discrètement pour me dire qu'elle a entendu parler de moi par ses Feldgendarmes, que je suis soupçonné d'avoir des armes et que je risque une perquisition. Bien entendu, je n'en avais aucune, sauf mon 92 à barillet, mais celui-ci était si bien caché qu'il ne risquait pas d'être découvert. Je ne l'en remerciai pas moins et cela me donna une idée, une idée pour rire, ce dont on n'avait pas si souvent l'occasion. De ma plus belle plume, j'écrivis au chef de la Geheimstaatpolizei (Gestapo) pour lui demander innocemment le droit d'être armé puisque, comme il ne devait pas l'ignorer, mon titre de maire me faisait officier de police judiciaire et que la police française l'était.

La réponse me parvint par la préfecture de Meurthe-et-Moselle : « J'ai l'honneur de vous faire connaître que le chef de la Sicherheitspolizeikommando de Nancy vient de m'informer qu'il n'est pas possible de donner suite à votre demande tendant à obtenir, en votre qualité d'officier de police judiciaire, l'autorisation d'être armé d'un pistolet. »

Le tout sous couvert de M. le sous-préfet de Briey, qui transmettait « avec ses regrets éternels ».

LE SECRET DU « BOBINARD » DU CHEF-LIEU DE CANTON

Dès 1941, les services de la Gestapo avaient fait le tour des mairies et, je pense, des commissariats de police, pour y prendre un modèle des cachets officiels et en reconnaître l'authenticité sur les différentes pièces délivrées par ces services. A la mairie de Longuyon il y en avait quatre, je crois. J'eus un jour l'idée d'en apporter un chez moi et d'écrire à la Gestapo qu'il avait été dérobé, spécifiant bien que j'avais tenu à en rendre compte pour ne pas risquer d'être un jour ou l'autre accusé de fabriquer de fausses cartes d'identité.

Un type de la Gestapo se présenta le lendemain pour me remercier de ma déclaration et me dire qu'il allait emporter les trois cachets restants et que la mairie en recevrait de nouveaux d'un modèle différent. Ce qui fut fait rapidement et me permit à moi de faire autant de fausses cartes que je le voulais, timbrées du vieux cachet, et que je faisais signer par une tierce personne de confiance qui imitait ma signature.

J'ai donné nombre de ces fausses cartes à des gens auxquels elles ont été très utiles. Cependant, je reçus un jour une nouvelle visite de la Gestapo qui avait en mains une de ces cartes qui avait été trouvée sur un pauvre garçon de Longuyon à qui je l'avais donnée pour franchir tous les barrages de police allemande : il voulait aller en Espagne et de là en Afrique du Nord pour s'y engager. Le malheureux s'était fait tuer à la frontière espagnole par une patrouille boche qui avait découvert sur lui cette carte d'identité et l'avait envoyée à la police allemande de Briey pour enquête. Je n'eus aucune difficulté à rappeler que j'avais moi-même signalé la disparition d'un cachet de la ville de Longuyon et que ma signature était fausse. Bêtement, le Fritz s'en alla content en me remerciant encore une fois...

Un jour, j'ai reçu dans mon bureau une sorte de missi dominici de Vichy, un nommé Hilaire. J'avoue n'avoir pas très bien compris ce qu'il me voulait, mais je suis certain qu'il a, lui, très bien saisi le fond de ma pensée quand je lui ai déclaré sans détour que les boches me faisaient ch...

Autre visite ce matin à la mairie : un colonel allemand qui vient, me dit-il, de Metz, accompagné d'un autre officier qu'il me présente comme le frère d'un Oberleutnant qui a été, il en est certain, tué à Longuyon en 1940 et dont il cherche en vain à retrouver la tombe.

« Bien sûr, me dit le colonel, vous ne pourrez pas nous être d'un grand secours, puisqu'en juin 1940, vous étiez, je le sais, de votre côté à la guerre, mais peut-être connaissez-vous cependant d'autres sépultures allemandes que celles qui sont au cimetière militaire de votre ville et dont nous venons de faire le tour. »

Je demande quelques détails sur la mort de cet officier, dont le frère, immédiatement, me dit ce qu'il sait : une nuit de juin, il commandait une patrouille en direction de la ville, il a franchi la rivière sur un pont en ruines et des coups de feu ont été entendus... Là, je l'arrête : quelque chose vient de me revenir à la mémoire, chose à laquelle je n'avais jamais repensé depuis le mois de juin 1940, quand un officier de cavalerie français, sur la route de Troyon, m'avait raconté qu'à Longuyon, il avait quelques jours plus tôt descendu deux Fritz, dont un officier, et que ceux-ci avaient été enterrés dans le jardin du bobinard. Et je continue à raconter moi-même, telle qu'elle m'a été rapportée, la mort de cet Allemand. L'Oberst bien entendu s'étonne et je me fais un plaisir de lui redire l'histoire de ma rencontre avec celui qui a tué le frère de son protégé.

« Monsieur le colonel, ajoutai-je, commandez une corvée de deux hommes avec pelle et pioche et je pense que nous retrouverons facilement celui que vous cherchez. »

Ce jardin de petit bordel à soldats du chef-lieu de canton n'était plus qu'un champ d'orties hautes de plus d'un mètre, dans lequel personne n'était entré depuis longtemps. Les hommes de la Wehrmacht cherchèrent un moment et finirent par découvrir sous leurs pas, et sous les orties, de la terre un peu surélevée, les branches de deux croix de bois blanc tombées pourries sur le sol, et deux bouteilles soigneusement cachetées contenant chacune une date et un nom : les choses avaient été bien faites.

La corvée pelle-pioche se mit aussitôt au travail et trouva, à cinquante centimètres de profondeur, deux corps enveloppés de toiles de tente : l'un d'eux était celui que nous cherchions, et le plus jeune des deux officiers me montra immédiatement la chevalière du mort qu'il compara à celle qu'il portait lui-même au doigt : « Vous voyez, Monsieur le maire, c'est bien lui et je ne sais comment vous remercier. »

Cette coïncidence n'était pas la dernière et, en 1976, lisant le livre *La Longue Traque* de Gilles Perrault (1), j'y trouvai une photographie du héros malheureux de cette aventure, le lieutenant Farjon dont, avant d'en avoir rien lu, j'avais eu la certitude que je connaissais ce type-là. Mais où l'avais-je rencontré, où l'avais-je connu? Probablement à la guerre qui est, comme chacun sait, l'occasion de nombreuses rencontres. En lisant le livre j'y découvris que Farjon avait servi en 39-40 au 70e GRDI, celui de la 51e division d'infanterie. L'historique des groupes de reconnaissance me fit connaître que celui-ci, le 70e, avait tenu Longuyon et sa région et qu'il était, comme bien d'autres, allé finir dans les environs de Toul, Saint-Mihiel et Colombey-les-Belles, aux lieux mêmes où j'avais croisé celui qui m'avait raconté cette histoire de boches enterrés dans un jardin de bordel. Que reposent en paix ces deux ennemis de 1940!

Un soir d'hiver, un garçon de Longuyon m'avait apporté une sorte de porte-documents allemand qu'il avait ramassé dans la rue, pensant que cela pouvait avoir un intérêt quelconque. En réalité, cette trouvaille n'était que le « Fachbuch » d'une voiture militaire allemande que son chauffeur avait dû laisser tomber sur le trottoir. Tout y était noté : les dates de vidanges, les pleins d'essence, les changements de pneus, etc. En réalité, aucun intérêt et je le posai sur un coin de table.

Un instant après, le chauffeur de la voiture en question venait me demander si, aux objets trouvés de la mairie, on n'avait pas apporté dans l'après-midi une petite serviette

(1) *Op. cité,* infra, p. 92.

en moleskine qui contenait les papiers de sa voiture; il l'avait perdue et risquait les pires punitions s'il ne la retrouvait pas. Il conduisait je ne sais où depuis Paris un officier d'état-major très haut gradé qui avait décidé de passer la nuit à Longuyon en quelque hôtel de garnison. Il devait reprendre la route au jour.

Vu l'absence de valeur du document, je ne voyais aucun inconvénient majeur à le lui restituer, mais je voulais cependant que mon geste me rapportât quelque chose et je répondis à mon Fritz en veste de cuir que je voulais bien essayer de retrouver ses papiers mais que, puisque je me foutais éperdument de toutes les punitions qu'il risquait, je ne ferais l'effort de les rechercher que s'il m'apportait un bidon de cinquante litres de « Benzine ». Il commença par protester, m'affirmant qu'il ne saurait où les trouver. Ce fut moi qui lui suggérai de tout bonnement les voler au parc automobile. C'est ce qu'il fit quand il fut à peu près certain que j'avais une police assez bien faite pour récupérer son trésor.

Sur mes conseils, il revint une heure après m'apporter trois jerricans d'essence en échange desquels je lui remis ses papiers de toutes les couleurs dont je n'avais rien à foutre. Et il s'en fût, balbutiant de reconnaissance, comme un qui avait senti siffler à ses oreilles le vent de Voronéj.

PLUS DE CHOLESTÉROL NI D'URÉE, PLUS DE CIRRHOSE...

Tout au long de l'occupation Longuyon, comme toutes les autres villes, dut faire face à toutes sortes de réquisitions. Il y en avait cependant peu en matière de denrées agricoles puisque les gens de l'Ostland se chargeaient, en grande partie, de cultiver eux-mêmes les terres qui les produisaient, mais il y eut, d'un bout à l'autre, celle des œufs, du beurre et des volailles, dont chaque cultivateur rentré, exploitant lui-même ce qu'il pouvait de ses terres, était lourdement taxé. Il y eut ensuite les réquisitions de chevaux chez ceux qui en possédaient, destinés, je suppose, à aller tirer les attelages militaires en Russie. Ces opérations, auxquelles je voulais toujours assister, étaient faites sous la haute direction d'un vétérinaire militaire allemand que j'avais, dès notre première rencontre, essayé d'amadouer en semblant m'intéresser particulièrement aux tares et maladies des pauvres « bisons » qu'il était chargé de reconnaître bons pour le service. Il n'était lui-même pas mauvais cheval et, souvent, je parvenais à faire reconnaître inaptes aux fatigues de la guerre quelques chevaux dont je savais qu'ils étaient absolument indispensables à leurs propriétaires pour essayer seulement de survivre. Je ne parlerai pas des réquisitions de « métaux non ferreux », des vieilles douilles de cuivre que chaque Longuyonnais avait en cache-pot ou porte-parapluies depuis la guerre de 1918. Tout le monde eut vite compris qu'il suffisait de les planquer et toutes sont ressorties des caves dès 1944.

Le plus difficile à éviter était la mobilisation des jeunes hommes appelés au Service du travail obligatoire (STO). Au début ils avaient été examinés par des médecins français qui, *larga manu*, avaient trouvé tous les cas possibles, ou même impossibles, d'exemption. Ensuite, ces examens médicaux avaient été faits par des médecins allemands, mais les garçons qui avaient été reconnus « bons » avaient eu le temps de disparaître entre le moment de leur examen physique et celui de leur appel.

Les boches avaient alors eu l'idée, sitôt cette visite passée, d'enfermer les élus dans la mairie et d'en garder les portes, pour les empêcher même de repasser chez eux. Mais j'avais eu, moi, l'idée de leur ouvrir et de leur montrer une porte dérobée dans les fins fonds de la mairie. Quelques-uns (moins nombreux que je le prévoyais) surent profiter de cette sortie de secours et, le lendemain, j'eus seulement à expliquer aux boches que jamais ils ne m'avaient personnellement chargé de garder leur gibier. Quant à la petite porte, tout le monde la connaissait, sauf eux, qui croyaient ingénument tout savoir. Après tout, je n'étais pas chargé de ravitailler le STO et je leur fis remarquer qu'ils ne m'avaient remis aucune note à ce sujet, ce dont ils furent obligés de convenir.

Je crois juste de reconnaître que nos populations envahies de Lorraine et du canton de Longuyon en particulier ont eu moins à souffrir, tout au long des années d'occupation, de la faim et du froid que celles des villes de plus grande importance, même et surtout de la zone occupée et de Paris en particulier.

Une partie importante des habitants qui étaient mes administrés touchaient des titres d'alimentation supérieurs à ceux du reste de la France et ceci en raison de leur profession. La majorité était faite d'employés des chemins de fer ou de « travailleurs de force » des usines du bassin de Longwy qui avaient droit à plus de calories que le *vulgum pecus,* vins et matières grasses en particulier. Et puis, chez nous, qui n'avait pas son jardin ou même son champ de pommes de terre et de haricots? Qui n'avait pas son clapier ou son poulailler où élever lapins et poules pondeuses? Ou même un « petit moyen cochon »! Et le lait? Qui, même s'il n'avait pas de vache, ne pouvait en trouver chez le copain cultivateur que chacun avait dans l'un ou l'autre des villages environnants et auquel il allait, en retour, « donner la main » au moment des travaux?

Quant au chauffage des maisons, il était lui aussi plus facile, ou moins difficile que n'importe où ailleurs : toutes les forêts alentour regorgeaient de bois mort, et même pas tout à fait mort, qu'il suffisait d'aller chercher avec une charrette poussée à bras. La ville de Longuyon était propriétaire de plusieurs centaines d'hectares de forêts que j'avais fait exploiter et dont les stères de bois étaient distribués aux indigènes au prorata du nombre des membres de leurs familles. Je me rappelle que tout au long de la guerre, la place de l'Hôtel-de-Ville était devenue un énorme chantier de débardage de bois qui attendait d'être livré aux uns ou aux autres. Ces faits bassements matériels expliquent peut-être que, durant les années d'occupation, l'état sanitaire de la ville ne fut jamais catastrophique et que l'on n'y compta pas plus de malades, ni de morts qu'en d'autres temps. Peut-être moins, car il y eut sans aucun doute toute une série d'affections habituelles qui régressa au long de ces quatre années. Je veux parler de celles qui, partout et toujours, sont liées aux abus d'alimentation et aux excès d'alcool : plus de cholestérol, plus d'urée, ni de cirrhose ni de délirium, c'était là au moins un avantage et les pneumonies les plus banales avaient repris l'habitude de guérir toutes seules en neuf jours sans que l'on soit comme aujourd'hui obligé de les attaquer à coups redoublés d'antibiotiques, qui d'ailleurs n'existaient pas, ou de sulfamides que l'on ne trouvait plus... Côté ravitaillement, je reçus un matin cette curieuse confession :

Monsieur le Docteur,

Je vous écris ces mots pour vous dire ma confession. Un soir du mois d'août, à la fin j'allais à la mairie pour chercher mes cartes d'alimentation. Il était un peu plus de dix-huit heures. La porte était fermée. J'ai poussé fort et la porte s'est ouvrit en deux. J'ai rentré et j'ai été au bureau du fond qui était fermé mais pas à clé. Sur la table il y avait une boite avec des tiquets dedans. J'en ai pris sur tous les tas et pis j'ai sorti en fermant bien la porte derrière moi. Il était tant. Le secrétaire venait de chez vous, alors j'ai rentré près des cabinets et j'ai attendut.

Le secrétaire a rentré au bureau et je l'ai vu qui montait en haut avec la boite sous le bras. Vous avez monté tout de suite derrière lui en courant.

A ce moment là j'ai sorti et j'ai été chez Watrin

pour attendre. Chez moi j'ai brûlé des cartes parce que c'était des six mois, au moins vingt-cinq. Il m'en restait une douzaine. J'ai été chercher des tiquets avec deux fois et j'en ai eu.

J'ai été voir un monsieur le curé qui voulait me confesser, mais j'ai eu peur alors j'ai brûlé le reste. Maintenant je n'ai plus rien. Voilà ma confession. Je pense que çà pourra vous servir.

Suivait une signature volontairement illisible.

Un beau matin, à la mairie, ma secrétaire me dit quand j'arrivai qu'il y avait là un jeune homme qui désirait me parler. C'était un grand garçon à l'air franc qui me raconta son histoire : il était Messin et avait en 1939-40 servi au 88e BCP ; il y avait même été caporal et comme preuve me montra son livret militaire. Prisonnier et libéré comme Lorrain il était tranquillement rentré chez lui à Metz mais, plus tard, il avait été obligé de remettre ça, et cette fois sous l'uniforme allemand. Il avait combattu en Russie, y avait été blessé et avait obtenu une permission de convalescence qu'il avait passée dans sa famille ; la preuve était son Soldbuch qu'il sortit d'une autre poche pour me le faire voir. Je lui fis remarquer qu'il était idiot de trimballer à la fois ces deux documents ennemis et il me donna sa parole qu'il allait en détruire au moins un. Puis il me dit qu'il n'avait aucune envie de retourner se battre en Ukraine et qu'il désertait. Il avait dans la nuit passé la frontière à Audun-le-Roman et voulait aller en France libre. Mais il n'avait ni carte d'identité, ni titres d'alimentation. Assez naïvement, je ne fis aucune difficulté pour lui donner l'un et l'autre, lui faisant seulement mille recommandations et il s'en alla sous les yeux attendris de ma secrétaire qui avait l'air de le trouver joli garçon.

5.

Du Bouzy rouge à l'évêché de Verdun

Parmi mes conseillers, j'avais choisi Emile Guérin pour représenter l'écart de Villancy. Digne et patriarcal cultivateur, décoré de la croix de guerre 14-18 et chevalier du Mérite agricole, il était rentré chez lui après un exode digne d'un conte de fée.

Il avait quitté sa ferme au lendemain du 10 mai, devant l'arrivée imminente des Allemands, après avoir chargé sur ses chariots le plus possible de ce qui pouvait être emporté. Et, comme les autres, il avait pris la route, droit devant lui et sans savoir au juste jusqu'où il lui faudrait aller. D'étape en étape, après un arrêt de vingt-quatre heures par-ci, de quarante-huit heures par-là, il était arrivé en Champagne, toujours ralenti par l'encombrement des chemins débordants de réfugiés français, belges et luxembourgeois, et de troupes en retraite qui semblaient bien reculer plutôt qu'avancer. Et derrière lui, toujours le bruit du canon qui se faisait plus proche. Si bien que parvenu à Bouzy, Emile Guérin, dans sa sagesse proverbiale, décida de ne pas aller plus loin. Les chevaux se fatiguaient, le ravitaillement devenait de plus en plus difficile et de toute façon, il était évident que l'on finirait par être rattrapé par les troupes allemandes. Pourquoi, dans ce cas, aller plus loin et pourquoi ne pas s'arrêter dans ce village de Bouzy qui, justement, venait de se vider de ses neuf cents habitants. Et puis l'on avait fait déjà plus de cent cinquante kilomètres et cent de plus ne serviraient à rien.

Dans une ferme vigneronne, entre Châlons et Epernay, Emile fit entrer ses attelages, sa femme et ses trois enfants tout jeunes encore. Le village était désert et seuls le grondement du canon toujours plus proche et le reflux des troupes en retraite montraient bien que l'arrivée de l'ennemi était pour le lendemain. On détela, on fit boire les chevaux, on leur donna à manger le foin et l'avoine trouvés sur place puis, à la diable, on s'installa en attendant la suite.

Effectivement, les boches firent leur entrée dans Bouzy et se répandirent dans toutes les maisons du pays où ils arrosèrent leur avance avec force bouteilles de vin de Champagne, aussi bien rouge que blanc. Mais voyant occupée la maison qu'Emile Guérin avait choisie, ils n'y entrèrent pas et n'y volèrent pas un lapin. Quand tout se fut un peu tassé et que les habitants de la commune réapparurent pour trouver leurs biens copieusement pillés, Emile estima plus honnête d'attendre, pour s'en aller et rentrer chez lui, le retour de ses hôtes involontaires : il voulait les remercier et leur demander en outre de combien il leur était redevable pour la paille et l'avoine dont il avait usé avec cependant beaucoup de discrétion. Quand ils arrivèrent, persuadés qu'ils allaient, comme ils l'avaient vu tout au long des chemins parcourus, trouver eux aussi leurs biens cul par-dessus tête, ils comprirent la chance qui avait été la leur. La maison avait été préservée de tout mal par cette famille de paysans lorrains qui leur avait tout sauvé et qui, en outre, demandait combien elle leur devait!

On resta bien sûr en relations : les Champenois avaient deux fils, les Lorrains avaient deux filles et, dix années plus tard, cette équipée se termina par un double mariage. J'y étais, dans une haute grange tendue de draps blancs égayés de fleurs des champs et d'épis de blé. C'est là que j'ai connu le Bouzy rouge cher à Galtier-Boissière, et tous les charmes peu connus de ce très grand vin de Champagne.

⁂

Socialiste, franc-maçon, patriote, lieutenant de louveterie, brillant fantassin de la Grande Guerre, buveur et coureur et, ce qui ne nuit pas, d'une intelligence professionnelle hors pair, tel était André Mouilbeau, ingénieur divisionnaire des Ponts et Chaussées qui, tout au long de ma présence à la mairie, sut devenir et rester mon meilleur conseil et mon plus fidèle « supporter ».

Mécréant, il l'était bien sûr autant qu'il est possible de l'être, mais cela ne l'empêchait pas d'avoir de très chers amis ensoutanés... et de garder de sa première communion un souvenir ému. N'était-ce pas ce jour-là, comme il me l'a raconté un soir après boire, qu'il avait perdu son innocence dans les bras de la femme du brigadier de gendarmerie de sa paroisse à laquelle il avait tenu à porter une image-souvenir de ce plus beau jour de sa vie! Travailleur acharné en tout ce qui avait rapport avec son métier, il avait inconsciemment copié les manières de son ingénieur en chef, jusqu'à sa voix et ses intonations et même sa façon de fumer. Levé avant le jour, il préparait le travail de ses subordonnés bien avant l'ouverture des bureaux; après quoi on pouvait le voir, de bistro en bistro, écluser des petits verres de vin d'Alsace avec tous les copains qu'il rencontrait. Et ils étaient nombreux!

Mouilbeau avait été, dès l'élection de Georges Izard au siège de député de Meurthe-et-Moselle, en 1936, l'ami de celui-ci, et il marchait dans la même droite ligne socialiste que lui, c'est-à-dire qu'il était demeuré farouchement anticommuniste et ennemi juré de tout ce qui pouvait être soviétique et, à quelque moment que ce fût, proallemand.

J'aime me rappeler, en voyant la ville de Longuyon

s'étendre depuis quarante ans dans une direction, toujours la même, que c'est bien celle que Mouilbeau avait prévue et qu'elle ferait se rejoindre un jour la ville et son hameau de Noers. L'amitié qui finalement nous lia fut la preuve pour tous de notre indépendance et, envers et contre tout, de notre liberté. Il devait mourir d'un « coup de sang » et à la chasse : la fin sans doute qu'il aurait choisie. Sa photographie est, depuis, demeurée sur mon bureau, à côté de celle de François Valentin.

***

J'ai déjà noté qu'au début de l'occupation les commandants de place allemands, les Orstkommandanten, étaient éphémères, ne faisaient que passer à Longuyon et que je n'avais donc avec eux que très peu de rapports. Je ne sais pourquoi, il en fut différemment au cours des derniers mois, et il y eut ici, pratiquement à demeure, un jeune officier d'infanterie, grand blessé des campagnes de Russie qui, à mon avis, n'avait aucun autre rôle que celui de Orstkommandant.

Il était venu très protocolairement se présenter à moi, me saluant de la main gauche, la droite ayant été laissée quelque part dans les neiges des environs de Moscou. Je dois reconnaître qu'il était un garçon infiniment agréable, intelligent et distingué, qui ne fut pas long à me confier qu'il n'avait aucun goût pour le nazisme. Je ne lui fis aucune confidence mais je suis sûr cependant que très vite il sut quelles étaient mes opinions et probablement même mes activités. Et je me souviens que, plus tard, après le 20 juillet 1944, c'est-à-dire après l'attentat contre Hitler, quand le salut nazi devint obligatoire pour la Wehrmacht, il me déclara un jour qu'il était bien content de ne plus avoir de bras droit, ce qui lui évitait de saluer dans les nouvelles formes réglementaires, lesquelles étaient contraires à ses opinions. Une presque véritable sympathie existait entre nous. Il s'appelait Gass.

Un jour, mi-gêné mi-confiant, il vint me demander si je voulais bien examiner son chauffeur qui se plaignait de douleurs terribles dans le ventre. Il n'y avait là pour moi, naturellement, aucun problème : un malade est un malade et celui-ci avait droit à mes soins malgré son uniforme vert : le chauffeur était en train de perforer un appendice dans une crise aiguë, déjà péritonéale, et je ne pus que conseiller à Gass de le conduire sans perdre de temps au plus proche hôpital militaire pour qu'il y soit opéré d'urgence. Je crois que c'était à Luxembourg. Ce qui fut fait et le Gefreiter s'en tira. Je ne me doutais pas combien cet acte médical absolument banal, qui ne valait ni honte ni fierté, me serait bénéfique quelques mois plus tard. Mais beaucoup plus tard encore, en 1951, je reçus de Gass, dont je ne savais absolument pas ce qu'il avait pu devenir, une lettre timbrée de Trossingen, en Würtemberg, qu'il me plaît de recopier ici :

Trossingen le 19 mars 1950.
Monsieur le docteur Gousset
Maire de Longuyon
Longuyon (France)

Je viens d'apprendre votre promotion dans la Légion d'honneur. Vous comprenez que je suis heureux pour vous de cette haute distinction qui vous est octroyée.

Il m'est un grand plaisir de vous féliciter du fond du cœur, car ne croyez pas que l'absence exclue ou diminue les sentiments amicaux que j'éprouve pour vous.

Soyez fier de l'honneur que vous fait votre pays comme je suis fier et heureux de pouvoir vous compter parmi mes connaissances les plus sympathiques.

Recevez, cher Monsieur Gousset, l'expression de mes sentiments les plus distingués.

D. Gass.

Comment avait-il appris cette décoration? Je ne l'ai jamais su. J'ai essayé de le retrouver, de connaître son adresse qu'il ne m'avait pas donnée. Il me fut répondu, plusieurs mois après cette démarche, que « Herr Gass, décoré de la croix de fer de première classe, était décédé ».

⁂

Flore (Madame Burton) était une des femmes les plus débordantes de charme féminin et de volonté virile qu'il m'ait été donné de connaître. D'origine belge, elle avait 17 ans en 1914 et s'était déjà, au cours de la Grande Guerre, lancée dans le jeu dangereux du renseignement et de l'espionnage pour le compte de son gouvernement en exil, ce qui lui avait valu, à 20 ans, une longue et dure détention dans les prisons allemandes de Liège et de Namur. Intelligente et cultivée, elle y avait acquis une connaissance absolument parfaite de la langue allemande, même si quelques finesses grammaticales pouvaient lui échapper. Malgré cela, l'allemand tel qu'elle le parlait donnait à penser qu'il était sa langue quasi maternelle : elle sut en user!

Rentrée une des premières à Longuyon en été 40, elle avait transformé sa maison en un véritable centre commercial et c'est ainsi qu'elle y devint rapidement la grande spécialiste de tout ce qui était ravitaillement. Très vite elle avait voulu attirer chez elle les Allemands des troupes d'occupation et, en échange d'un verre de cognac frelaté, elle leur soutirait, entre deux sourires, quantité de renseignements mineurs ou importants, qu'elle transmettait à Londres par sa filière belge d'antan, à point retrouvée. Elle devint aussi l'agent très actif d'un réseau d'évasion pour l'Angleterre, d'officiers belges et par la suite hollandais, qui voulaient quitter leur pays occupé et s'en aller ailleurs, continuer à se battre.

« Si tu savais, me disait-elle, combien ces idiots-là [les Allemands] sont faciles à rouler! »

Les rouler n'était pas seulement pour elle un devoir

patriotique : je suis sûr que la chose était devenue pour elle un jeu, auquel elle se plaisait à gagner.

Un souvenir plus précis pour montrer à quel point cette femme admirable possédait toutes les audaces et prenait tous les risques lorsqu'il s'agissait de berner l'occupant. Elle me dit un jour qu'elle était ennuyée parce que, dans la chambre voisine de celle où logeait un officier allemand, elle avait couché la veille un officier hollandais en route pour l'Angleterre et que le matin, en lui portant son café, elle l'avait trouvé malade comme un chien.

Ce garçon avait une pneumonie et il dut demeurer plus de dix jours dans cette chambre jouxtant celle du Fritz qui devait l'entendre tousser et cracher toute la nuit. Mais Flore n'en fit pas un drame : elle expliqua au boche que c'était un sien cousin de la branche flamande qui était venu lui souhaiter sa fête et qui était tombé malade chez elle : elle le fit voir par la porte entrouverte à son voisin de chambre, suant, toussant et crachant. Le Fritz voulut absolument faire quelque chose pour le malade et, dans les jours qui suivirent, lui apporta du café pour l'aider à se remettre plus vite. L'autre ne put remercier qu'en hollandais mais cela n'avait aucune importance puisqu'il était « de plus haut que Bruxelles » et ne savait pas le français.

Les activités « parallèles » de Flore ne furent connues de tous que le jour où, après la Libération, son gouvernement dépêcha quelqu'un des siens pour la décorer. Et c'est ce jour-là qu'elle me dit : « Je crois que je vais apprendre le russe. »

⁂

Le curé de Longuyon, le vrai, qui était officier d'infanterie, est prisonnier quelque part dans un Oflag d'Allemagne et il est provisoirement remplacé par l'abbé François Chatillon, un de mes camarades de collège qui était, avant la guerre, professeur à Strasbourg de « latin décadent ». Il est parfait et ne ménage rien ni personne, pas plus les occupants que les collaborateurs mêmes, et surtout *ex cathedra veritatis*.

Il m'a été rapporté que dans l'un de ses sermons dominicaux, il s'était étonné qu'il fût trouvé bon par certains d'ajouter à la croix du Christ des potences de pendus. Quelques Allemand avaient dû entendre et remarquer ces paroles de vérité et les avaient rapportées aux tenants du « pouvoir vert » car, le lendemain, l'abbé était convoqué à Longwy. Il avait pris soin, avant de s'y rendre, de coller sur sa porte une large pancarte expliquant son absence :

« Konvoké à la Kommandantur, ne sait Kand reviendrai. »

Effectivement, il n'est jamais revenu : il n'avait pour autant été ni fusillé, ni déporté, mais prié seulement d'aller se faire pendre ailleurs, là où, je pense, les croix n'étaient pas gammées.

Pour rester dans les... ordres, parlons de Monseigneur Petit, évêque de Verdun. Les mauvaises langues, ecclésiastiques surtout, disaient de lui qu'il était petit en tout : par le nom, par la taille et par le caractère : c'était là une infâme médisance de la part de ceux qui n'avaient pas su résister au plaisir de faire un jeu de mots facile. Tout le monde l'a vu grand, toujours, face aux responsabilités de sa charge et autant par la lumière de sa foi que par la chaleur de sa charité.

J'avais fait sa connaissance sous l'occupation, un soir d'hiver, dans la nuit glacée d'une campagne lorraine. En bon Samaritain que j'avais voulu être, je m'étais arrêté à la vue d'un petit curé de campagne, coiffé d'un minable béret basque, qui se battait avec sa voiture pour essayer d'en changer une roue crevée. Vu de plus près, le pauvre petit curé s'était révélé être un évêque : les boutons violets de sa soutane et sa croix pectorale en faisaient foi. Nous nous mîmes à deux pour réparer la Simca et, depuis cette aventure, Monseigneur Petit voulait bien m'honorer de son amitié.

Je me souviens d'un jour, beaucoup plus tard, où je l'avais rencontré à l'entrée de l'une de ses paroisses et où je m'étais arrêté pour le saluer. Il m'avait proposé de m'accompagner dans chacune des visites de malades que j'allais faire et je me rappelle sa bonté et sa simplicité au chevet de tous ceux que nous sommes allés voir ensemble et plus spécialement un garçon de 18 ans qui allait mourir le lendemain et sur les lèvres duquel il sut faire apparaître un sourire de paix et peut-être de joie.

Après la guerre, nous eûmes l'occasion d'assister ensemble à l'inauguration d'une plaque commémorative posée à Pillon en souvenir d'un nombre important de garçons de ce village tombés dans les combats de la Résistance. Cette cérémonie, au cours de laquelle l'évêque de Verdun officiait personnellement, était placée sous la présidence de Louis Jacquinot, alors ministre de la Marine et par ailleurs député de la Meuse et président de son Conseil général. Je devais y prendre la parole et il me déplaisait, je m'en souviens, d'avoir à saluer dans mon discours le ministre avant l'évêque et j'avais été ravi de trouver, pour m'adresser à eux, un dénominateur commun : « Excellences. » Louis Jacquinot, pas jaloux, avait bien voulu m'en féliciter ensuite : « Bravo pour les Excellences. »

Cette fête, car hélas elle en avait bien vite pris le ton, se termina par un banquet, genre « anciens combattants », sous un préau d'école, lequel banquet, lui, finit par des chansons, d'abord patriotiques puis très vite, le vin des côtes de Meuse aidant, gauloises et même grivoises. C'est alors que le ministre, d'un air supérieur, s'adresse au prélat : « Monseigneur, vos oreilles épiscopales vont rougir ! » Et lui, de répondre par ces simples mots : « Quatre ans sous-officier d'infanterie, je pense que mes oreilles ont déjà tout entendu. »

Et fièrement, il bombait son étroite poitrine sur

laquelle étaient alignés les rubans de la Légion d'honneur, de la médaille militaire et de la croix de guerre.

L'évêque de Verdun, peut-être ne l'ai-je jamais vu aussi grand que les jours où, à la chapelle de l'Ossuaire de Douaumont, à l'occasion de quelque cérémonie officielle, telle que celles qui ont lieu lors de la messe de minuit, le 21 février de chaque année pour l'anniversaire du premier jour de la bataille, il avait rendez-vous avec ses camarades de 1916. Pour eux, rien n'était trop beau, rien n'était trop riche et, pour les mieux honorer, Monseigneur faisait sortir du Trésor de sa cathédrale les ornements les plus précieux. Il apparaissait, alourdi par la pesante chape d'or, grandi par la haute mitre d'or, chaussé des mules de soie brochées d'or et c'est, appuyé sur sa crosse pastorale, d'or elle aussi, qu'il bénissait de sa main gantée de violet à laquelle brillait l'anneau, symbole de sa charge et de son autorité, les tombes anonymes de ceux qui, avec lui, avaient gagné la bataille de Verdun sur tous les champs d'alentour.

Mais peut-être fut-il plus grand encore, le jour où, sentant ses forces décliner, il demanda à être déchargé de son diocèse pour aller finir ses jours dans une petite communauté religieuse dont il devint l'aumônier. *Sanctas humilitas*.

***

Le lieutenant Robert Frumin avait été l'un des plus élégants sous-officiers de cavalerie qu'il m'ait été donné de rencontrer : grand, mince, blond et la jambe bien faite dans une botte bien coupée. C'est ainsi qu'il entra dans l'Arme de la gendarmerie, dans un escadron à cheval bien sûr, où il prépara le concours d'entrée à l'école d'officiers. Il y fut reçu dans un excellent rang, avec, ce qui ne nuit pas, une note époustouflante en équitation.

En 1940, il fut appelé à servir à la garde personnelle du maréchal Pétain à Vichy et certains de ses camarades s'en incommodèrent, qui mettaient dans un seul sac tout ce qui était gouvernement de Vichy, collaboration et même milice. A plusieurs reprises, je le rencontrai à Longuyon où il avait des attaches familiales et il y étonnait par sa tenue marquée de la francisque et même par ses cigarettes au même sigle. Pourtant, dès notre première conversation, j'avais su que son poste actuel lui servait de couverture et que, comme nous tous, il était plongé jusqu'au cou dans la Résistance. Il m'en avait parlé longuement, marchant de long en large sur les ponts de la Chiers et de la Crusnes. Et je me rappelle que j'avais admiré ce caractère qui permettait à Frumin d'accepter des jugements qui devaient lui paraître sévères et injustes, en même temps qu'il jouait le jeu exactement opposé à celui qui lui était prêté.

En septembre 1943, il fut arrêté, certainement sur une dénonciation, et la Gestapo se saisit du même coup de deux lieutenants de la Garde, tous deux grands et blonds et tous deux lorrains. L'un d'eux fut par les Allemands reconnu innocent et relâché, ce qui lui valut après la guerre, en souvenir peut-être de son arrestation, une fort belle carrière dans l'armée. Quant à Robert Frumin, de prison en prison, de camp en camp, il disparut vers le 25 novembre 1944 au Struthof. Nommé capitaine à titre posthume, il fut cité à l'ordre de l'armée :

> *Patriote ardent entré dans la résistance au réseau Alliance. Agent de renseignements, il a assuré avec bravoure et adresse les missions de surveillance dont il avait été chargées par le commandement. Arrêté en pleine action par la Gestapo, a opposé un silence héroïque aux sévices qui lui furent infligés en ne livrant à l'ennemi aucun des secrets qu'il détenait. Belle figure de résistant qui a, par son exemple et son sacrifice, contribué efficacement à la libération de la Patrie.*

Il avait été, également à titre posthume, fait chevalier de la Légion d'honneur et c'est à moi que sa femme a voulu faire l'honneur de lui remettre cette croix. Madame

Frumin savait le goût que nous avions en commun, son mari et moi, pour tout ce qui était cheval et équitation : elle m'a laissé en souvenir sa caisse de harnachements. Pendant des années, la cravache de Frumin a été la mienne. Je suis sûr que du ciel, d'où l'on voit tout, il en a été satisfait.

ENCORE UNE LETTRE ÉTONNANTE DANS LE COURRIER!

Foug, le 18 août.

Vous devez vous demander le motif de cette lettre et surtout d'une personne que vous ne connaissez pas. Je vais donc me présenter : mon nom est Pierre Hecquet et je suis ouvrier à l'usine de Foug. Age : 18 ans.

Donc je me rendais à mon travail ce matin vers 7 h 35 lorsque, arrivé près de la voie que je dois traverser par un souterrain, je vis arriver un train. J'attendis pour voir ce qu'il contenait. C'était un train de marchandises qui au lieu de contenir son chargement habituel, contenait un chargement humain.

De nombreuses personnes, hommes et femmes y étaient entassées. Les lucarnes étaient barrées à l'aide de fils de fer barbelés. Tout à coup, dans les derniers wagons, je vis une femme qui lançait quelque chose. Dès que le train fut passé je me suis précipité sur la voie. Il s'agissait d'un mot d'écrit que je m'empresse de vous faire parvenir comme il l'indique.

Si quelquefois il vous était possible de m'indiquer pour quelles raisons ces Français partent ainsi et de quelle personne il s'agit, j'en serais très heureux. Sur ces derniers mots, je vous quitte, espérant que ma lettre arrivera à bon port.

Recevez mes salutations empressées.

Un jeune Français
Pierre Hecquet

Ce « mot d'écrit », le voici tel que j'ai pu le conserver.

18 août 8 heures environ Commercy

Cher Ami,

Me voici en route pour Metz ou l'Allemagne, destination inconnue, moral excellent, mais regrets de ne pas être près de la famille ces jours-ci. Ce serait beau à vivre sur place.

Ma petite villégiature a commencé il y a un mois et demi. Chacun son tour. Vous serez chic de dire à maman quand vous écrirez que le voyage est très bon et que je vais très bien. Partis le 15 août, nous n'allons pas très vite. A bientôt. Peut-être notre retour nous ramènera-t-il par le pays. Dites aussi que Marlyse est avec moi et que l'équipe est solide et se tient les coudes. Nous sommes le ramassis important et le dernier vestige du danger.

Merci de tout cœur, à très bientôt je crois et j'espère. Vive notre France. Ne faites pas attention à l'écriture cahotée rapport au manque de confort, mais la main reste bonne.

Yv.

Prière d'envoyer ce mot au Docteur Henri Gousset
à Longuyon (Meurthe-et-Moselle)

Ce papier d'Yvonne Baratte me parvint le lendemain. C'était elle qui, déportée vers l'Allemagne, m'avait écrit sa dernière lettre. D'elle, je me garderai de rien dire : seuls comprendraient ceux qui l'ont connue et n'ont alors aucun besoin qu'Yvonne leur soit rappelée : aucun d'eux n'a pu l'oublier. Quant à ceux qui jamais ne l'ont approchée, il est aussi inutile d'essayer de l'évoquer pour eux : ils ne comprendraient pas. Tellement étaient exceptionnelles les qualités de son cœur et de son intelligence et tellement étaient rares aussi les dons et les talents qu'elle avait reçus et qu'elle avait su, dans la richesse de son âme, faire fructifier au centuple.

Je veux seulement rappeler qu'après des mois de martyre, les derniers mots qu'elle put écrire et qui furent découverts dans son pauvre sac, fermé sur eux comme sur un trésor, au jour de sa mort au camp de Ravensbrück, le dimanche des Rameaux, 25 mars 1945, étaient à eux seuls le résumé des derniers mois de sa vie et déjà de son Eternité :

Arrachement
Souffrance, attente, lutte
Libération
Paix et Joie.

***

Mon chien de guerre, celui qui avait fait avec moi toute la campagne 39-40, courageusement embusqué aux cuisines roulantes, mais que j'avais cependant ramené en juin jusqu'à Nancy, m'y fut volé un jour où je l'avais attaché à un réverbère. Peut-être après tout avait-il choisi la liberté qui commençait à se faire rare. Rentré à Longuyon, j'avais voulu le remplacer et avait trouvé pour le faire un affreux bâtard, plus sang-mêlé qu'un serbo-croate, moitié cocker et moitié fox-terrier mais qui, pendant quatre ans, ne me quitta jamais et qui, tout naturellement, s'était appelé *Adjoint*.

Je n'avais pratiquement pas à m'occuper de lui, même pour sa nourriture : il vivait habilement « sur le pays » où il était connu « comme le loup blanc » et où tout le monde avait soin de lui. Il avait en particulier un rendez-vous quotidien avec les cuisiniers de l'Europe-Express qui s'arrêtait tous les jours à midi en gare de Longuyon : il y avait une soupe toute prête. Parfois il n'en descendait pas assez vite et se retrouvait sur les quais de la gare de Nancy. Il y était tout aussi connu et les employés de la

SNCF le remettaient dans un autre train-retour. Arrivé à Longuyon, il venait me raconter ses voyages.

Tous mes paroissiens s'en amusaient et je me souviens qu'un jour de 14 Juillet, je fus arrêté dans la rue par le Kreiskommandant qui, mi-figue, mi-raisin, me demanda s'il y avait longtemps que je n'avais pas vu mon *Adjudant* (il le nommait ainsi par mauvaise traduction de son vrai nom d'*Adjoint*). Comme je lui répondais que je ne savais pas où il était, mais que certainement il ne tarderait pas à rentrer, l'officier m'annonça « une surprise ». En effet, quand je vis revenir mon chien, je ne pus que l'admirer, le cou entouré d'un magnifique et large ruban tricolore dont un de mes administrés avait dû le parer et qu'il avait promené toute la journée à travers la ville : son écharpe d'*Adjoint* bien sûr !

La guerre n'avait cependant pas interrompu la médecine et, une nuit que je revenais de faire un accouchement à Villette, je fus interpellé au retour dans la traversée de Colmey par une patrouille dont l'unité cantonnait dans le village et veillait sur sa sécurité. Je fus arrêté bien sûr et comme j'avais oublié tous mes papiers, identité, Nacht-ausweiss, etc., je me retrouvai au poste de police dans l'ancienne petite salle à manger du château de Martigny, en face d'un Unteroffizier farouche qui pensa un moment avoir arrêté un dangereux terroriste. Je lui conseillai de téléphoner à la Kommandantur de Longuyon d'où, j'en étais certain, on répondrait de moi. On dut lui confirmer que si j'avais une petite auto grise et si j'étais accompagné d'un affreux petit chien noir, il pouvait me remettre en liberté. On chercha l'affreux petit chien noir : il était en train de voler des restants de soupe dans les gamelles des Fritz.

6.

« Dites au Kreiskommandant que je l'emm... »

Le Kreiskommandant de Longwy m'avait fait téléphoner un matin pour me demander si je pourrais le recevoir chez moi le soir même. Il le faisait régulièrement chaque fois qu'il était sur le point de me chercher des poux, trouvant sans doute plus convenable que j'en fusse prévenu à l'avance. Peut-être ne lui était-il pas agréable de m'envoyer à tout bout de champ des lettres pleines de menaces, obligé cependant qu'il était de le faire, vis-à-vis de ses supérieurs ?

Je ne sais plus de quoi il s'agissait exactement cette fois-là, mais il débarqua de sa Mercedes à l'heure convenue. Je le fis entrer et lui, comme le faisaient tous les officiers allemands dans des cas semblables, commença par se désharnacher, posant sur un coin de mon bureau son baudrier et le pistolet de fort calibre que je regardai de plus près, lui demandant d'où il venait car il n'était pas d'un modèle réglementaire que je connaissais : ni un P 38, ni un P 08, ni un Mauser 7,65.

« C'est, me dit-il, une arme suédoise de grande qualité. »

Peut-être un Lathi ? Continuant de parler, je voulus remettre cette artillerie à sa place quand, maladroitement, je la laissai tomber par terre. Le pistolet suédois était sans aucun doute armé, une cartouche dans la chambre, et sa détente était un peu gaie car le coup partit. Passant entre nos deux têtes, la balle alla se loger dans la corniche d'une armoire qui était derrière nous. Je crois que nous avons dit ensemble, chacun dans notre langue, le même mot! Merde pour l'un, Scheise pour l'autre! Avec beaucoup de sang-froid, le Major ajouta seulement : « Docteur, si vous m'aviez tué, vous auriez eu beaucoup de peine à convaincre la Gestapo que vous ne l'aviez pas fait exprès. »

On parla d'autre chose, mais je continuais à sentir quelque chose de froid qui me glissait dans le dos...

Peut-être la lettre que je reçus le lendemain de mon Kreiskommandant était-elle celle-ci : « *Le Maire de Longuyon est avisé qu'il doit compter sur une pénalité importante si les locaux sont préparés d'une façon négligée encore une fois pour le contrôle des prisonniers de guerre. Au dernier contrôle il n'avait absolument rien fait! Même les chaises étaient encore empilées.* »

Je n'y répondis même pas, d'autant plus que ce n'était pas volontairement que j'avais omis de faire préparer les chaises de la salle d'appel : j'avais dû oublier. En effet, je ne cherchais jamais à indisposer les Fritz avec des « insignifiances » du genre de celle-là, qui pouvaient devenir source d'ennuis pour de pauvres types totalement étrangers à l'affaire, en l'occurrence les prisonniers de guerre libérés sur place. Cela n'avait rien à voir avec la Résistance. En revanche, le sous-préfet de Briey qui avait reçu un double de ce factum m'envoya la lettre suivante :

> (...)*Je vous adresse d'autre part ma circulaire du 3 juin 1942 sur le contrôle des prisonniers de guerre du territoire de la Kreiskommandantur de Briey. Comme vous le savez, une séance de contrôle aura lieu pour votre canton le 9 juillet dans une salle de votre mairie. Je vous serais obligé de bien vouloir prendre toutes les dispositions utiles pour que la salle soit réservée ce jour-*

là et qu'elle soit aménagée pour permettre ce contrôle dans les meilleures conditions. Je vous donne ci-dessous la traduction du texte que le Kreiskommandant a cru devoir m'adresser au sujet de la dernière de ces opérations à Longuyon! Le maire doit être avisé, etc.

Au sous-préfet, je répondis très officiellement :

Le Maire de la ville de Longuyon à Monsieur le Sous-Préfet.

Suite à votre note du 23 juin 1942, sous le timbre nº 5727, j'ai l'honneur de vous prier de bien vouloir faire connaître au Kreiskommandant que je l'emmerde.

Le lendemain, Mancel crut bon de me téléphoner pour me recommander la prudence et me faire remarquer qu'il se donnait beaucoup de mal pour effacer mes... conneries. C'était un prudent, il ne donna aucun détail sur les dernières que j'avais commises, indiquant seulement au téléphone qu'il avait tout arrangé. Ma réponse lui fit rapidement raccrocher l'appareil et je n'avais pourtant dit que quelques mots : « Je vous rends grâce d'avoir voulu me rabibocher avec ces gens-là! »

J'avais en lui une confiance absolue et j'étais certain qu'il jouait exactement le même jeu que moi, avec des cartes plus compliquées encore... et plus fausses.

De son côté, le préfet de Meurthe-et-Moselle, étant devenu une sorte de préfet de région avant la lettre, avait été flanqué d'une paire de préfets de moindre importance, dont l'un avait, entre autres choses, l'administration de l'arrondissement de Briey. J'avais reçu de lui une invitation, d'ailleurs très civile, à aller me présenter à lui quand j'en aurais la possibilité. Il avait joint à sa missive quelques bons d'essence qui étaient toujours les bienvenus et qui me permirent de me rendre à sa convocation dans des délais fort convenables. D'autant plus que j'y allai par le train.

Si j'en jugeais par les bureaux qui lui avaient été affectés, les services de ce préfet ne devaient pas être d'une grande importance; il était possible de le découvrir avec beaucoup de peine, dans une soupente qui ressemblait plus à une chambre de bonne qu'au cabinet d'un haut fonctionnaire. Il me reçut cependant très courtoisement et me remercia de la peine que j'avais prise en venant jusqu'à lui.

« Je remarque d'ailleurs, ajouta-t-il en se tournant vers une grande carte du département qui occupait tout le mur derrière lui, que vous avez été obligé de faire un très long chemin pour venir jusqu'à moi. »

Il fixait son regard vers le Pays-Haut d'un air quelque peu étonné : « Pouvez-vous me dire pourquoi ce département a une forme aussi étrange avec ses airs de chameau couché ? » ajouta-t-il soudain.

J'avoue avoir été tellement étonné par une telle question que, très grossièrement, je demandai au préfet « s'il n'avait jamais entendu parler du traité de Francfort ? ».

Cela parut lui rappeler quelque chose, mais il me répondit seulement : « Je suis du Lot et si je vous demande si vous savez quelle est l'origine d'une enclave qui existe au sud de ce département...

— « Monsieur le Préfet je ne suis pas, moi, préfet du Lot depuis plus d'un an et, pour vous bien prouver que si je ne sais pas la petite histoire du Lot, j'en connais au moins la géographie, je puis vous en réciter après la préfecture, Cahors, les sous-préfectures, Figeac et Gourdon. »

Nous nous séparâmes sur ces remarques territoriales de nos départements respectifs et c'est en descendant son petit escalier en colimaçon, casse-gueule comme tout, que je m'aperçus qu'il ne m'avait même pas dit pourquoi il m'avait prié de venir le voir !

Quelques jours plus tard, ou quelques semaines, de toute manière la chose n'a guère d'importance, l'officier de la Gestapo de Briey me rend visite à la mairie.

Mauvaise impression en le voyant entrer : j'ai toujours eu une horreur instinctive des serpents et j'éprouve la même impression de malaise que devant l'un d'eux, quand je vois approcher l'un de ces hommes en imperméable vert et chapeau bavarois. Aujourd'hui, celui-ci venait tout bonnement me demander de lui communiquer la liste des communistes de ma paroisse!

Je lui ai naturellement répondu que je n'en connaissais pas et que certainement il n'y en avait aucun. Après une longue discussion dans le vide, il s'est décidé à sortir de sa poche la liste complète des habitants de Longuyon qui avaient été inscrits au Parti, et à me la mettre sous le nez. L'air fort étonné, je lui dis qu'il devait se tromper et que tous ceux dont il me montrait les noms étaient bien incapables d'être communistes, et que d'ailleurs, je l'aurais su.

Je passai la moitié d'une matinée à lui faire barrer de sa liste presque tous les noms qui y étaient inscrits en lui faisant remarquer que, un tel était trop bête et que tel autre trop intelligent pour être communiste, mais comme il possédait une nomenclature officielle trouvée dans je ne sais quel bureau du Parti, le marchandage fut particulièrement malaisé et je dus le laisser repartir avec trois noms je crois, sur les quinze ou vingt qu'il m'avait soumis. Je passai les jours suivants à faire le tour de tous ces « camarades » en les avertissant du risque qu'ils prendraient en ne détruisant pas immédiatement, s'ils l'avaient encore, leur carte du parti communiste. Certains étaient des copains de ma première enfance qui me remercièrent chaleureusement. D'autres, que je connaissais moins, firent quelques difficultés, mais mirent cependant devant moi leur carte au feu.

Pendant un certain temps on n'entendit plus parler de rien mais, un beau jour, mon adjudant de gendarmerie vint me dire qu'il avait reçu l'ordre d'arrêter ceux dont les noms avaient subsisté et de les remettre à la justice française. J'essayai de le dissuader d'exécuter un tel ordre, lui affirmant que de toutes façons j'allais, moi, les prévenir. Ce que je fis bien sûr, mais les intéressés n'y crurent pas et, au bout de deux ou trois jours, se retrouvèrent dans les prisons françaises, sans avoir rien compris ; ils avaient été arrêtés par la police française et la chose paraissait, de toutes façons, peu dramatique.

Un jour de mai, je reçus une lettre qui m'était adressée par la direction de « la maison centrale de force de la circonscription pénitentiaire de Caen » pour me faire savoir que des « officiers représentant l'autorité allemande s'étaient présentés le matin du 9 mai à la maison centrale de Caen pour lui annoncer que les nommés Bécar, Faurès et Prudhomme devaient être extraits le même jour à 9 h 30 pour être fusillés à 10 heures comme otages ». La notification officielle en avait été faite à 7 h 15 aux intéressés par un officier interprète et l'extraction avait eu lieu à l'heure prescrite sans incident. J'étais prié de bien vouloir aviser les familles avec les ménagements nécessaires.

Ces malchanceux ont chacun une rue à leur nom dans une cité ouvrière de la ville... mais j'ai toujours pensé que l'adjudant-chef de gendarmerie de Longuyon avait été l'un des instruments de ce drame et que, peut-être, compte lui en aurait été demandé, s'il n'avait pas été, lui aussi, deux ans plus tard, arrêté par la Gestapo, torturé, déporté et tué par les Allemands avant la fin de la guerre.

Je n'ai jamais, quant à moi, porté aucun jugement sur les auteurs ou coauteurs de tous ces drames de l'occupation : tout était relativement facile pour les maires qui ne devaient de comptes qu'à leur conscience, mais tout était différent pour ceux qui avaient des chefs, lesquels avaient aussi des chefs qui, probablement, un jour, avaient cru faire leur devoir. Ou alors, tous les fonctionnaires de police de cette sombre époque auraient dû disparaître et se fondre dans les maquis, d'ailleurs encore inexistants. Mais s'ils l'avaient fait, il est évident que la situation en

France occupée aurait été, après leur départ, plus tyrannique que jamais.

Quand l'adjudant-chef Clerc fut arrêté et déporté, arrestation dont j'aurai, hélas, l'occasion de reparler, il fut remplacé par un nouveau chef de brigade qui, dès sa nomination, vint se présenter à moi. Je me rappelle l'étonnement du personnel de la mairie qui nous vit tomber dans les bras l'un de l'autre : c'était un ancien chef de peloton du 8e GRCA. Je crois lui avoir en outre, très amicalement, foutu mon pied au cul ! Quatre ans plus tôt, pendant les combats d'arrière-garde de la retraite de juin 40, il avait décroché d'une forêt de la région de la Sarre avec ses bonshommes et, se croyant le dernier, il avait astucieusement piégé à la grenade le sentier qu'il suivait. Par malheur, je venais encore derrière et le pétard avait éclaté dans les culottes de l'un de mes gars. J'avais su à l'époque qui était le sous-officier chef de peloton auteur de ce « retardement » mais je ne l'avais jamais revu depuis : nos routes s'étaient séparées pour cependant se rejoindre quatre ans après.

SABOTAGES ET CHEMINOTS RÉSISTANTS

Pas un seul jour de cette longue période, de cet interminable tunnel, je ne me suis réveillé le matin sans me demander quelle tuile allait, pendant la journée qui commençait, me tomber sur la tête. Mais ce que je redoutais le plus, c'était les actions, si elles avaient été imprudemment menées, des groupes de résistance qui, peu à peu, se formaient dans la région et devenaient susceptibles d'y déclencher les représailles les plus imprévues.

Nous étions un certain nombre à nous être reconnus comme décidés à tout faire pour aider la véritable Résistance. Il y avait là, parmi les principaux, un chef de gare, un adjudant de gendarmerie, un ingénieur des travaux de l'Etat, plus quelques autres et moi-même qui nous réunissions parfois le soir à la chandelle, pour partager nos secrets et nos découvertes et mettre au point des réceptions d'armes parachutées ou des destructions de chemins de fer. J'avais eu la visite d'un garçon, sans aucun doute officier français, qui était venu me demander de collecter pour lui des renseignements sur tous les mouvements de troupes allemandes et surtout, en priorité, sur tout ce qui avait trait « aux armes nouvelles ». C'était là, m'avait-il dit, le souci principal du service dont il dépendait et que je n'ai jamais connu. Pour moi il était « Monsieur Philippe » et je me rappelle que je lui faisais parvenir mes trouvailles par le canal d'une toute jeune fille qui faisait ses études à Nancy et prenait parfois ses repas dans la même crémerie que lui. (J'ai su, bien après la guerre, que ces renseignements étaient destinés aux Américains.)

Mis à part « Monsieur Philippe » dont je n'ai jamais parlé à personne, je tremblais à la seule pensée du nombre que nous étions à partager tant et tant de secrets dont chacun pouvait nous mener au poteau. C'est à cette époque que j'avais inventé la phrase que je ne cessais de me répéter : « Ces lourds secrets dont on est un de trop quand on est à deux à les connaître. »

En réalité, ce n'est qu'à partir des premiers mois de 1944 que cette double vie commença à devenir pour nous véritablement dangereuse. Au cours des premières années, tout n'avait été que broutilles : une ligne téléphonique coupée par-ci, un pneu crevé par-là sur la voiture d'un officier allemand, toutes choses qui s'arrangeaient après bien des menaces par des explications vaseuses que les boches semblaient finalement accepter. Un exemple : le 18 juillet 1941, le Kreiskommandant de Longwy m'avait écrit :

> *Dans la ville de Longuyon une ligne téléphonique militaire a été détériorée par des coupables encore*

inconnus. Des constatations suivantes il ressort qu'il ne s'agit pas d'une détérioration provoquée par le passage de camions trop chargés.

1° — La ligne passe très haut,

2° — Au lieu de détérioration manque un morceau de câble de 3 à 4 mètres qui a été coupé,

3° — La ligne n'est pas rompue : l'extrémité du fil démontre que la ligne a été coupée. Les extrémités de la ligne se trouvent comme preuve entre les mains de l'Oberleutnant Sämann.

Comme c'est la deuxième fois qu'une ligne téléphonique est détériorée dans la ville de Longuyon :

1° — La ville de Longuyon fera monter la garde le long de la ligne détériorée, jour et nuit, à trois endroits, par un poste civil jusqu'à ordre contraire. Le lieu où ces postes se tiendront sera indiqué par l'Oberleutnant Sämann.

2° — L'heure de ronde et l'heure de fermeture des cafés est fixée à 21 heures jusqu'à ordre contraire.

Je vous demande de porter ces ordres à la connaissance de la population le plus rapidement possible. Les ordres donnés ci-dessus entreront en vigueur le lundi 21 juillet à 12 heures.

Je vous demande en outre de me rendre compte des mesures que vous aurez prises.

Signé : Bleschmidt
Major et Kreiskommandant

Je crois me rappeler que je suis arrivé à trouver assez de faux témoins pour persuader mon Kreiskommandant que cette ligne avait été coupée par un volumineux engin allemand, « genre kolossale grue-dépanneuse » qui avait traversé la ville. Après tout, peut-être était-ce vrai!

Le 24 novembre, il s'agissait d'une autre histoire du même genre que je tentai d'abord de régler verbalement avec mon Major Bleschmidt, mais il exigea des explications écrites que je lui fournis dans une longue lettre après laquelle on n'entendit plus parler de rien. Ces explications, j'en ai retrouvé le double.

Le Docteur Henri Gousset, maire de la ville de Longuyon à M. le KK Longwy.

A la suite de notre conversation, j'ai l'honneur de vous faire savoir que je me suis rendu sur le terrain de tir voisin des casernes de la route d'Etain pour y voir sur place les dégradations commises par des inconnus :

1° — au baraquement,

2° — aux lignes téléphoniques.

Je m'étais fait accompagner par mon adjudant de gendarmerie et de nos constatations il ressort que si des tôles ont en effet été enlevées au hangar qui se trouve à la partie nord du champ de tir, les lignes téléphoniques n'ont pu être endommagées que dans leur extrémité, près de la butte de tir. Sur tout leur parcours elles sont intactes et ne portent aucune trace de coupure ni ancienne ni nouvelle.

Je crois pouvoir vous affirmer qu'il ne s'agit pas là d'un acte de sabotage, parce que d'abord les habitants de Longuyon ignorent dans leur immense majorité que le champ de tir en question est utilisé par les troupes allemandes et moi, maire de la ville, je l'ignorais totalement. Un acte de malveillance n'aurait pas été commis à cet endroit dont peu de personnes connaissent l'existence et pour un résultat aussi minime que de couper une liaison entre un stand de tir et un observatoire d'exercice. Quand aux tôles ondulées, je ne crois pas qu'il faille voir là non plus dans leur disparition le résultat d'un sabotage : tous les habitants du pays ont pris depuis un an l'habitude de ramasser des fils de fer, des morceaux de bois et des tôles ondulées sur tous les abris abandonnés qui remplissent le pays et les cabanes à lapins qui avaient été détruites par les obus n'ont guère été réparées qu'avec ces matériaux récupérés.

Je suis absolument convaincu de ce que je dis et je vous donne ma parole d'officier que si je n'en étais pas certain je reconnaîtrais la réalité des faits et vous demanderais seulement de disposer de ma personne pour éviter à la ville, dont j'ai l'honneur et la charge d'être maire, des sanctions générales...

Et puis il y eut les trains qui déraillaient ou menaçaient de dérailler, les fils d'aiguillage coupés, les aiguilles elles-mêmes bloquées par des cales soigneusement étudiées par les cheminots du service de la Voie et... de fil en... aiguilles tout se soldait par des obligations pour la ville de faire garder elle-même les lignes de chemin de fer et ceci par des hommes qui étaient forcément les copains de ceux qui préparaient les déraillements, si bien que, comme dans du mauvais cinéma comique, les « gendarmes » demandaient aux « voleurs » de les ficeler au bord de la voie avant de perpétrer leur crime de façon à moins risquer d'être tenus pour responsables des destructions qui seraient découvertes le lendemain matin. Le plus étonnant est que, presque toujours, cela marchait et que la police allemande croyait ce qui lui était rapporté.

A leur retour, en juillet 1940, les cheminots avaient trouvé, déjà installés, les fonctionnaires des chemins de fer allemands chargés de superviser leurs services : les *Bahnhof*. Appellation du reste erronée que la France occupée toute entière donna immédiatement à ces cheminots allemands placés là pour surveiller le travail de leurs « collègues français ». Ils n'étaient pas le moins du monde habillés en militaires mais bien honnêtement en employés de la Reichbahn : tenue bleue-noire à casquette fritz naturellement. Rien qu'à Longuyon ils étaient plus de cinquante pour six ou sept cents employés de la SNCF affectés aux différents services : Traction, Exploitation et Voie et Bâtiments.

Les *Bahnhof,* dès le début, cherchèrent plutôt à vivre en bonne intelligence avec leurs homologues français, mettant le point beaucoup plus sur ce qui les unissait que sur ce qui les séparait, c'est-à-dire la remise en état des chemins de fer français. Des agents de chez nous servaient d'interprètes, en général des Alsaciens ou des Lorrains dont l'allemand avait été, avant 1918 et par force, la langue quasi maternelle. Cette coopération avait paru indispensable aux occupants qui, jamais, n'avaient envisagé de faire rouler les trains français autrement que par des cheminots français.

Pendant les premières années d'occupation, ce modus vivendi fut respecté par tout le monde et je me rappelle certains chefs de service français aussi exigeants dans les travaux de remise en état des voies et des ouvrages d'art indispensables à l'acheminement des trains que l'étaient les Allemands eux-mêmes. Pour certains, la plupart probablement, il y avait là seulement l'amour de « l'ouvrage bien fait », un peu comme la reconstruction du pont de la rivière Kwaï.

Cette longue période fut cependant, pour nos hommes, favorable aux préparatifs des jours à venir de la Résistance; c'est là qu'ils apprirent à se mieux connaître, à se comprendre et à deviner, pour l'avenir, ceux qui pourraient se regrouper et saboter une nouvelle fois ce qu'ils étaient ensemble en train de réparer. Ces cheminots longuyonnais avaient été les premiers à me donner une image de la Résistance quand, dès l'été 1940, je les avais entendus m'expliquer qu'ils étaient en train de réparer les voies « pour que les Allemands aient plus de facilité à rentrer chez eux et qu'il ne leur déplairait pas, alors, de les y reconduire à coups de pied au cul! ».

En réalité, tout au long des trois premières années d'occupation rien ne se passa de dramatique. Les plus hostiles à l'ennemi en profitèrent seulement pour penser, quand le moment en serait venu, et Dieu seul savait quand, aux actions qu'ils entreprendraient. Aussi, pendant quatre ans, fut-ce sans gloire ni honte que chacun fit son métier et aida les trains à rouler, même s'ils transportaient le fer des usines de Longwy vers les fabriques de canons de la Ruhr, en même temps qu'ils assuraient le ravitaillement de nos régions interdites qui, comme les autres, avaient besoin de manger. Les actes hostiles à l'Allemagne de nos cheminots — qui avaient pour cela infiniment de facilités — consistèrent d'abord à aider les prisonniers évadés d'Allemagne à franchir les frontières des différentes zones plus ou moins interdites ou occupées et à y faire parvenir des courriers hors-censure. Les futurs véritables résistants furent, parmi nos cheminots, bien moins nombreux que l'on pourrait croire : tous étaient hostiles aux Allemands mais rares étaient ceux qui savaient qu'un jour viendrait où ils auraient à agir, et qu'ils le pourraient. L'un d'eux, des années plus tard, me dira honnêtement que, bien que détestant les Fritz, il avait été parmi les 90 % qui s'étaient contentés de marquer les coups et de les applaudir, mais qu'il n'y avait personnellement jamais mis la main, sauf peut-être pour renverser, sur la tunique du *Chef-Bahnhof* qui lui tournait le dos, le fond d'un bidon d'huile de surchauffe : plaisanterie de jeune soldat.

Ce fut cependant là que prit naissance et s'implanta le grand mouvement de Résistance-Fer. Il y trouva tout naturellement sa place, la première et certainement la plus utile dès que le moment fut venu pour lui d'entrer en action, après le débarquement de Normandie. Je les ai tous connus ces cheminots-combattants et leur chef en particulier, mon ami Roland Pierret, chef de canton au service de la Voie, qui sera fait plus tard officier dans l'ordre de la Résistance, mais je veux noter ici combien ils surent tous demeurer discrets et même secrets dans leurs activités, au point que pendant des mois, leur famille et leurs camarades ignorèrent tout de leurs actions parallèles. Leurs liaisons et leurs opérations étaient articulées sur la hiérarchie ferroviaire de l'époque et calquées sur l'organisation administrative de la SNCF. Les nôtres recevaient leurs ordres de l'échelon supérieur des Ardennes qui était à l'origine des consignes les plus bêtement administratives, lesquelles leur étaient données « pour le bien du service ».

Après le 6 juin, des ordres précis de destruction parvinrent à nos résistants-fer locaux. Ils leur étaient diffusés par leur chef de secteur, Schneck, un inspecteur des chemins de fer que je connaissais bien et qui devait les recevoir lui-même de plus hautes instances à la tête desquelles siégeait René Hardy. Ces destructions étaient toujours ordonnées avec une régularité et une précision dignes de la SNCF : tel train, transport de troupe, de matériel ou de munitions devait être intercepté tel jour, à telle heure et en tel lieu précis, au point que plusieurs déraillements étaient toujours prévus pour le même convoi au cas où il aurait, au dernier moment, été rendu impossible ici ou là. Je pense avoir été l'un des rares complices de ces déraillements car, à chaque fois que Roland Pierret devait, dans la nuit qui allait suivre, faire dérailler un train sur son secteur, il venait tout bonnement me demander un ou deux jours d'exemption de service pour avoir le temps de préparer son coup. Son grade de chef de canton lui donnait pour activité officielle celle de maintenir en bon état les parcours de sa circonscription, aussi dès qu'il avait réussi une destruction se trouvait-il le lendemain au travail pour la réparer! Il y rencontrait son homologue *Bahnhof* qui, un jour, me raconta-t-il plus tard, lui posa cette question : « Qui pensez-vous, Monsieur Pierret, a pu faire cela? — Des terroristes bien sûr! » répondit-il.

Mais l'autre d'ajouter : « Non, Monsieur Pierret, ce ne sont pas des terroristes, ce sont des spécialistes professionnels, comme moi... ou comme vous. »

« Heureusement qu'il faisait noir, me confia Pierret, sans quoi il m'aurait vu pâlir. »

Toutes ces destructions étaient faites, en effet, par dévissage et mise en déséquilibre des rails ou des aiguillages, de préférence dans un virage, et jamais par explosifs, beaucoup trop dangereux en raison des déflagrations et du bruit.

A côté de ces professionnels de Résistance-Fer, il y avait dans tous les services de la SNCF des amateurs, beaucoup moins organisés que leurs camarades mais tout aussi décidés et qui, dans les dépôts en particulier, s'adonnaient au sabotage des locomotives dont ils avaient la charge. Ils en ont mis un certain nombre HS (hors service) à Longuyon, en introduisant tout bêtement des pétards dans les cylindres des machines, pétards qui éclataient dès qu'on les mettait en route. A chaque fois, la police allemande arrêtait ceux de nos agents qui avaient été plus ou moins présents sur les « lieux du crime ». Ils étaient emmenés en prison à Briey ou à Nancy, d'où ils revenaient en général assez rapidement et sans plus de dommages...

Les véritables destructions de machines, opérées massivement, le furent par les mitraillages alliés. Les avions anglais ou américains, quand le moment en fut venu pour eux, se plaisaient à venir faire deux ou trois tours au-dessus du dépôt où ils lâchaient quelques bandes de mitrailleuses sur chacune des locomotives qui y étaient visibles, puis s'en retournaient tranquillement après avoir troué comme de vieilles casseroles le plus grand nombre d'entre elles. Ces destructions et ces mitraillages ont correspondu, dans le temps, à celui où les trains militaires se traînaient sur toutes les voies du pays, époque où le métier de mécanicien ou de chef de train était devenu extrêmement dangereux malgré les plaques de blindage qui renforçaient les locomotives et malgré les bâches anti-lueur qui devaient être déroulées quand le chauffeur remettait du charbon dans son foyer, bâches derrière lesquelles son compagnon et lui crevaient véritablement de chaleur tout au long de cet été 1944.

Un certain nombre de ces cheminots en eurent vite assez de se faire trouer pour les boches par les alliés et, tous les jours, je recevais à ma consultation de la gare quelques-uns de ces « exposés » qui venaient me déclarer qu'ils ne supportaient plus ce métier de c... et qu'au train où les choses allaient tous les mécanos et chauffeurs seraient morts ou invalides à la fin de la guerre, bref qu'ils voulaient être reconnus inaptes. Cruel cas de conscience pour moi qui devait leur expliquer que, s'ils ne travaillaient pas, ce serait l'un ou l'autre de leurs camarades qui le ferait à leur place. J'avais finalement établi une sorte de roulement et chacun à son tour avait droit au repos qui le plaçait pour quelques jours hors de danger. Quand ils se pointaient à la salle de visite, je vérifiais sur un petit carnet spécial et secret de quand datait leur dernière exemption de service et je leur octroyais les repos sollicités en précisant sans faux-semblant : « Tu pourras comme ça aller piocher tes pommes de terre ! »

Quant au STO je n'eus pratiquement jamais à m'en occuper pour mes cheminots : ils n'étaient pas dans le coup et, mis à part quelques jeunes apprentis ou agents auxiliaires, ils furent peu nombreux à être requis pour aller travailler en Allemagne. Pour ceux-là, il m'était relativement aisé soit de les requérir moi-même pour aller « bûcheronner » dans les coupes de bois de la commune, soit de les refiler au chef local de l'organisation Todt, un Fritz mâtiné de Belge qui s'appelait Herr Lutz et n'était pas un mauvais bougre. Il se faisait un devoir d'employer mes protégés sur ses chantiers de récupération de fils de fer barbelés et de rails anti-chars de la ligne Maginot... à destination du mur de l'Atlantique. Qu'y pouvions-nous ? L'essentiel était qu'il planquât mes cheminots hostiles au travail outre-Rhin. Quand la Libération devint proche, Herr Lutz jugea que le moment était venu pour lui de faire sa valise. Il vint me demander de lui donner un certificat attestant qu'il avait fait à Longuyon plus de bien que de mal ; je le lui ai donné pour qu'il pût franchir sans dommages les barrages installés ici et là par les FFI locaux, et je sais qu'il y parvint car je reçus de lui, quelques mois plus tard, une carte timbrée de Bruxelles.

J'avais prévenu les Fritz que je ferais moi-même des rondes d'inspection aux endroits surveillés. J'en ai fait effectivement quelques-unes, en pleine nuit, et je tombais sur les uns ou les autres indifféremment qui, me reconnaissant de loin, demeuraient là où ils étaient, et j'étais parfois obligé de leur demander de quel camp ils étaient, ce qui était parfois difficile à savoir puisqu'ils étaient en train de boire ensemble au même litre de rouge! Un matin arrivèrent des compagnies spécialisées de gardes-voies, genre CRS avant la lettre qui, encadrées le plus souvent par d'anciens officiers, étaient les premiers à « donner la main aux sabotages ».

Régulièrement, j'étais rejoint sur les lieux des accidents par la Gestapo qui venait faire son enquête et s'étonnait que je sois là, arrivé toujours le premier. Mon titre de médecin de la SNCF me l'imposait et je me gardais facilement de ce côté-là de toute « interprétation malveillante », en commençant, chaque fois que j'étais appelé dans de telles conditions, par passer à la gare requérir un *Bahnhof* par lequel je faisais, dans ma voiture, charger les paniers de secours. Un jour, une nuit plutôt, cette Gestapo emporta une ou deux ampoules de morphine vides que je venais, par pure humanité, d'injecter à deux jeunes soldats qui achevaient de mourir dans d'atroces souffrances, le thorax enfoncé pour l'un, les cuisses écrasées pour l'autre. J'ai su que le médecin allemand de la Feldpolizei de Nancy avait finalement déclaré que j'avais agi sagement.

Une autre fois, ce fut un petit Unteroffizier de la Luftwaffe qui, mourant lui aussi d'une hémorragie interne, me supplia d'aller au village voisin, Charency-Vezin, chercher un prêtre catholique auquel il se sentait le besoin de se confesser. Le vieux curé de campagne, pas très courageux, me demanda d'abord si je pouvais lui garantir que les Allemands n'allaient pas le fusiller ; ils n'en firent rien, se contentant de me faire remarquer que tout cela, c'était des « conneries » et que le bon soldat allemand n'était ni catholique, ni protestant, mais seulement hitlérien. Un autre de ces déraillements, qui fit pas mal de morts du côté d'Arrancy, fut celui d'un train de chars de combat. Il avait son médecin propre que j'aidai à soigner ses bonshommes. Il avait un infirmier dont je m'étonnai qu'il parlât parfaitement le français et qui me répondit quand je lui en fis la remarque que c'était tout naturel puisqu'il était de Colmar. J'isolai un instant ce jeune SS, car c'en était un de la division « das Reich » ou similaire, pour lui demander s'il avait été volontaire pour servir dans une telle unité. Sans gêne ni gloriole il me répondit que, mobilisé par les Fritz, il avait été versé là et qu'il n'y pouvait rien. Je crois qu'il disait vrai.

UN SOUS-PRÉFET BIEN RENSEIGNÉ

Il m'a été parfois demandé sur quel pied vivaient et pouvaient coexister, tout au long de ces années d'occupation, les habitants de Longuyon et les militaires allemands qui y cantonnaient. Les relations entre les uns et les autres étaient en réalité à peu près inexistantes : les boches avaient dans la ville suffisamment de bâtiments militaires français pour y parquer leurs bonshommes et jamais il n'y eut de billets de logement chez l'habitant, donc jamais de ces habitudes familières telles qu'en avaient connues les Longuyonnais de 1914 à 1918. Bien sûr, tel coiffeur était appelé de temps en temps à raser le crâne d'un Fritz, mais les choses n'allaient jamais plus loin et je ne garde le souvenir d'aucun « rapprochement » entre mes administrés et les troupes d'occupation. Il y avait bien au voisinage de la Kommandantur un poste téléphonique militaire installé dans une maison particulière, mais ses occupants étaient, autant que je m'en souvienne, des

Autrichiens, des « autres-chiens », dont je n'ai jamais entendu parler, ni en bien ni en mal.

Une question m'a été également posée sur les sentiments des Français occupés vis-à-vis des forces de résistance gaullistes ou autres. Je dois à la vérité de dire que ces sentiments étaient extrêmement simples et même simplistes : tout le monde haïssait les boches et ne souhaitait que les voir f... le camp. Tout le monde également écoutait la radio de Londres et essayait d'y puiser espoir et réconfort, mais le général de Gaulle était loin d'en être la vedette. Il était pour nous une sorte d'entité dépersonnalisée, mais plus que par ses paroles, on était intéressé par les actions de guerre des Anglais et ensuite des Américains. C'étaient eux, les Alliés, qui devaient nous délivrer et tous, ici du moins, nous sommes demeurés totalement étrangers aux combinaisons politiques qui devaient faire « la France Libre ». Pour nous, la France serait libre le jour où les boches en seraient chassés par les armées anglo-américaines réunies. Nous n'imaginions pas que de Gaulle puisse disposer de forces armées et de matériel moderne qui participeraient à l'affaire.

A la fin de l'hiver qui se termine, aussi noir que tous ceux qui l'ont précédé, on a pourtant l'impression que le printemps va se lever comme un jour nouveau et que sa lumière éclairera les ténèbres dans lesquelles nous vivons depuis 1940. Quels étaient donc les signes avant-coureurs de cette clarté plus brillante au bout du tunnel ?

D'abord les nouvelles que le monde entier recevait par la voie de toutes les radios plus ou moins audibles : le désastre russe pour l'armée allemande, l'énervement accru de la Wehrmacht, l'accroissement quotidien de toutes les demandes, toujours plus pressantes de la part des Alliés, de renseignements, à ceux qui pouvaient en récolter sur les transports de troupes allemandes, de leur densité dans tel ou tel secteur et surtout ce qui pouvait se savoir ou même seulement se subodorer de ce qui avait un rapport quelconque et même lointain avec ces armes nouvelles dont on ne cessait de parler. C'était là, d'ailleurs, la première question, toujours posée en priorité depuis plusieurs mois, à tous ceux d'entre nous qui avaient quelque chance de pouvoir détenir une parcelle, aussi minime soit-elle, de ces secrets.

Je me souviens d'un jour où, pendant ma consultation SNCF à la gare de Longuyon, un cheminot me raconta qu'un train de matériel boche, soigneusement surveillé, était arrêté sur l'une des voies de la station. Toute consultation cessante, je m'y rendis d'un pied léger, comme si je passais là par hasard, et je vis, en effet, un long convoi de wagons plats discrètement bâchés et gardés chacun par un ou deux jeunes soldats de la Luftwaffe. Pendant ce temps, la locomotive faisait son plein d'eau et j'avais recommandé en passant à sa hauteur, à l'employé de chez nous qui en était chargé, de prendre tout son temps. J'arrivai près des premières plates-formes recouvertes de toiles grises. Je m'arrêtai innocemment et en soulevai un coin, un tout petit coin, suffisant cependant pour apercevoir, bien alignées comme à la parade, toute une file de bombes ailées, longues de plusieurs mètres et peintes en gris artillerie. Soudain, je sentis dans mes côtes le canon dur d'un pistolet-mitrailleur, en même temps que l'un des gardiens-aviateurs du wagon me jetait dans les oreilles les « Raus » les plus menaçants de son répertoire.

Je fus conduit naturellement manu militari au chef de convoi auquel je me mis en mesure d'expliquer que je n'étais qu'un médecin passant par là dans son service et que la plus innocente curiosité m'avait fait lever un coin du voile. L'affaire en resta là. J'avais vaguement compté le nombre d'engins de mon wagon et, beaucoup plus facilement, le nombre total de wagons : il ne me restait qu'à faire un rapport assez imprécis mais tout de même évocateur et à y ajouter, ce que j'appris facilement par le chef de gare, la provenance et la direction du train de fusées volantes, avant d'acheminer mon compte rendu, par les voies que je savais, vers le terminus de la filière dont je n'étais, bien sûr, qu'un minuscule maillon.

Tous ceux qui, au cours de ce printemps, avaient à redouter la police allemande possédaient une excellente sonnette d'alarme en la personne du sous-préfet de Briey. Celui-ci, je ne sais grâce à quelles relations « top-secrètes », était toujours le premier mis au courant des faits et gestes de la Gestapo, et même de ses projets. Avec moi il a toujours été sur ce point d'une discrétion absolue et si je pense avoir tout connu de ses sentiments, j'avoue n'avoir jamais rien su du fonctionnement de son « deuxième bureau ». De cette omniscience mystérieuse, il usa dans toute la mesure du possible pour éviter à chacun d'entre nous les mauvaises surprises d'une arrestation à 5 heures du matin. C'est ainsi que j'avais reçu au début d'une nuit de printemps, le 23 mars exactement, sa visite impromptue : il voulut à peine descendre de sa voiture qu'il conduisait lui-même : « J'ai sûrement, me dit-il, la Gestapo au cul, mais il faut que vous sachiez que Michel, d'Audun-le-Roman, a été arrêté tout à l'heure... Ne m'interrompez-pas, je sais qu'il est en cheville serrée avec votre adjudant de gendarmerie; il faut que vous le préveniez immédiatement. S'il n'est pas cravaté, je ne pense pas qu'il y ait pour vous de gros risques pour le moment. Salut. » Et il disparut dans le noir, sans éclairage.

Ce fut alors à moi d'aller réveiller l'adjudant-chef Clerc et de lui annoncer la couleur. Il se tut un moment, puis me déclara « qu'il n'y avait pas de danger sérieux, que Michel ne parlerait pas ». Il parla cependant, après quoi il se pendit dans sa cellule pendant que les boches arrivaient à la porte de la gendarmerie où ils arrêtaient l'adjudant-chef.

Le problème se posait pour moi, le même que pour

mon camarade et, comme lui, quelques heures plus tôt, je le résolus de la même façon : « Il ne parlera pas. » Et il ne parla pas, il ne donna aucun des noms qu'il connaissait, malgré les interrogatoires les plus cruels. Il ne mourut pas là mais fût déporté à Mauthausen d'où jamais il ne revint. Deux ans plus tard, à l'occasion de l'inauguration d'une plaque commémorative à la caserne de gendarmerie de Longuyon, j'ai eu l'honneur de prendre la parole pour glorifier sa mémoire : on peut deviner avec quelle émotion je l'ai fait.

C'est ainsi également que le sous-préfet Mancel devait prévenir au bon moment notre camarade « Masson » d'un « groupage » prochain et lui permettre de gagner à temps les maquis meusiens et de s'y fondre définitivement. En même temps que tout devenait plus clair pour nous du côté des Alliés, tout devenait plus difficile du côté des Allemands qui devenaient plus méfiants et plus vindicatifs. Ils savaient que les maquis se gonflaient de garçons réfractaires au STO, ils savaient que la radio de Londres était très écoutée et ils n'ignoraient pas non plus les ordres qui leur étaient donnés de se garder avec plus d'attention au cours de leurs sorties isolées.

Les Feldgendarmes se montraient plus intraitables, la Gestapo plus présente et, de jour en jour, l'atmosphère devenait plus lourde. Les arrestations de Français se faisaient plus fréquentes sous le moindre prétexte : les uns revenaient après quelques jours d'incarcération à Briey, d'autres allaient jusqu'à Nancy ou jusqu'à Verdun dont les maisons d'arrêt ne manquaient pas de pensionnaires.

En février-mars, tout un groupe de mes amis s'est fait cravater, accusé d'aider les prisonniers évadés à rentrer chez eux. Cette dernière arrestation m'avait donné à réfléchir, étant donné que ceux qui en avaient été les victimes étaient connus depuis plusieurs mois pour leurs activités par la police allemande qui m'en avait parlé, sans pour autant les mettre sous clé. Pourquoi ce « tour de vis », sinon parce que les boches voulaient montrer à la fois leur connaissance des faits et leur force et essayer par là de mettre un terme à toute action qui leur était hostile...

« MEMBER OF THE RAF ESCAPING SOCIETY »

Une journée de mois de juin comme il en brille parfois sous notre ciel si souvent gris de Lorraine : un ciel bleu véritablement méditerranéen, sans un nuage et sans un souffle. Vers midi, tout le pays a pu entendre les courtes rafales d'un combat aérien, juste au-dessus de nos têtes. Ce combat se passait tellement haut, qu'à trente kilomètres à la ronde chacun a pu voir, de Longwy à Spincourt, un avion désemparé piquer vers le sol tandis qu'une petite boule blanche s'en détachait, qui allait devenir la corolle grande ouverte d'un parachute : un avion anglais avait été abattu et nous sentîmes une véritable tristesse nous envahir.

On sut assez vite que l'avion touché à mort avait été précipité à quelques kilomètres de Longuyon, aux abords du village de Lopigneux, dans la Meuse. Du parachutiste, on ne savait rien, ni s'il était seul dans l'appareil descendu, ni où il avait touché terre. Certainement dans la région, mais plus au nord, vers Montigny-sur-Chiers. Dans l'après-midi, les Feldgendarmes de Verdun vinrent me requérir à la mairie et me conduisirent au lieu de la chute de l'avion, un petit appareil de reconnaissance, tout en bois léger, un Mosquito. Il n'avait pas pris feu. A quelques mètres, le corps du pilote touché d'une balle dans la région du cou. Il avait dû être éjecté de son siège peu avant de toucher terre et son corps avait profondément marqué son impact dans l'herbe d'un pré. Avant de m'en approcher j'avais voulu lui rendre quelques honneurs en me mettant en silence au garde-à-vous, après avoir invité les Feldgendarmes à en faire autant. Ils m'imitèrent correctement.

Il s'agissait de faire enterrer cet Anglais dans le cimetière de Longuyon en évitant toute manifestation patriotique. Il y fut effectivement inhumé le lendemain, qui était un dimanche, au milieu d'une foule compacte d'habitants qui, tous, avaient apporté des fleurs dont ils couvrirent le cercueil. Ceci me valut le jour suivant d'être convoqué à Verdun par la Gestapo de la Meuse qui avait son siège à l'hôtel du Coq-Hardi, centre aujourd'hui de la gastronomie lorraine. J'étais accusé d'avoir organisé une manifestation anti-allemande et fus menacé d'une arrestation immédiate. Puis finalement relâché.

Beaucoup plus tard, après la guerre, je devais apprendre que cet appareil, non armé, qui n'avait comme moyen de défense que sa rapidité et sa maniabilité, avait été abattu alors qu'il était en route pour la Tchécoslovaquie où il allait photographier les résultats d'un bombardement de la nuit précédente sur les usines Skoda. Un chasseur allemand l'avait attendu contre le soleil et touché à mort d'une ou deux rafales. Quant au rescapé de cette bataille aérienne, personne n'avait rien su de lui : il était cependant évident que les boches ne l'avaient pas trouvé, vu le nombre de patrouilles de Feldgendarmes et d'hommes de troupe en armes que l'on avait pu remarquer dans le secteur tout au long de l'après-midi, comme des chiens sur la piste d'un gibier qui s'est défaussé.

Le soir, vers 8 ou 9 heures, des gens du village de Viviers-sur-Chiers vinrent me raconter que, rentrant des champs où ils avaient planté leurs pommes de terre, ils avaient trouvé un officier anglais assis dans leur cuisine. Ils venaient me demander ce qu'ils devaient en faire. Très vite, je décidai que j'irais au milieu de la nuit en prendre livraison à l'orée d'un bois, au bout d'un petit chemin de terre où ils parviendraient facilement, sans attirer l'attention des Allemands : nous avons fixé à minuit l'heure du rendez-vous.

Un peu avant l'heure je me mis en route dans ma Rosengart et me fis immédiatement arrêter sur le pont de la Chiers par une patrouille de Feldgendarmes puissamment armés. Je leur dis simplement, après qu'ils m'eurent reconnus, que j'allais voir un malade dans le hameau de Braumont, tout proche du rendez-vous de minuit. Moitié plaisantant, leur ayant demandé ce qu'ils faisaient là à cette heure tardive, ils m'expliquèrent qu'un aviateur ennemi était tombé dans la région à midi et qu'il était recherché. Forcément, il serait obligé de passer sur l'un ou l'autre des ponts qui franchissaient la Chiers et la Crusnes et ne manquerait pas d'être pris. Comme je leur souhaitais bonne chance, ils me rappelèrent pour me demander bien poliment de leur dire au retour si je n'avais rien vu de cet Anglais. Je le leur promis!

J'appliquai mon plan en entrant d'abord à Braumont chez une famille dont j'étais sûr et à laquelle j'annonçai en toute simplicité la couleur. J'expliquai au père et à la mère qui, je le savais, avaient un bébé d'un an à peine, qu'à tout interrogatoire ils devraient répondre que j'étais venu chez eux pour soigner leur enfant. J'écrivis même une ordonnance et commandai au père de monter sur sa bicyclette et d'aller à la pharmacie de Longuyon chercher telle potion dont j'étais en train de rédiger la formule. Je leur recommandai même, quand ils l'auraient, d'en jeter une cuillerée à café toutes les trois heures sur la pierre à évier pour que le flacon se vide dans les temps correspondants aux données de ma prescription; je commençais à savoir me méfier de la police allemande...

Puis, d'une roue légère, je me dirigeai vers le point du rendez-vous. Je m'arrêtai en bordure du bois et, par la portière que j'avais ouverte, je vis que l'on poussait à l'intérieur aussi vite que silencieusement une ombre qui s'affala à mes côtés. L'ombre et moi ne nous dîmes d'abord rien; elle ne paraissait pas savoir le français et moi je ne savais pas l'anglais. Cependant, au bout de quelques minutes, une petite voix me demanda : « Etes-vous déjà, monsieur, allé en Angleterre? » Mon compagnon connaissait donc un minimum de français, horriblement scolaire et prononcé avec un accent ridicule. Je lui conseillai de se taire. Le plus « chanceux » restait à faire : repasser le poste de Feldgendarmes sur le pont de Chiers. Je voulais réfléchir et trouver le moyen de le franchir sans accident et avec le maximum de chances.

Cette Rosengart avait deux particularités : elle avait sa conduite à droite (ce qui avait dû enchanter mon passager britannique) et son siège de gauche était légèrement en retrait sous la capote, par rapport à l'autre. Arrivés à quelques mètres du fameux pont, après un virage, nous nous trouvâmes, comme je prévoyais la chose, face à mes Feldgendarmes, et j'entendis alors, à côté de moi, une voix plaintive et étonnée qui me disait : « Monsieur, l'ennemi! »

Je me rangeai soigneusement à ma droite et passai tout ce que je pus de mon corps par la portière de gauche pour m'adresser le premier aux Fritz, sans qu'ils aient trop à s'approcher de la voiture et en cachant le plus possible mon rescapé que j'écrasais de tout mon poids au fond de son siège. Les Feldgendarmes avancèrent, pas trop près, et ne lancèrent pas le moindre coup de lampe électrique au fond de la voiture. Ils me demandèrent seulement si je n'avais pas vu « l'ennemi ». C'est sans mentir que je pus répondre que non! Et je redémarrai joyeusement : le seul gros obstacle était désormais derrière nous. Il me restait cependant à cacher mon protégé en attendant d'avoir trouvé pour lui une filière vers la vraie liberté, dont je n'avais à cette époque aucune idée encore... Je fis d'abord chez moi une courte halte, à cinquante pas de la sentinelle boche qui battait la semelle devant la Kommandantur, juste le temps de m'envoyer, et d'offrir à Harry — c'était son nom — un coup de mirabelle qu'il n'eut pas l'air de beaucoup apprécier. C'est à ce moment-là qu'il m'offrit en « souvenir », le petit insigne de son escadrille.

J'avais, bien sûr, réfléchi à la question toute la soirée et j'avais déjà quelques idées de « centres d'accueil ». Ma première tentative se solda par un échec : ceux à qui j'allai proposer de garder mon aviateur, « le temps qu'il faudrait », s'y refusèrent carrément. Je ne pense pas que leur attitude ait été dictée par la crainte d'éventuelles représailles allemandes, mais en application de leurs principes. Je n'avais cependant aucun risque de dénonciation à redouter : mes amis étaient seulement anglophobes. Je commençais à ressembler à un commis-voyageur qui veut caser sa camelote et je ne voulais pas que cela durât trop longtemps : les nuits de juin sont courtes et bientôt il allait faire jour.

C'est alors que je pensai à un vieux ménage de Spincourt, dont je ne savais pas grand-chose, sinon qu'il était anti-allemand autant qu'il est possible et c'est vers lui que je me dirigeai. Dix nouveaux kilomètres avec mon « tombé du ciel » qui n'y comprenait rien et arrivée chez M. et Mme Saint-Antoine. Un coup frappé à la porte, une fenêtre qui s'ouvre et un bonnet de coton au-dessus de ma tête qui me demande ce que je désire. Je veux parler et expliquer de quoi il retourne. On descend, on m'ouvre, je raconte et la réponse m'enlève tout souci : « Qu'il entre, on va lui faire du thé! »

Ce qui ensuite me donna le plus de mal fut de découvrir un truc pour sortir Harry du coin, et de trouver une de ces filières que personne ne connaissait, ni ne cherchait trop à connaître. Je me rappelle que le premier à qui je demandai conseil fut le sous-préfet de Briey que j'allai voir dès le lendemain matin. Il me dit qu'il était déjà au courant de cette évasion et qu'il avait immédiatement pensé que j'étais dans le coup. Il ne connaissait pas de filière mais allait se renseigner et... me recommanda la prudence!

Au bout de quelque temps, mes premiers sauveteurs de Spincourt me dirent qu'il fallait les débarrasser de leur encombrant invité car ils allaient recevoir chez eux l'une de leurs filles avec enfants et bonne d'enfants, et que de celle-ci ils ne pouvaient pas être sûrs. Ce fut alors la recherche d'une autre cache que je trouvai à Pillon, un village voisin, chez des cultivateurs qui me gardèrent mon gars le temps qu'il fallut, jusqu'à ce que j'aie enfin trouvé pour lui un chemin d'accès à la liberté : il s'agissait seulement de le conduire à Verdun, chez le curé de Glorieux qui en ferait ensuite son affaire.

Voyage facile cette fois, en plein jour, avec un Anglais en civil muni de tous les faux papiers du monde que je lui avais fabriqués, spécifiant même, ce qui était idiot, qu'il était sourd-muet! Je me rappelle que nous traversâmes dans la région des champs de bataille d'importantes manœuvres de chars allemands qui émurent un peu Harry mais dont je savais bien, moi, qu'elles ne présentaient aucun risque. Harry Evens arriva en Suisse, où il demeura jusqu'au mois de juillet 1944, parfaitement tranquille, apprenant le français et touchant sa solde par les soins de l'ambassade d'Angleterre. Il refit près d'une année de guerre encore, après la libération de la frontière franco-suisse.

Nous nous revoyons souvent. Il est venu me remercier dès 1945 et j'ai eu peine à reconnaître, dans le brillant « Flying lieutenant » qu'il était devenu, le pauvre garçon de dix-neuf ans que j'avais presque reçu dans mes bras deux ou trois ans plus tôt. C'est lui qui m'expliqua la fausse manœuvre des Allemands, ce jour de 1943 où il faisait si beau et où il allait, lui, faire des photographies en Tchécoslovaquie. Son appareil volait à dix mille mètres d'altitude et à sept cents kilomètres à l'heure, ce qui à l'époque était considérable. Il avait été abattu sans avoir rien vu de l'adversaire. Il s'était cru blessé en voyant du sang couler sur sa combinaison : c'était celui de son pilote qui, avant de mourir, avait pu lui crier que le moment était venu de sauter. Sa descente en parachute avait duré vingt minutes pendant lesquelles les Allemands avaient eu tout le temps de se rassembler et d'aller l'attendre à la verticale précise de l'endroit où il avait sauté et où il devait toucher terre puisqu'il n'y avait pas le moindre souffle de vent. Ce point était situé sur une croupe de prairies séparées de la vallée par une importante côte boisée. Harry avait très bien vu, durant sa descente, ceux qui l'attendaient en bas et avait seulement pensé qu'il allait être fait prisonnier.

A quelques centaines de mètres d'altitude un courant d'air frais, montant de la rivière, l'avait aspiré brusquement dans la vallée où il était tombé. Le chemin qui menait de l'endroit où il était attendu à celui où il avait touché terre était long et difficile et les boches mirent une dizaine de minutes à le parcourir, encombré de voitures et de motocyclettes. Quand ils arrivèrent ils ne trouvèrent plus rien ni personne que des bûcherons en lisière du bois, qui affirmèrent sur la foi du faux serment, qu'ils n'avaient rien remarqué. Quand ils l'avaient vu tomber, quelques minutes plus tôt, ils étaient accourus, avaient rapidement coupé les sangles de son parachute et l'avaient poussé dans un autre bois, de l'autre côté de la route, presque à coups de pied dans le cul, en même temps qu'ils cachaient soigneusement sous un tas de branchages les restes de son harnachement.

Harry fit quelques kilomètres en forêt après avoir passé plusieurs heures tapi dans un roncier tout près duquel, sans le voir, les Allemands étaient passés à sa recherche. A la nuit tombante il s'était mis en marche, entrant par les vergers dans la première ferme qu'il avait trouvée. Il n'y avait personne et il avait attendu tranquillement dans la cuisine le retour de ses hôtes. Pour cette « aide et assistance à aviateur en difficulté » que d'aucuns ont la faiblesse de considérer comme une « action de guerre », je devins, quelques années après, et j'en tire quelque fierté, « Member of the RAF Escaping Society ». D'ailleurs pourquoi ne pas le reconnaître, je me retrouvai un an plus tard, avec le même problème sur les bras. *Bis repetita placent.*

***

Ce matin-là, dès l'aube on sonna à ma porte et, de ma fenêtre, je demandai à l'emmerdeur matinal qui venait ainsi me réveiller de quoi il avait besoin. Il n'était question ni de malade ni de maladie et c'est d'une voix forte qu'il me raconta une histoire que le Fritz d'en face aurait certainement comprise s'il avait su le français. « Il paraît, me dit mon visiteur, que c'est à vous qu'il faut s'adresser quand on a un aviateur américain chez soi. Hé ben nous, on en a un chez nous, à Saint-Pierrevillers, et même qu'il s'est fait mal au pied en sautant avec son parachute ! »

Il fut convenu que j'irai l'examiner, à douze kilomètres, dans la Meuse, et que je verrai ce qu'il était possible de faire pour lui.

Je m'étais laissé accompagner par une gentille fille de dix-huit ans que je connaissais bien, qui était parfaitement sûre et... qui parlait anglais. Enfin presque, puisqu'elle était en train de passer son bachot. Mon Américain avait en effet « mal au pied », une petite entorse tibio-tarsienne, peu grave mais qui cependant nécessitait quelques jours de « repos à la chambre » avant de pouvoir entreprendre la moindre marche. Ses hôtes acceptèrent de le garder le temps qu'il faudrait. De son côté, ma jolie interprète était toute disposée à se transformer en infirmière. Aussi, tant que mon « tombé-du-ciel » demeura à Saint-Pierrevillers, en attendant que son pied fut en état, tous les jours alla-t-elle à bicyclette prendre de ses nouvelles et lui porter ce dont il pouvait avoir besoin, et son charme probablement par surplus.

Cet aviateur américain avait eu, dès notre première prise de contact, une attitude très différente de celle de son camarade anglais que j'avais dépanné un an plus tôt ;

celui-ci s'était contenté de m'offrir « en souvenir » le petit insigne d'escadrille qu'il portait à sa veste, tandis que l'autre avait commencé par sortir de ses poches des billets de banque de tous les pays où il avait couru le risque de tomber : Belgique, Hollande, France et même Allemagne. Sans façon, il m'avait demandé : « Combien? » Question à laquelle j'avais répondu par une longue phrase patriotique, lui expliquant qu'en France on voulait bien se faire fusiller, mais que c'était pour l'honneur. Il n'avait naturellement rien compris, mais mon amour-propre était sauf.

J'étais retourné le voir une fois ou deux, décidant qu'il serait apte à reprendre la route un certain jour que j'avais fixé et au soir duquel je le conduirais, en uniforme d'aviateur US, jusqu'à Pillon, village situé en bordure de la forêt de Spincourt, chez un brigadier forestier qui se chargerait de le guider vers les maquis, en attendant mieux. Mais ces maquis étaient ceux de mon ami « Masson » qui m'avait dans la journée fait prévenir que ce serait la nuit même qu'il exécuterait un coup de main projeté et soigneusement préparé sur les réserves d'essence de l'organisation Todt à Longuyon. De part et d'autres, nos décisions étaient prises et il était trop tard pour reculer; nous allions donc, aux mêmes heures, « Masson » et moi, et dans le même secteur, aller à nos « affaires ». Les unes commes les autres risquaient de déclencher des barrages sur les routes et des surveillances de carrefours qui pouvaient devenir malencontreux. Notre chance à tous les deux joua encore une fois en notre faveur et nos deux missions s'accomplirent sans incident et sans fâcheuse rencontre.

Le brigadier forestier Jennepin, chez qui j'avais déposé mon parachuté, fut quelques jours plus tard arrêté par la Gestapo avec son fils âgé d'une quinzaine d'années. Ils furent probablement fusillés tous les deux dans un fossé des remparts de Verdun. On n'en retrouva en tout cas jamais rien. Quant à l'Américain, il quitta le maquis meusien au moment de l'avance de ses compatriotes, pour aller au-devant d'eux, et sans doute les retrouva-t-il car, après la guerre, je reçus un jour des Etats-Unis une lettre de remerciements et une aimable citation signée Eisenhower. Cela me montra une fois de plus l'imprudence de tout le monde : ce garçon s'était promené pendant je ne sais combien de temps avec mon nom et mon adresse au fond de sa poche, adresse que je ne lui avais personnellement jamais donnée, au risque de se faire ramasser par les boches, porteur de tous les renseignements utiles pour faire pincer ceux qui l'avaient aidé.

... ces lourds secrets dont on est un de trop quand on est deux à les connaître.

7.

Entre les mains de la Gestapo

J'avais rencontré Pierre « Masson (1) », ingénieur des mines du bassin de Briey, mobilisé en 1939 dans une unité d'artillerie de la région de Thionville, voisine de la mienne. Plus malin que beaucoup d'autres, ou plus chanceux, il avait trouvé, en juin 40, le moyen d'échapper à la captivité et avait repris son poste dès que les choses s'étaient un peu tassées.

C'est lui qui était venu me voir un jour, sachant par des voies aussi discrètes que mystérieuses que nous chassions le même gibier. Il avait rejoint définitivement les maquis de la forêt meusienne la nuit où le sous-préfet était venu l'avertir que la Gestapo allait l'arrêter. Il avait pris le commandement d'une bonne soixantaine de gars de tous poils, de toutes origines, de toutes nationalités même, qui formaient sous ses ordres une troupe parfaitement homogène, redoutable par l'audace de ses coups de main et par la témérité de ses interventions.

J'avais autrefois élevé un petit renardeau trouvé orphelin après une chasse au bois par ceux qui avaient tué sa mère. Il avait grandi et était devenu presque adulte, à force de soins et d'attentions. Ce dont je me souviens le mieux de ce petit fauve, c'est de son regard au brillant métallique, de ses yeux cuivrés cachés sous l'arcade

(1) « Masson » fera, après la guerre, une très brillante carrière dans la magistrature.

profonde du front et surtout de la dureté de ses mâchoires serrées sur ses propres dents chaque fois qu'il avait envie de mordre et qu'il était en colère. Ce regard attentif et cruel, cette contraction des maxillaires, je les avais retrouvés sur le visage de « Masson » la première fois que je l'avais vu. Il était bien, lui aussi, un animal de proie, un carnassier, un tueur, même si les bienfaits de la civilisation avaient su en faire, quand il le voulait, l'homme le plus aimable et le plus courtois qu'il fût possible de rencontrer.

Mais mon renard savait, lui aussi, dans ses moments de détente, devenir l'animal le plus doux et le plus caressant que l'on pût imaginer, jusqu'au moment où un petit oiseau passait dans le champ de son regard. On le voyait alors se durcir, se bander, se contracter et ses ongles s'allongeaient comme des griffes prêtes à déchirer une proie vivante. « Masson » aussi était capable, pour semer la terreur sur son passage et pour préserver ses quartiers, de tuer de sa propre main et de sang-froid. La guerre est un jeu dangereux. Elle est aussi, le plus souvent, un jeu cruel. Très cruel.

Une chose cependant m'a toujours étonné, relative à ces maquis de la Meuse; il ne faisait aucun doute pour personne que les boches en connaissaient l'existence et, à peu de chose près, les implantations. Malgré tout, ils n'ont jamais monté contre eux d'actions de force. Tout me porte à penser qu'en 1944, ils n'y attachaient pas une énorme importance. Cette semi-indifférence apparente était peut-être due au fait que les « garnisons » de ces forces FFI dépendaient territorialement autant de la Meuse que de la Meurthe-et-Moselle et que ni l'une ni l'autre des polices militaires de Briey ou de Verdun n'estimait que c'était à elle de les attaquer. Ou bien les jugeaient-elles trop peu dangereuses pour mériter d'être réduites?

Un jour où justement j'avais vu « Masson » dans l'après-midi et qu'il m'avait dit que tout allait pour le mieux dans ses différents cantonnements, je reçus le soir la visite d'un garçon à l'air douteux qui me déclara que le coin de forêt où il servait sous les ordres du capitaine Fox avait été attaqué la veille par les troupes allemandes et que son chef avait crié : « Sauve qui peut! » « Mais vous avez la possibilité d'aller à Longuyon demander aide au docteur Gousset avait-il ajouté. »

Ce n'était pas le genre de « Masson », dont j'avais eu la visite quelques heures plus tôt, en tout cas postérieurement à cette pseudo-attaque. Je pouvais donc être certain que j'avais affaire à un « mouton », et je n'hésitai pas un instant à le foutre à la porte, en le menaçant même de le signaler à la Feldgendarmerie. Le lendemain, je me payai même le luxe de rendre compte à la police boche de cette visite nocturne, certain étais-je que c'était elle qui l'avait provoquée. Et ravi de cette occasion qui m'était ainsi donnée de la posséder à mon tour...

La visite de ce salopard me prouvait néanmoins une chose : j'étais désormais dans le collimateur de l'occupant et je ferais bien de rester sur mes gardes. Malheureusement, où la main a passé, le bras ne tarde pas à suivre et je n'éprouvais d'ailleurs aucune envie de faire marche arrière. Aussi ne fus-je qu'à demi étonné lorsque le 7 avril, dans l'après-midi du Vendredi saint, j'aperçus en sortant de ma mairie deux Feldgendarmes armés, accompagnés d'un petit homme en civil, chapeau vert et imperméable, qui, de toute évidence, m'attendaient. Ils ne manquaient pas de technique car les menottes d'acier étaient refermées sur mes deux poignets avant que j'eusse le temps de me rendre compte de ce qui m'arrivait.

Ils m'emmenèrent tout droit, à pied, sous les yeux attendris de mes paroissiens, au bureau de la Feldgendarmerie de Longuyon, ce qui me donna le temps de réfléchir à cette situation car, bien entendu, mes « fliks » ne m'avaient pas dit un seul mot et rien ne me permettait de savoir à quoi exactement je devais cette arrestation. Les raisons éventuelles en étaient nombreuses, mais laquelle était la vraie? Il y avait cet aviateur anglais que j'avais trimballé dans ma Rosengart — péché mortel selon l'occupant — puis cet autre aviateur, de l'US Air Force celui-là — second péché mortel — arraché lui aussi à leurs griffes. Il y avait ces groupes de résistance auxquels j'appartenais et avec l'un desquels j'avais reçu, quelques jours plus tôt, un parachutage d'armes dans les prés de la Haute-Wahl. Il y avait ces rapports adressés à « Monsieur Philippe » dont je ne savais pas grand-chose. Il y avait l'arrestation de l'adjudant-chef Clerc le 24 mars, quinze jours plus tôt, qui savait tout de tout, mais je n'avais pas pu croire un seul instant que mon arrestation fût une éclaboussure de la sienne. Mais il y avait surtout, je me le rappelai tout à coup avec effroi, ce rendez-vous auquel je m'étais rendu la veille dans la Meuse, à la suite d'une discrète invitation par un type dont je ne savais absolument rien. De la cave d'une maison abandonnée, à Muzeray, il avait sorti pour me la montrer une mitraillette d'origine anglaise et m'avait offert de m'en céder quelques-unes du même type si je le désirais. Il m'avait aussi donné un petit morceau de carte Michelin parfaitement renseignée et piquetée de rouge en divers lieux qui étaient, m'avait-il dit, ceux de ses rassemblements avec des semblables à lui. Avec terreur, je pensai que ce petit morceau de carte Michelin était encore au fond de ma poche. M'avait-il été remis par un garçon qui n'était qu'imprudent ou par un nouveau « mouton » qui voulait, sur ordre, voir si je mordais à ces hameçons-là? (Je me suis renseigné sur lui après la guerre, il était du pays, et j'ai pu apprendre qu'il avait été fusillé au moment de la Libération dans le centre de la France, mais personne, jamais, n'a pu me dire s'il avait été troué par les Allemands ou par les Français.)

Le gars de la Gestapo ne nous avait pas suivis : il avait seulement voulu s'assurer que j'étais dûment empaqueté avant de repartir à ses affaires sans même avoir ouvert la bouche. Des Feldgendarmes non plus je ne pus tirer un seul mot : ils ne savaient rien et je crois que c'était vrai.

Mais ils savaient que j'étais médecin et ne furent pas autrement étonnés quand je leur demandai, avant de m'emmener, de me conduire auprès de mon père, médecin lui aussi, à qui il me fallait remettre des papiers médicaux et une liste de malades à visiter les jours suivants. Ils ne firent pas grande difficulté et, avant même que j'aie été fouillé, me permirent cette rencontre avec mon pauvre père qui, déjà, avait appris par la rumeur publique que j'avais traversé la ville les fers aux mains entre deux gendarmes boches. Il n'en avait pas été tellement étonné. Je lui remis les papiers compromettants sans que mes gardiens aient eu seulement l'idée de regarder ce qu'ils étaient et, cette fois pour de bon, ils m'embarquèrent les menottes aux mains, au fond de leur traction avant, direction Longwy.

Cette arrestation était assez originale dans sa façon d'être menée. En effet, j'avais été cravaté par les Feldgendarmes que je connaissais bien pour avoir été cent fois en rapport avec eux pour des histoires de police municipale et qui, une fois disparu le type de la Gestapo, qui paraissait les avoir intimidés, se remirent à me parler, ma foi très poliment : « Monsieur le Maire, n'êtes-vous pas trop serré aux mains, voulez-vous fumer ? etc. »

En revanche, à l'arrivée à Longwy, ils reprirent leurs airs féroces et me sortirent presque de force de la voiture : c'est qu'il y avait là, devant nous, leur officier, cet Oberleutnant « qui ne m'aimait pas » et se fit un devoir, et probablement un plaisir, de vérifier lui-même que mes bracelets étaient assez serrés. Pour plus de sûreté et sans doute aussi par vachardise, il reprit deux crans dans leur crémaillère et m'en fit entrer le fer dans la peau. Dans ses yeux, je lisais comme dans un livre : « Enfin, vous voilà comme je rêvais de vous voir ! »

Conduit dans les locaux de la police allemande, je commençai seulement à être traité comme un criminel : ceinture et cravate enlevées, poches fouillées à fond, mais cependant, je le reconnais, sans aucune brutalité excessive : juste ce qu'il fallait pour me bien faire comprendre que le temps des « Herr Doktor Gousset » longs comme le bras était bien terminé.

Mon nom fut inscrit sur un registre *ad hoc* et je fus enfermé dans le plus affreux cul de basse fosse qui se pût imaginer : une resserre à charbon vide de ce qui était autrefois l'hôtel des Mines et de la Métallurgie du bassin de Longwy. Sans fenêtre et sans lumière. D'un coup de lampe de poche mes gardiens m'en montrèrent le mobilier : une sorte de bat-flanc habillé d'une couverture crasseuse, et rien d'autre. Il me semble que j'y dormis à la perfection et que je ne fus réveillé qu'une ou deux fois par un grincement de porte et un jet de lumière. Je pense que l'on venait voir si je ne m'étais pas évadé... ou pendu !

DE L'INCONVÉNIENT D'AIDER UN DÉSERTEUR DE LA WEHRMACHT

Quand le lendemain je fus extirpé de mon cachot, on me remit mes chaînes et je fus conduit par les rues, et sous le regard apitoyé des passants matinaux, au siège de la Feldgendarmerie, pour y être interrogé. Une fois traversé une sorte de corps de garde dans lequel deux ou trois Feld-Fliks fumaient des cigares qui puaient affreusement, on me poussa dans une seconde pièce où j'eus tout le temps d'assister à un spectacle qui me glaça tout de même le sang : sur une chaise de bois, un pauvre type était assis, torse nu, les bras croisés attachés derrière le dossier, cependant qu'un policier en civil, en bras de chemise, lui besognait tranquillement la gueule à coups de poings gantés. Un de ses yeux me parut pendre hors de son orbite et sa lèvre supérieure était fendue en deux sur ses dents découvertes dans un affreux rictus.

Je me rappelle m'être demandé comment j'allais réagir si le même traitement m'était tout à l'heure infligé : le moment était venu, pensais-je, d'essayer de crâner et... de prier mon ange gardien qu'il prenne soin de moi. Je fus poussé dans une autre petite pièce dans laquelle, derrière un bureau de bois blanc recouvert d'une couverture militaire (comme partout), siégeait le « civil » de la veille. Armé d'un pistolet et d'une machine à écrire. Une de mes menottes fut verrouillée à un barreau de la chaise sur laquelle j'étais prié de m'asseoir, et l'interrogatoire commença. D'abord en mauvais français, auquel je répondis en allemand; je prenais le risque ainsi d'avoir plus de temps pour chercher mes mots et de pouvoir contester ce que j'aurais dit.

« Nom, prénom, date et lieu de naissance. Profession, grade dans l'armée? Vous savez, Monsieur, pourquoi vous avez été arrêté?

— Non, je n'en ai aucune idée (si seulement il pouvait vite me le dire!).

— Vous avez agi contre l'armée allemande. Vous devez bien savoir quand et comment.

— ??? (S'il savait le malheureux combien il y a de façons de le faire!) »

Le voilà qui prend une serviette sous sa chaise et en sort toute une liasse de papiers. Il les relit avec intérêt et il lui semble impensable que je ne sache pas de quoi il retourne. Après quelques minutes de ce petit jeu du chat et de la souris, il se décide à annoncer la couleur et me dit qu'il fait partie de la police allemande de la Ligne de démarcation où a été arrêté, il y a quelques jours, un déserteur de la Wehrmacht que j'ai aidé à perpétrer son crime lors de son passage à Longuyon. Cette fois ça y est : je sais de quoi il retourne et je revois dans mon esprit ce jeune Messin, mobilisé en Russie, blessé, en convalescence dans sa famille et qui est venu un jour me demander aide et assistance : le petit salaud m'avait pourtant promis qu'il se laisserait hacher menu comme chair à pâté plutôt que de donner mon nom. Mais les Fritz de la Gestapo de Moulins ont dû trouver le bouton sur lequel il fallait appuyer fort pour le faire parler et il a tout raconté. D'abord une description très précise du bureau dans lequel je l'ai reçu, en même temps que celle de la secrétaire qui l'y avait introduit. Il a précisé qu'il m'avait montré successivement son livret militaire français et son Soldbuch allemand et que je lui avais fait une carte d'identité et donné des tickets d'alimentation.

Au fond de moi, je sentis malgré tout comme un poids qui se levait ; je redoutais tout autre chose, bien que mon Fritz gestapiste s'évertuât à me répéter que « c'est très grave et qu'il est impossible de savoir jusqu'où cela pouvait me mener ». Bien sûr, je reconnais tout : il n'y a pas moyen de faire autrement, mais j'ajoute tout bonnement que c'est chose tout à fait normale pour un maire que de donner des papiers à un Français qui en est dépourvu et que je l'ai fait bien souvent à des gens que je ne connaissais pas mieux que celui dont il est aujourd'hui question. J'essaye bien de discutailler sur ce que je savais ou non de ce garçon. Il me semble même qu'il écrit mes réponses sur son document-interrogatoire, mais je sens parfaitement qu'il n'en croit pas un seul mot. Finalement je « persiste et signe » et me retrouve livré à mes Feldgendarmes, poings liés, sans avoir été ni frappé, ni torturé ni brutalisé.

Comme un chien savant qui a terminé son numéro, je réintégrai ma cage où je reçus une cruche d'eau et une gamelle de soupe. J'y demeurai dans le noir jusqu'au soir où j'en fus une fois encore sorti pour être conduit... au commissariat de police français. Les Allemands me passèrent en effet en consigne aux agents français de la force publique auxquels ils me livrèrent, menottes aux mains liées dans le dos, en échange d'une décharge qui engageait la responsabilité du commissaire de Longwy si je m'évadais. Je pense que celui-ci était plutôt emmerdé de la garde qui lui était ainsi confiée et répugnait à me coller au trou comme il devait réglementairement le faire.

Je crois que c'est un tout petit peu avant de me délivrer de mes chaînes qu'il me dit tout le bien qu'il me voulait, mais qu'il ne souhaitait pas non plus avoir d'ennuis avec les boches. C'est donc un peu sur parole que je devins son prisonnier. Il fut parfait ce commissaire, de gentillesse et d'égards. Il me dit que, bien sûr, même pour la nuit qui allait venir je ne serais pas incarcéré, mais qu'il me ferait monter un lit de camp dans son bureau où je dormirais la nuit, qu'il me ferait apporter des repas de la cantine et des cigarettes si j'en désirais. Ainsi fut fait et je passai là la journée du dimanche de Pâques et la nuit suivante... mais je sentais tout de même qu'un œil me suivait chaque fois que je quittais la pièce ou que je me levais du fauteuil sur lequel, assis confortablement, je lisais des romans policiers !

Le lundi matin cette pause prit fin et les Feldgendarmes revinrent me chercher, non sans m'avoir d'abord repassé mes bracelets, et me conduisirent à leur quartier où eut lieu une sorte de levée d'écrou. Je crois que je dus signer que mes affaires personnelles m'avaient été rendues et que rien n'y manquait. Puis mes chaînes furent jumelées à celles d'une aimable petite putain ramassée pour avoir été sans doute trouvée débauchant quelque militaire allemand. Et joyeusement, nous prîmes le chemin de la gare de Longwy où un compartiment avait été réservé par ma Feldgendarmerie dans le train qui allait partir pour Nancy.

De temps en temps nous échangions un mot, ma seconde de cordée et moi, et je me rappelle qu'elle me demanda ingénument si je pensais qu'à Nancy nous serions dans le même cachot : « Cela, lui dis-je, n'y compte pas trop.

— C'est dommage, dit-elle, je vous aurais recousu vos boutons... »

Alors que le train entrait dans la gare de Pagny-sur-Moselle il se produisit une histoire assez drôle : dans le couloir de notre wagon se tenait, debout près de ses cantines, un officier allemand qui, de toute évidence, devait changer de train dans cette station. Il ouvrit la porte de notre compartiment et donna l'ordre au sous-officier Feldgendarme de lui prêter son sous-verge pour l'aider à changer ses bagages de quai. « A vos ordres, Herr Hauptmann ! » Et il envoya son subordonné jouer au porteur.

Le transport des valises dura plus longtemps que prévu et notre train reprit sa route avant que le second gendarme ait eu le temps de regagner son poste. L'air désespéré de l'Unteroffizier faisait peine à voir et c'est la gorge serrée qu'il s'adressa à moi pour me demander si je connaissais le chef de gare de Nancy. « Bien sûr » lui répondis-je faussement. Il me demanda alors si je consentirais, une fois arrivés à Nancy, à être détaché et à aller au bureau du chef de gare pour le prier de téléphoner, mais pas par la ligne allemande, à son homologue de Pagny pour le prier de remettre dans le premier train qui passerait le Feldgendarme oublié sur le quai. Là aussi, j'ai senti dans ses paroles angoissées la hantise du front russe.

Il en fut fait ainsi et, sous l'horloge du troisième quai, je me trouvai débarrassé de mes chaînes et chargé de mille recommandations : « Tâchez de ne pas être trop longtemps absent, Monsieur le Maire, et rejoignez-moi ici d'où je ne bougerai pas jusqu'à votre retour. »

Je devais être affreux quand je me présentai au chef de gare : sale, mal rasé, l'air un peu hagard, je le priai de prévenir, toute affaire cessante, un mien ami, Manhès, que j'avais connu inspecteur de la SNCF à Longuyon et dont je savais qu'il était alors en poste à Nancy. Celui-ci arriva dans un temps record et je lui narrai mon aventure. Il fut bien entendu parfait et me déclara que c'était là une occasion inespérée qu'il me fallait saisir. Il me proposa de m'emmener chez lui, de m'y cacher et de m'aider à quitter la ville dès que ce serait possible. La chose se discutait, elle était raisonnable et je pouvais, à cette époque, rejoindre assez facilement un quelconque des maquis de Lorraine ou des Vosges. Mais je continuais à

CHEZ FAYARD

Faites sauter la Ligne Maginot !

Après sept ans de recherches, 12 000 lettres envoyées aux officiers et généraux des deux camps, l'auteur nous révèle une Ligne Maginot inconnue et ... méconnue. Du drame de "La Ferté" (107 hommes asphyxiés au fond de leur ouvrage) à l'échec de von Witzleben attaquant le 14 juin avec un millier de canons (autant que plus tard à El Alamein et devant Cassino) le lecteur découvre que le soldat français n'a pas démérité. Comme le dira Alain Decaux : "Bruge apporte du neuf ! Et quel neuf !"

On a livré la Ligne Maginot

Après quarante ans d'obscurantisme, la vérité apparaît : aucun gros ouvrage de la Ligne n'a été pris par les Allemands qui n'ont pas davantage réussi à neutraliser un SEUL canon de la forteresse, et ce malgré l'emploi des premières bombes de 1 000 kg et la remise en service de la "grosse Bertha" tirant des obus antibéton de 906 kg. Le 25 juin 1940, à l'heure de l'armistice, les hommes de la fortif' étaient, comme le dira le ministre des Anciens combattants en 1979, "les premiers résistants de France".

Offensive sur le Rhin

"C'est le "jour le plus long" de 1940 !" affirme l'écrivain Marcel Haedrich qui a vécu l'événement. Le 15 juin, la VIIe Armée allemande tente le franchissement du Rhin en crue sur un front de 60 km. Roger Bruge passe avec maîtrise d'un camp à l'autre et fait un récit hallucinant au départ des vagues d'assaut et du ballet des quelques 700 embarcations qui traversent le fleuve ce jour-là. Une histoire bouleversante, authentique, avec des noms, des dates, des chiffres...

40e ANNIVERSAIRE

ROGER BRUGE

JUIN 1940

LE MOIS MAUDIT

FAYARD

PAR L'AUTEUR DE:

HISTOIRE DE LA LIGNE MAGINOT

penser que mon crime était véniel, même au point de vue des Fritz, et que ma fuite, dans ces conditions-là, risquerait de m'apporter plus d'ennuis que de satisfactions. Et puis, j'avais ma famille à Poitiers, en zone occupée, dont je ne voulais pas qu'elle risquât de se trouver objet de représailles. Je priai donc Manhès de se mettre en rapport avec Pagny et d'y transmettre le message de mon garde du corps, ce après quoi, je le remerciai fort civilement et retournai tendre mes poignets aux chaînes de mon gardien. Il en parut très rassuré et me remercia chaleureusement.

Au bout d'un assez long moment arriva un train venant de Metz d'où descendit le manquant qui commença par se faire engueuler comme du poisson pourri et, tous ensemble, nous prîmes la route de la prison Charles III. J'étais encore, comme au départ, lié à la fille de joie qui trottinait gentiment à mes côtés sur ses talons trop hauts. Les passants se retournaient sur cet ensemble et je lisais dans leurs yeux quelque chose qui devait être de la pitié. En arrivant à la prison, le chef gendarme dut d'abord donner quelques explications sur son retard : celles-ci durent être suffisantes car, dès qu'il nous eut remis au destinataire, il s'en alla, l'air infiniment soulagé.

« MESSIEURS LES MAIRES, CORVÉE DE CHIOTTES ! »

Deux ou trois gardiens à l'air mauvais nous prirent en charge et je fus immédiatement séparé de ma « petite amie » qui me lança des regards apeurés de jeune animal pris au piège et fut emmenée dans une autre direction : je ne l'ai jamais revue.

En 1944, la prison Charles III était un lieu de détention totalement dirigé par les boches, dans son quartier allemand tout au moins, lequel était séparé du reste de l'établissement par des murs imperméables et où la garde était assurée par des militaires à l'air particulièrement rébarbatif. Je fus d'abord fouillé, débarrassé de tout, inscrit sur le registre d'écrou et je reçus en échange de ce qui m'avait été pris une couverture trouée, une gamelle, un quart et une cuillère. Après quoi on me conduisit, au second étage je crois, dans une chambrée de prison, dont on ouvrit la porte pour m'y faire entrer à coups de pied dans le cul et à coups de cravache. Cette chambrée, je l'appris par la suite, était celle des « dangereux » et la plus sauvage de toute la prison. Elle ne contenait ni lit, ni table, ni tabouret et logeait déjà cinq ou six prisonniers. Par terre, uniquement de la paille qui devait être toujours au carré, comme les litières dans les quartiers de cavalerie les mieux tenus. Au milieu de la salle, un fût de cinquante litres, sans couvercle, qui était la « chiotte » commune.

Je m'allongeai sur une paille déjà vieille et puante à côté de l'un de mes compagnons qui faisait semblant de dormir, mais me demanda cependant si les Américains avaient débarqué... Puis, dans la foulée, il m'expliqua que pendant huit jours il savait que je n'aurais pas faim et qu'alors il me demandait de lui réserver ma soupe. Il avait parfaitement raison : pendant les huit premiers jours j'aurais été incapable d'avaler autre chose que de l'eau.

Malgré mon sommeil du juste, je fus plusieurs fois réveillé au cours de la nuit, et pendant celles qui suivirent, d'abord par la porte qui s'ouvrait doucement pour laisser passer un gardien silencieux qui faisait le tour de nos litières et repoussait délicatement à coups de pied dans les côtes ceux qui en avaient débordé en dormant. Puis par des ombres qui se levaient de leur paille à tout moment pour aller s'asseoir sur le bidon de cinquante litres en lâchant en même temps leur colique et des gargouillements de boyaux qui faisaient pitié. Je me rappelle m'être dit que moi je n'irai pas, à aucun prix, mais, dès le lendemain, je fis comme tout le monde et pris mon tour à ces « toilettes 3 étoiles ». Cela venait de ce qui servait de soupe et qui n'était que de l'eau tiède salie par des épluchures de je ne sais quoi.

Au petit jour on était réveillé par un gardien en folie qui, armé de sa matraque, faisait irruption dans la chambrée et vérifiait qu'en trente secondes nous étions tous debout, au garde-à-vous au pied de notre litière dont pas un brin de paille ne devait plus dépasser. Puis, à un commandement hurlé comme une menace pressante et ponctué de tous les « Los, Schnell et Weg » du répertoire, il fallait, au pas de gymnastique, descendre les deux étages de la prison pour aller s'arrêter pendant à peu près une minute devant quelques pauvres petits robinets qui pissaient au compte-gouttes une eau raréfiée avec laquelle on devait, je pense, se laver. Mais il n'en était pas question, car à peine étions-nous descendus qu'il fallait remonter. A chaque palier, à chaque étage on était guetté par un gardien à « gummi » (1) qui cognait dans le tas sans penser à rien. Et toujours : « Los, Schnell, Schweinkopf, etc. » Et les vraies sentinelles, jambes écartées et pistolet-mitrailleur couché sur l'avant-bras, à tous les croisements d'escaliers.

Pendant la journée il était en théorie interdit de se coucher ou même de s'asseoir : « Streng verboten », et je crois aussi de parler. Mais il y avait un certain nombre d'angles morts par rapport à la porte et à son judas, à l'abri desquels il était possible de se reposer un petit peu et chacun son tour. Dans le courant de la matinée, deux gardes entraient, mitraillette au poing, pour commander la corvée de chiottes : celle-ci consistait à aller vider le baquet merdeux dans une sorte de bouche d'égout au coin d'une cour.

Parmi mes codétenus il y avait entre autres un monsieur très digne, le seul que je n'ai jamais tutoyé, mais aussi dégueulasse que nous l'étions tous. J'ai su qu'il s'agissait de M. Ney, maire de Pagny-sur-Moselle. Les

(1) Matraque de caoutchouc.

boches avaient noté qu'ils avaient dans cette chambrée de sûreté deux maires à la fois et ce leur fut une joie, un matin, de commander d'une voix douce : « Messieurs les maires, corvée de chiottes ! » Et de nous voir empoigner le baquet, qui n'avait pas d'anses, pour le descendre dans la cour. Il n'était pas tellement lourd, mais il n'y avait pas d'autre moyen que de le prendre à pleines mains, par-dessus et par-dessous, et de s'emmerder jusqu'aux coudes dans le triste et puant liquide qui avait giclé jusqu'en haut. En remontant, nous tentions d'essuyer nos mains au fond de nos culottes ! Que faire d'autre ?

Un après-midi, toute la chiourme nous fit descendre, à grands coups de gueule et de « gummi », au fond d'une espèce de sous-sol de la prison où nous demeurâmes plusieurs heures sans savoir à quoi rimait cette plaisanterie. Quand nous regagnâmes notre cellule, nous comprîmes qu'elle venait d'être passée au peigne fin, en même temps que nous étions tous à nouveau fouillés à fond. Et comme une mine de crayon avait été découverte dans une raie du plancher, nous fûmes par punition privés de soupe ce soir-là.

Toutes les brimades des gardiens de prison nous ont, je pense, profondément humiliés, mais je crois devoir affirmer à notre dignité à tous, que personne, jamais, ne me parut honteux. Un carreau de notre cellule avait été cassé avant que nous ne l'habitions et il avait été remplacé par un carton publicitaire à la marque d'un fromage connu. Il était juste au-dessus de ma tête et, chaque fois que je regagnais ma bauge, je ne pouvais m'empêcher, en regardant « La Vache qui rit », de penser tout haut : « Il n'y a vraiment pas de quoi. »

Un soir, le pied au cul, comme moi quelques jours plus tôt, entra chez nous un grand garçon à l'air de commis-voyageur. Avec un accent plein de soleil, il nous raconta son aventure : Bordelais, il vendait tranquillement aux Allemands de son coin le vin frelaté et le faux cognac dont ils étaient amateurs. Il n'avait que des amis nous affirma-t-il, au point que ses clients aquitains lui avaient un jour donné le conseil d'aller vendre ses produits dans les cantines et mess de l'est de la France où, lui avaient-ils affirmé, il serait très bien reçu grâce à la lettre d'introduction qu'ils lui avaient remise en même temps qu'un Ausweiss en règle pour la zone interdite. Il n'avait pas eu de veine : le premier popotier auquel il s'était présenté avait trouvé son vin trop cher et l'avait dénoncé à la Gestapo comme voleur et affameur... Sans avoir rien compris, il se retrouva en taule. « Je n'ai pas de chance » nous disait-il, et c'était tellement vrai qu'il devait mourir un peu plus tard dans un camp de concentration. Peut-être une rue porte-t-elle son nom à Bordeaux où une date rappelle à tous qu'il est « mort pour la France »?

Mon voisin du premier soir avait eu raison: pendant huit jours je n'avais pas eu faim, mais au bout d'une semaine je fis comme les autres et, mon brouet avalé, je commençai à me sentir tout doucement crever, surtout de soif, car nous ne recevions que très peu d'eau, au point qu'une fois ma gamelle, qui devait être présentée toujours aussi propre et nickel qu'un harnachement d'arme, rincée et essuyée avec mes doigts, je fis comme les autres et avalai avec délices mes eaux de vaisselle. La diarrhée ne s'en portait que mieux, bien entendu, mais j'avais pris l'habitude d'aller, comme tout le monde, et sans aucune gêne, trôner sur le fût de cinquante litres.

Ce qui commençait à m'étonner, c'est que jamais il n'y avait d'interrogatoire. Je m'attendais à une parodie de jugement au moins, mais rien jamais ne se passait, ni pour moi ni pour les autres. Les seules distractions étaient que tous les deux ou trois jours l'un de nous était extrait de la salle et mené à un barbier qui lui rasait le crâne à la tondeuse. Nous étions tous absolument dégueulasses mais déjà nous avions perdu l'habitude de nous étonner et les jours, me semble-t-il aujourd'hui, passaient relativement vite : on tuait les heures en se donnant pour plus tard des recettes de rognons à la crème ou de coq au vin et je me rappelle que mon voisin de paille, un soir, m'en détailla une en ajoutant : « Si tu n'as pas de coq, tu peux prendre un bon lapin ! »

Cependant, les semaines étaient tellement vides, tellement lassantes, tellement démoralisantes que dans mes prières, que je disais bien honnêtement, j'avais demandé au Bon Dieu de nous faire partir pour l'Allemagne « où au moins on travaillerait » ! Au bout de trois ou quatre de ces semaines, un soir, à une heure où plus rien ne devait normalement se passer, la porte s'ouvrit sur le gardien-chef qui nous fit lever. Quand nous fûmes tous debout et au garde-à-vous : « Gousset, Heraus, Schnell, mit dem Gepäck ! »

« Dehors avec le paquetage ! » Mes copains me firent des gestes d'adieu, mi-réjouis, mi-inquiets. Cela ne s'était jamais vu et l'on se demandait, bien sûr, à quoi cela pouvait correspondre. Je fus conduit au greffe de la prison où je dus rendre mon quart, ma couverture et ma gamelle. J'y reçus en échange mes pauvres biens personnels dont je dus signer la décharge et me retrouvai, sans y avoir rien compris, sur le pavé de la rue Charles III : LIBRE. Je dois dire ici que le lendemain matin, et sans qu'aucun jugement ait été rendu par personne, la prison de Nancy fut vidée de tous ses pensionnaires qui furent embarqués dans les camps d'Allemagne, d'où pas un seul de ma chambrée n'est revenu.

Ce qui s'est passé pour moi était assez simple, quoique peu commun. Dès qu'il avait su mon arrestation, le Orstkommandant de Longuyon, l'Oberleutnant Gass, avait été à la fois étonné, peiné et inquiet sur mon sort. Il était allé plaider ma cause à la Feldgendarmerie de Longwy où il lui avait été répondu que j'étais prisonnier de la Gestapo et que l'on ne pouvait rien contre. Pendant plus de deux semaines, il hésita à s'y présenter, sachant trop bien que c'était une maison dangereuse pour tout le monde. Puis un jour, poussé par Flore Burton qui le connaissait bien, elle aussi, il prit son courage à la main qui lui restait et se fit annoncer chez le grand-chef de la Geheimestatpolizei de Nancy. Il avait eu une idée : celle de démontrer à ce grand Polizeioffizier que je ne pouvais pas être un saboteur de l'armée allemande. Comme preuve il rappela qu'un jour j'avais soigné son chauffeur atteint d'une appendicite grave et qu'au lieu de le laisser mourir, je l'avais fait opérer dans les meilleurs délais et qu'il avait été guéri.

Cet argument était tellement bête, et à mon avis sans valeur, que je me demande encore comment les policiers allemands en ont tenu compte et m'ont relâché immédiatement, en tout cas juste à temps pour ne pas être le lendemain dans le train de Buchenwald ou dans celui de Dachau. La précipitation de ma libération était-elle due au départ du lendemain? Je ne l'ai jamais su.

8.

Des secrets de polichinelle !

Il y avait en face de la prison un pauvre petit coiffeur qui prenait l'air devant sa porte ; malgré l'heure tardive il accepta de me raser, et de faire de mes cheveux quelque chose d'un peu moins carcéral. Des amis me couchèrent, me donnèrent un bain et une cigarette qui faillit bien me faire vomir, des vêtements propres quoique un peu trop grands et, le lendemain, je fis dans ma ville une rentrée que j'aurais voulue discrète mais qui fut triomphale.

Deux ou trois jours plus tard, le chef de la Gestapo de Briey-Longwy arrêta sa voiture près de moi quand je sortais de la mairie et me demanda, fort aimablement, « si j'avais fait à Nancy un heureux séjour ». Je dois à la vérité de dire que pendant au moins quinze jours je fus quelque peu « défranchi » et que j'eus peine à renouer avec mes habitudes et avec tous mes contacts.

C'est à ce moment-là que je décidai de ne plus coucher dans mon lit. Tout le monde savait, en effet, ou faisait semblant de croire que les arrestations avaient toujours lieu au lever du soleil et qu'il suffisait alors de n'être pas chez soi à ce moment-là pour être à l'abri. C'était loin d'être vrai. J'avais établi une véritable mise en scène : à vingt pas de chez moi il y avait une maison abandonnée. Dans un grenier à foin d'où je pouvais entendre tous les bruits de la rue, je m'étais installé une espèce de crèche et j'avais, par les vergers, reconnu un itinéraire de repli jusqu'à une propriété amie éloignée où m'attendait une autre cache et tout ce qu'il me faudrait pour gagner ensuite les maquis : un rasoir, des faux papiers, des godasses de marche, un chandail et quelque argent, plus, bien sûr, mon revolver modèle 92. J'avais pris soin de poser sur une table de ma chambre, à côté de mon lit défait, et bien en évidence, un mot écrit maladroitement par une main étrangère :

« Monsieur le Docteur, auriez-vous l'obligeance de venir voir le petit qui a une grosse fièvre depuis l'après-midi et qui se plaint dans le ventre ? Je vous envoie le domestique avec la voiture à cause de l'essence que vous en êtes peut-être à court. Il vous ramènera en allant à la pharmacie. Je suis bien tourmenté et je vous attend avec impatience. Merci du dérangement. M. Simon. »

Ceci, théoriquement, aurait incité la Gestapo à m'attendre tranquillement pendant que je prendrais du champ. Jamais ces astuces d'indien ne me servirent ! Mais je dois reconnaître que si je parle souvent de ces mortels secrets, ce n'est réellement qu'après la guerre que je me suis rendu compte de tous les dangers et de tous les risques qu'ils traînaient derrière eux. Or j'avais trop souvent négligé de leur donner suffisamment de soins prudents et discrets... et je pense aujourd'hui que tout le monde finalement les connaissait, à la manière des secrets de Polichinelle. Mais il est probable que personne, dans ma ville, ne me voulait de mal car jamais il n'y eut le moindre soupçon de dénonciation, même de la part de ceux qui, peut-être, ne me voulaient pas que du bien. J'espère et je crois qu'il n'y en avait aucun.

LE MARÉCHAL PÉTAIN A NANCY

Après ma sortie de prison, la première fois que je revis l'Oberleutnant Gass, il n'insista en aucune façon sur son intervention qui m'avait libéré des griffes de la Gestapo de Nancy, mais il me raconta cependant une chose qui me toucha profondément. Le chef de la Feldgendarmerie de Longwy lui avait une fois, pendant mon absence, parlé de moi, lui affirmant que si j'agissais contre l'Allemagne « c'était probablement pour de l'argent ».

« Je me suis retenu pour ne pas le gifler! » ajouta Gass.

Puis la vie reprit, les jours continuèrent à se succéder, de plus en plus chargés d'électricité. Chacun sentait, les Fritz comme nous, que cette situation, toute d'attente, ne pouvait se prolonger indéfiniment et que la Libération, malgré la sécurité affectée des Allemands, était proche. Les phrases sibyllines de la radio de Londres étaient chaque jour plus nombreuses. Nous avions la nôtre : *Les bégonias fleuriront en décembre,* qui devait nous annoncer un prochain parachutage d'armes. Elle fut prononcée un soir, mais le lendemain le temps avait changé et elle fut décommandée par une nouvelle phrase qui nous laissa sur notre faim.

A la mairie, j'avais prévu les arrestations toujours possibles de l'un d'entre nous et d'éventuels remplacements par des hommes capables de tenir nos places et vraisemblablement trop âgés pour risquer la prison. J'avais mis au courant du plus de choses possibles mon premier adjoint en qui j'avais une confiance totale... et qui ferait ce qu'il pourrait avec les pauvres moyens dont il disposerait.

Il y eut cependant, avant que la tempête n'éclatât vraiment, le voyage du maréchal Pétain à Nancy. L'année précédente, je crois, j'avais été invité à me rendre à Vichy avec une délégation de maires du département, mais j'avais décliné cette proposition. D'abord je n'en avais pas le temps et plus que tout je détestais quitter plusieurs jours ma ville et ma mairie pour lesquelles je redoutais toujours quelque mauvaise surprise. Et puis rien ne m'attirait dans ce pèlerinage aux Lieux saints vichyssois que je ne me sentais aucun goût à effectuer comme une « marche-aux-étoiles », même s'il y en avait sept!

Maintenant la chose était différente, mais c'est cependant sans passion que je pris la route de Nancy où me conduisit dans sa voiture des Ponts et Chaussées, mon ami Mouilbeau qui avait plus d'essence que moi. Poussé par des sentiments personnels, le chef de gare s'était joint à nous. Il lui plaisait d'apercevoir encore une fois le général de Verdun, des mains duquel il avait, en 1916, reçu sa médaille militaire. Il faisait un temps magnifique et, au soleil, la place Stanislas brillait de tous ses ors. Elle était, cette place, débordante d'une foule enfiévrée accourue de toutes parts. Tous les invités officiels, dont j'étais, se retrouvèrent groupés dans les grands salons du premier étage, rangés par catégories administratives, judiciaires ou religieuses. Et chacun devait, le moment venu, être présenté au maréchal par son chef de file. C'est là que j'ai vu pour la première fois Robert Gravier, futur sénateur et président du conseil général de Meurthe-et-Moselle : il apportait au maréchal, en hommage paysan, une énorme gerbe de blé en cristal de Baccarat. Et combien d'autres qui, dans quelques mois, seront là, sur la même place Stanislas et dans ce même hôtel de ville pour crier : « Vive de Gaulle ». Combien d'autres, sauf moi.

J'étais venu surtout par curiosité et je ne pouvais éviter de penser à tout ce qu'avait de puéril et de « faux-semblant » cette réunion de personnalités rassemblées là avec la permission des boches et même avec leur bénédiction. Le hasard m'avait placé juste derrière Mgr Petit, l'évêque de Verdun qui, depuis longtemps, m'honorait de son amitié. Il resplendissait ce jour-là dans sa robe violette marquée d'une seule décoration : la médaille militaire qu'il avait méritée à l'autre guerre : la Grande! Il portait sur les épaules un camail à faux petit capuchon sous lequel pendait le gland du cordon d'or de sa croix pectorale, gland que je titillais de temps en temps en murmurant par-dessus son épaule : « Chiqué, monseigneur, une seule médaille, comme le maréchal ! ». Il se retournait doucement pour me demander de me taire avec, au coin des lèvres, un petit sourire crispé.

Quand un grand silence se fit, le maréchal entra, suivi d'un très jeune général à la manche vide qui était, je crois, le général Debeney, de sa « maison ». Venaient ensuite tous les préfets et les sous-préfets de Lorraine, en grande tenue et décorations pendantes. Plus le maréchal approchait de moi et plus je sentais que j'étais venu là un peu comme on va aux Invalides admirer de vieilles gloires, mais plus je sentais aussi que ce n'était pas au musée de l'Armée que j'étais mais plutôt au musée Grévin : en effet, le vieux soldat paraissait en cire et semblait avancer comme un automate.

Dans le salon où je me trouvais, il y eut pour moi trois points forts : d'abord la rencontre de Pétain et de l'évêque de Verdun, tous deux décorés de la seule médaille militaire, ce qui ne manquait pas de gueule. Puis ce fut mon tour d'être présenté :

« Le docteur Gousset, le jeune maire de Longuyon.

— Longuyon, je connais bien, me dit le Maréchal, j'y suis allé autrefois en manœuvres. Quoi de neuf à Longuyon ?

— Monsieur le Maréchal, tout y serait très bien s'il n'y avait pas autant de boches ! »

Un haussement d'épaules et un sourire contraint furent ses seules réponses. Ensuite lui fut présentée Mme G..., conseillère municipale de Nancy, à qui le Maréchal présenta à son tour ses hommages et à qui il demanda spirituellement : « Est-ce que vos collègues du conseil municipal ont pour vous les sentiments que votre sexe appelle ? »

Comme un jeune soldat en goguette, je me mis à rire bêtement à cette question de comique troupier. Des regards sévères partis de partout m'imposèrent le silence. C'est à ce moment-là que passèrent au-dessus de la place

Stanislas quelques avions allemands. La phrase que prononça le maréchal a été discutée, tronquée ou faussée par tous les témoins et, plus tard, par des historiens plus ou moins orientés. Il avait seulement dit à mi-voix : « En voilà qui n'étaient pas invités ! »

Quand j'allai quitter tout ce beau monde, pressé de rentrer chez moi, mon sous-préfet me saisit par le bras et me fit remarquer l'imprudence de ma réponse au maréchal quand il m'avait demandé comment était ma ville. « J'étais persuadé, ajouta Mancel, que vous ne sortiriez pas libre de cet hôtel de ville. Vous pensez bien que les salons étaient truffés de Gestapo. Vous avez eu, encore une fois, beaucoup de veine ! »

C'est la seule fois de ma vie où j'ai vu le maréchal Pétain. Je pense cependant souvent à lui, chaque fois en particulier que je traverse les hauts lieux de Douaumont. Je crois, en conscience, qu'il ne serait pas normal qu'il fût enterré dans les carrés du cimetière militaire : il n'a pas été tué à Verdun (quoiqu'il y ait eu exception pour le général Gouraud, inhumé à Navarin). Mais il existe une solution qui me paraît tellement simple que ce doit être la raison pour laquelle personne ne l'a jamais envisagée : dans la chapelle de l'Ossuaire, il y a deux dalles sous lesquelles reposent déjà Mgr Ginisty, l'évêque de Verdun de 1916, et l'architecte qui a conçu les plans de cet imposant monument. Il reste une place : pourquoi ne serait-elle pas celle du vainqueur de Verdun ?

GRETCHEN ET RÉSIDUS DU GROSS PARIS : C'EST LE REFLUX !

Le mardi a toujours été, je ne sais trop pourquoi, le jour où je vais, une semaine sur deux, me faire couper les cheveux avant de commencer ma journée et, celui-là comme d'habitude, je m'étais pointé chez mon coiffeur avant qu'il n'ait encore ouvert sa boutique. Je pense que ce matin du 6 juin, en me rasant, j'avais revécu dans mes souvenirs ceux de 1940, le 6 juin aussi, qui étaient liés pour moi à l'abandon des avant-postes de la ligne Maginot et à la préparation du repli en arrière de Téterchen. C'est mon coiffeur qui, ayant mieux que moi écouté la radio, me demanda si j'avais entendu les toutes dernières nouvelles disant que le débarquement était en cours depuis la nuit qui finissait.

On l'attendait tellement ce débarquement que l'on ne pouvait en être surpris vraiment, mais de le savoir enfin commencé donna, je pense, au monde entier la certitude qu'un jour historique était arrivé et que le voile se déchirait sur toutes les impatiences accumulées depuis plus d'un an. Et je me rappelle que pour tout ce monde, le nôtre, l'évidence apparut que la chose était définitive et que la victoire était désormais une question de mois! Mais pour ceux qui avaient quelques responsabilités, cette défaite certaine des Allemands ne pouvait, ils en étaient sûrs, être « reçue » sans difficulté et le moment était venu pour eux de se faire une nouvelle fois le serment de tout accepter et de tout mettre en œuvre pour protéger ceux dont ils avaient accepté un jour la charge : j'étais de ceux-là.

En traversant ma ville, je pensais qu'un jour, peut-être pas tellement éloigné, j'aurais éventuellement l'honneur de mourir pour elle, d'une façon ou d'une autre... Je connaissais trop bien les risques mortels des jeux de la guerre et trop bien aussi je connaissais les boches depuis qu'en août 1914 ils avaient déjà mis Longuyon à feu et à sang. De toute façon, on verrait bien!

Ce que l'on vit d'abord, ce fut l'épaississement immédiat de cette atmosphère dans laquelle nous vivions depuis quatre ans, et cela aussi bien du côté des boches que de celui des Alliés dont les passages massifs d'avions de bombardement montraient assez que toute leur puissance était en marche pour de bon. Et du côté des maquis aussi, et des résistants de toutes sortes dont les actions destructives de voies ferrées et de locomotives ne tardèrent pas à s'amplifier de jour en jour.

Mon dessein n'est pas, naturellement, de faire l'historique des combats qui débarrassèrent le pays des occupants qui l'empoisonnaient, j'en serais d'ailleurs incapable. Mais seulement de rappeler ce qu'ils furent pour nous qui, pendant les deux premiers mois en tout cas, étions trop éloignés pour avoir la moindre idée de ce qu'ils pouvaient être, malgré la radio de Londres et les articles des journaux imprimés en France. Je me rappelle cependant que personne ici ne douta un seul instant qu'ils étaient ceux de la Libération. En effet la Libération de la France ne fut pas UNE, mais jour après jour, chaque ville, chaque bourg, chaque village, chaque hameau même qui se trouvait débarrassé des Allemands qui l'occupaient depuis 1940 eut l'impression que la guerre était finie. Et les trois ou quatre mois qui séparèrent le 6 juin du mois de novembre suivant furent une suite ininterrompue de libérations, dont presque seule comptait pour leurs habitants celle qui avait délivré Bayeux, puis Caen, puis Coutance, puis Paris, le 22 août, puis Longuyon le 1er septembre. Mais là, il y eut un os!

Pour suivre l'histoire de ces trois mois, il suffisait à chacun de disposer d'une carte de France et d'un calendrier, et de noter sur la première l'avance des troupes alliées en regard du second. Bien sûr, on nota quelques grincements dus, comme ceux du 13 juin, au bombardement de l'Angleterre par les fameuses fusées volantes V1 puis V2, mais rares furent ceux qui s'en inquiétèrent outre-mesure, tellement béat était notre optimisme. Pourtant, nous étions quelques-uns à nous être occupés peu ou prou de renseignements et à savoir l'intérêt que les forces alliées attachaient à ces engins dits « armes secrètes ». Et puis, il y avait eu l'attentat contre Hitler, vite connu du monde entier, et dont on avait cru, un instant, qu'il était la fin de la fin, mais qui laissa cependant dans le camp adverse un malaise qui ne pouvait échapper à ceux qui connaissaient bien les Allemands. Je pense que j'étais de ceux-là et je ne fus pas long à m'apercevoir que, pour nombre d'entre eux, le moral n'y était plus : ils préparaient déjà leurs bagages, ils saluaient à contrecœur le bras tendu et se plaisaient à faire remarquer à qui voulait ou osait les entendre que jamais ils n'avaient voulu cette guerre : « Traurig Krieg! » Triste guerre!

Pour nous, aux confins de la France, en avant des frontières de la Belgique, du Luxembourg et du département de la Moselle, les choses ne prirent leur vrai visage qu'après le 15 août, au moment où s'établissait dans le midi de la France le second front d'invasion. Nous commençâmes à voir passer, en route pour le Reich, toutes espèces de convois repliés de Paris et de l'ouest, en plus ou moins bon ordre, recouverts de branchages et de filets de camouflage et voyageant de préférence la nuit pour éviter les mitraillages tant redoutés sur les routes ensoleillées.

Quotidiennement en effet, avions anglais ou américains venaient f... le bordel dans les gares, dans les dépôts de locomotives, sur les voies de chemin de fer et même sur les petites routes les plus départementales. Il me souvient d'avoir été plusieurs fois pris pour cible, dans ma Rosengart, par des chasseurs alliés en quête de gibier. Chaque fois ils m'ont manqué, mais je me rappelle, un jour, avoir été quasiment pris en chasse par un avion anglais. Je voyais ses cocardes à cinquante mètres au-dessus de moi, entre Villette et Colmey, et les balles faisaient sauter la poussière du chemin à un jet de pierre devant ma voiture. « Ce serait trop con! » me répétais-je en freinant à mort.

A partir du 20 août ce fut, pour les Fritz, la véritable débandade, et nous pouvions voir passer dans nos rues les résidus du Gross-Paris : voitures pleines de services, d'états-majors avec leurs Gretchen en tenue grise de souris pourchassées, cars remplis de messieurs en civil qui devaient être les restes de la police allemande des provinces libérées, sans compter les *Bahnhofs* des gares désormais désertées de l'ouest de la France. Ce hourvari n'était pas sans me rappeler quelque chose dont on avait beaucoup parlé quatre ans plus tôt, mais qui, à l'époque, marchait d'est en ouest. Puis ce furent de vrais militaires que l'on vit filer sur les routes de Belgique et du Luxembourg : des colonnes de chars, des batteries d'artillerie, des files d'ambulances marquées de croix rouges aussi grosses qu'elles. Un matin, j'avais remarqué tout particulièrement une très grosse unité de Feldgendarmes qui donnait à penser que l'on n'avait plus rien à faire d'elle en amont de la vague fuyante : c'était véritablement jouissant !

Bien sûr, il y avait des risques : les routes continuaient à être mitraillées d'abondance et je redoutais surtout, un jour ou l'autre, un bombardement massif sur le dépôt de locomotives de Longuyon et sur les ouvrages d'art de la SNCF. Aussi avais-je évacué le gros de ma population sur les villages environnants, les plus éloignés de tout ce qui pouvait être stratégique. Je voulais que ne demeurât à Longuyon que le minimum nécessaire et suffisant à la vie, même très ralentie, de ma ville. Bons voisins, les habitants de ces patelins limitrophes s'étaient serrés pour accueillir mes ouailles qui, j'en étais sûr, avaient, eux, l'impression d'être en vacances.

A partir du 20 août, il fut clair qu'il n'y avait plus grand-chose entre nous et les Américains qui semblaient pourtant avancer lentement pour des questions logistiques qui nous dépassaient mais qui n'en étaient pas moins évidentes. Les forts en questions d'état-major disaient que ce devaient être la lenteur des approvisionnements en essence qui les ralentissait : je pense que c'était la vérité.

La ville se trouva occupée par les déchets d'une

division SS qui en organisa plus ou moins la mise en défense. Je n'eus d'ailleurs aucune difficulté particulière avec eux, au début tout au moins. Ils ignoraient tout, sauf l'ordre qu'ils avaient reçu de faire des tranchées et de dérouler des barbelés dans les bois environnants. Quelques-uns avaient même encore fière allure et je me souviens d'un soir où, passant par Colmey, j'avais voulu aller y saluer M. et Mme de Chevigny et m'assurer qu'ils ne manquaient de rien. Je pénétrai dans la cour du château de Martigny en même temps qu'un peloton de cavaliers qui, apparemment éreintés, mirent rapidement pied à terre pour faire boire leurs chevaux à l'abreuvoir. Leur officier gueula, comme l'on sait gueuler dans toutes les armées du monde mais nulle part mieux que dans l'armée prussienne, et, droit sur son cheval, imposa à ses hommes une demi-douzaine de « à terre, à cheval ! » afin de les bien mettre en condition. Je ne pus qu'admirer !

LA MILICE : JULES, LÉON ET LES AUTRES...

J'ai été tout près, bien sûr, de prendre part, moi aussi, à des jeux dangereux. D'ailleurs, je l'avais fait un peu déjà en 1940 avec les groupes francs d'entre Sarre et Moselle, mais j'avais en 1944 un autre rôle à tenir, infiniment plus sérieux, qui était de préserver ma ville des retombées de la guerre, des folies des autres et des conséquences de leurs gamineries (je donnais déjà ce nom, en 1939-40, à nos coups de main de la forêt de la Houve et il n'avait pour moi rien de péjoratif).

Quels ont été en Lorraine les résultats militaires véritablement utiles ? Je crois en conscience qu'ils ont été à peu près nuls. Bien sûr les Fritz devaient y regarder à deux fois avant de s'engager en forêt ou sur une route déserte, mais que leur importait, après tout, la mort ici ou là de deux ou trois bonshommes ? Ces pertes légères leur donnaient tout juste le droit, et le bon droit, de mener contre leurs auteurs les actions les plus fortes donc les plus cruelles. Je sais, à peu de choses près, ce qu'ont été les pertes des adversaires au cours de ces rencontres hasardeuses du printemps et de l'été 44 : elles ont été d'une dizaine de nos maquisards pour trois ou quatre chez l'ennemi. Et pour quel résultat !

Bien sûr, je me souviens des paroles que j'ai prononcées une fois ou l'autre, après la guerre, pour glorifier la mémoire de ces malheureux garçons tombés dans des luttes inégales et j'ai parlé de « ces âmes d'enfants envolées de cœur d'hommes », mais je crois que, déjà à cette époque, je pensais surtout à la folie de ceux qui avaient poussé ces gamins enfiévrés de gloire et d'esprit de sacrifice... inutile. Il existait certainement, à proximité des lieux de débarquement et au voisinage des carrefours de toutes sortes qui permettaient à l'ennemi de rameuter ses troupes, il existait des activités de maquis et d'autres unités FFI qui ont été pour les Allemands une gêne militaire majeure, mais chez nous, où le terrain n'était pour eux qu'un passage dans leur retraite, je ne vois pas bien en quoi son occupation ou seulement son harcèlement, pouvaient avoir, du point de vue tactique, une utilité quelconque. En effet, les boches n'ont pas abandonné Longuyon une heure plus tôt qu'ils ne l'avaient prévu, le 10 septembre, sous prétexte que de braves petits gars plus ou moins commandés avaient voulu faire semblant de semer des points chauds sur leurs arrières. Mais de ces braves petits gars, nous avons enterré huit ou dix des plus téméraires, ou des plus malchanceux. Et même de ceux-ci, je ne suis pas certain qu'il n'y en avait pas un ou deux qui s'étaient bêtement faits descendre dans un buisson creux par la mitrailleuse d'un char américain en reconnaissance avancée. Sans compter les fermes brûlées des clairières meusiennes, sous le prétexte qu'elles avaient dû servir, une fois ou l'autre, d'abri ou de lieu de rassemblement aux résistants de la forêt.

Tous ces morts appartiennent cependant à une classe d'hommes, et des premières, auxquels, toujours, je tirerai mon chapeau : ceux qui ont risqué leur peau en toute connaissance de cause, que ce soit par devoir ou par conviction ou même, tels que j'en ai connus, pour le plaisir! Et peu importe leur champ de bataille! Il n'est pas toujours facile de se faire tuer et je voudrais connaître celui qui pourra m'affirmer, sans aucune restriction mentale, qu'il n'a jamais eu peur.

Comme l'eau des rivières en décrue qui laisse derrière elle, après les inondations, des monceaux de boue et de limon, la vague de la retraite allemande ramenait dans ses fourgons, en cette fin d'été 1944, les paquets de merde innombrables que constituaient les déchets de la Kollaboration active fuyant à toutes jambes devant l'arrivée des troupes alliées. Nous avons eu le triste privilège de les voir débarquer chez nous, descendus de véhicules de toutes sortes, et de les compter, marquant le pas, aux frontières de leurs employeurs d'hier qui hésitaient à s'en embarrasser au moment de rentrer chez eux.

Ce furent d'abord les plus répugnants valets de la Gestapo et d'autres sales policiers; en civil, casquettes et espadrilles, suivis de leurs femelles en folie. Et des voitures, des tractions-avant le plus souvent, garées sous nos fenêtres, on pouvait entendre sortir des plaintes et des menaces telles que j'en ai saisies moi-même un grand nombre : « Ne me laisse pas, Léon, après tout ce que j'ai fait pour toi, ne me plaque pas ou alors, tu verras, je me vengerai! »

Mais les Jules et les Léon ne pensaient qu'à sauver leur sale peau et demeuraient prêts à planter là leurs poules des jours heureux... et passés. Tout ce joli monde n'avait aucune activité et ne songeait qu'à une chose : mettre les bouts!

Il en était autrement des miliciens qui, faisant partie de la même déroute, étaient les premiers que je voyais de leur espèce, dans leur tenue bleu chasseur, coiffés du béret alpin marqué du gamma de la honte et de la trahison. Ceux-ci semblaient vouloir, au contraire des autres, donner l'impression qu'ils avaient encore l'avenir devant eux. Leur cantonnement sur les places publiques évitait le genre camp volant : pas de ficelles tendues entre les voitures pour faire sécher d'impudiques lingeries féminines allant du soutien-gorge noir aux petites culottes vertes ou roses, le tout donnant une véritable image du bordel mobile de campagne. Il y avait même, chez les miliciens, un semblant de discipline dans les rapports entre chefs et subordonnés. On saluait et on rendait le salut comme à la porte du quartier et on se figeait au garde-à-vous avant de s'adresser à un supérieur. Il s'agissait en effet d'hommes que j'avais totalement ignorés jusque-là, qui affectaient des allures martiales et avaient dû apprendre, dans les temps passés, le règlement du service des Places.

Un soir, ils frappèrent à ma porte : ils étaient trois qui devaient avoir rang d'officiers et dont les poitrines étaient toutes ornées de rubans de nos plus glorieuses décorations : Légion d'honneur (il y avait même une rosette), médailles militaires et croix de guerre de toutes les campagnes possibles : 14-18, TOE, 39-40. Ils n'y allèrent pas par quatre chemins pour m'expliquer leur présence : ils se considéraient comme les dernières forces de la France et venaient, si je le désirais, m'inscrire sur la liste de leurs affiliés.

Je refusai, bien sûr, sans demander aucune explication, faisant seulement remarquer que je n'avais et ne voulais rien avoir de commun avec tout ce qui était allemand, que je m'y employais depuis quatre ans et que ce n'était certainement pas ce jour-là que j'allais changer d'avis. Celui qui était le chef, officier de la Légion d'honneur, me répondit qu'eux-mêmes ils emmerdaient les boches. Cette remarque facilita ma réponse : « Monsieur, moi aussi, les boches, je les emmerde, et vous avec par-dessus le marché ! » J'ai su depuis que cette façon de parler à ces gens-là pouvait être dangereuse, mais ils ne réagirent qu'en me sortant d'une sacoche d'état-major un carnet à souches et en me faisant lire les derniers noms qui y étaient inscrits. Ceux de plusieurs personnalités de la région qui venaient, quelques heures plus tôt, de signer leur engagement. Puis ils s'en allèrent, sans même avoir porté la main vers l'étui de leur pistolet et... sans non plus me l'avoir tendue. Ce qui m'arrangeait !

Le lendemain matin, ils étaient partis et seuls demeuraient, à l'endroit de leur halte de la veille, quelques papiers gras et deux ou trois litrons vides. Comme après le départ d'un tout petit, tout petit cirque.

LA MORT DE JAMES GRÜNENWALD

Cela commence à sentir très mauvais, ou plutôt très bon : ce ne sont plus que des boches en prédéroute qui arrivent d'on ne sait où, pour aller quelque part, vers une destination dont ils paraissent tout ignorer. Les maquis de la forêt meusienne s'en donnent à cœur joie et font des cartons sur tout ce qui passe sur les routes.

J'ai vu « Masson » ce matin qui m'a raconté sa dernière victoire : avec ses gars il a intercepté, sur un chemin de son secteur, une voiture légère qui a sagement stoppé devant ses arquebusiers et dans laquelle il a été étonné de trouver, les mains à la nuque, un chauffeur et trois ou quatre officiers supérieurs : « Que vouliez-vous que j'en fasse, m'a-t-il demandé, je ne pouvais ni les garder ni les relâcher. » Et moi : « Alors ?

— Tous à la casserole, une balle dans la nuque. »

Le lendemain c'est une voiture, par malchance sanitaire, qui est fusillée entre Pillon et Constantine. Aussi, dès midi, les carrefours sont-ils soigneusement gardés, m'est-il rapporté, par des « SS-Polizei » à l'air particulièrement vache. L'après-midi je fais des visites de malades à Rouvroie où les habitants me donnent le conseil de ne pas regagner Longuyon par la grand-route, mais de prendre plutôt des chemins détournés.

Pendant que j'hésite, je m'aperçois que j'ai perdu ma boîte d'allumettes et je la cherche partout dans ma voiture pour allumer une cigarette. A ma grande surprise, sous un coussin de la Rosengart, je découvre un chargeur de pistolet plein de toutes ses cartouches. Personnellement, je n'ai pas de pistolet et il ne m'est jamais venu à l'idée de me balader avec une arme à feu. Comment ce chargeur est-il venu là? Je n'en sais rien, mais j'ai transporté tellement de gens de toutes sortes dans cette sacrée voiture, gars de la résistance, aviateurs anglais ou américains, qu'il est infiniment probable que ce chargeur a été égaré là par l'un ou par l'autre. De toute façon, je n'ai rien à en foutre et je le jette dans un fossé. Puis je reprends la route de Constantine, tout droit. Qu'ai-je à risquer avec ma voiture bien en règle et mon Ausweiss de médecin?

Je n'ai pas fait un kilomètre, comme on me l'avait dit, que j'aperçois devant moi un barrage de SS au bandeau de casquette noir qui me font impérieusement signe de m'arrêter. Mes fines plaisanteries avec ce genre de clients n'ont aucun succès et je me trouve arraché de mon siège, fouillé, palpé, les poches retournées par l'un pendant qu'un second armé de son PM surveille la manœuvre et qu'un troisième fait l'inventaire complet de ma puissante Rosengart, sans oublier, bien sûr, de regarder si les sièges ne cachent rien sous leurs coussins.

Rétrospectivement, je me rendais compte du soin avec lequel mon ange gardien avait veillé sur moi en me débarrassant quelques minutes plus tôt de ce chargeur brillant de tous ses cuivres qui aurait été sans doute d'un très mauvais effet. Il ne me restait qu'à ramasser dans la poussière mes boîtes de seringues et autres accessoires, balancés en vrac par les Fliks SS qui ne s'excusèrent même pas.

Dans le même temps, une bande de galopins de Longuyon et des environs, ouvriers de la onzième heure, sentant que le jour de gloire n'était pas éloigné, avait rejoint les maquis. Les plus nombreux étaient partis pour Quincy-sur-l'Oison, en lisière de la forêt de Woëvre, près de Stenay, où ils étaient presque certains d'être reçus à bras ouverts. On y devait manquer d'hommes et certainement y manquait-on aussi de cadres car tout y fut, me semble-t-il, un peu léger.

C'est de là que m'arriva, le 24 août en fin d'après-midi, un garçon que je connaissais bien, et que j'aimais bien également, James Grünenwald. Il venait, m'affirma-t-il, de la part de ses chefs me demander si je ne trouvais pas que le moment était venu de libérer Longuyon. Je refusai naturellement cette offre généreuse, préférant de beaucoup voir les boches s'en aller d'eux-mêmes, poussés au cul par les chars américains, plutôt que de supporter les retombées d'un combat inégal entre francs-tireurs et troupes régulières, combat dans lequel je n'aurais rien à gagner mais au contraire tout à perdre.

En 1914, le 24 août justement, Longuyon avait déjà payé cher l'arrivée des Allemands. Plus de la moitié de la ville incendiée et près de 200 de ses habitants fusillés. J'y étais, j'avais dix ans. Je voulais faire tout ce qui était humainement possible pour que le départ des boches de 1944 ne fût pas marqué par un tel massacre qui, peut-être, aurait eu lieu aussi un 24 août, trente ans après celui de 1914 et... 372 ans après celui de la Saint-Barthélémy.

Le grand-père de James avait été en 1914 l'une des victimes de cette hécatombe. En s'en allant, le jeune maquisard me dit qu'il allait en profiter pour passer chez lui embrasser ses parents. Je savais où habitaient ceux-ci, à deux pas d'une école où cantonnait une troupe SS et dont les abords étaient fortement gardés. Je venais d'y passer et avais été arrêté et fouillé par une sentinelle à l'air mauvais. James persista dans son projet et m'affirma qu'il ne risquait rien et que d'ailleurs il était armé. Il ne manquait plus que cela! Il me montra en effet un magnifique automatique, au fond d'une sorte de sac à main comme en portent les ménagères pour aller faire leur marché. J'essayai en vain de l'en faire se démunir, de me le laisser et de revenir le chercher après sa visite à ses parents. J'eus beau lui conseiller de choisir un autre itinéraire moins surveillé, ce qui était facile, rien n'y fit : il était possédé du démon de la lutte à mort.

Il s'en fut vers son destin. Cinq minutes ne s'étaient pas écoulées que j'entendis des coups de feu venant de la direction qu'il avait voulu prendre, malgré mes « conseils d'ancien ». Ce qui devait arriver l'était en effet : le pauvre petit innocent avait été interpellé par un homme en armes qui avait voulu voir ce que contenait son cabas et la chose avait mal tourné.

Plus tard, beaucoup plus tard, mon successeur à la mairie m'écrivit cette lettre :

Le Maire de la ville de Longuyon
au Docteur Henri Gousset

Il nous est demandé par le ministère de la Justice, service des recherches des crimes de guerre, de procéder à une enquête sur le meurtre de James Grünenwald, abattu le 24 août dernier.

En conséquence, nous vous demandons de nous adresser un rapport sur vos constatations puisque vous êtes un des rares témoins qui ait vu la victime...

Je fis la réponse suivante :

J'ai l'honneur de vous faire connaître que le 25 août 1944, ayant appris dans la matinée que la veille au soir un habitant de la ville, que l'on supposait être James Grünenwald, avait été abattu par les Allemands cantonnés à l'école des garçons, je me suis rendu immédiatement au bureau de l'officier commandant le détachement pour lui demander des explications sur la fusillade de la veille. Cet officier, un capitaine de Waffen SS, m'a fait la déclaration suivante :

« Hier soir, j'avais donné l'ordre à mes sentinelles d'exiger la carte d'identité de tous les passants, en raison des incidents qui s'étaient passés dans la journée à la ferme de Constantine : deux soldats allemands tués par des terroristes. Le garçon dont vous parlez, qui est effectivement James Grünenwald, a refusé de montrer ses papiers et de s'arrêter aux sommations de la sentinelle. Il a au contraire tenté de se sauver à bicyclette. L'homme essayant de le poursuivre a été aidé par un officier de notre unité, le médecin qui, venant à la rencontre de Grünenwald, l'a fait tomber devant une pompe à essence. C'est là que mon soldat l'a rejoint alors qu'il était encore à terre. Se voyant près d'être pris, Grünenwald a sorti de la poche intérieure de sa veste un pistolet avec lequel il a, par deux fois, fait feu sur l'homme qui n'avait pas encore eu le temps de faire usage de son fusil, le blessant de deux balles, *l'une au bras, l'autre dans la région de l'oreille. C'est alors que la sentinelle a tiré sur lui un seul coup de fusil qui l'a atteint au ventre. Il est mort dans la nuit. »*

J'ai demandé à être mis en présence du médecin allemand (un russe en l'occurrence) qui m'a affirmé avoir examiné et soigné le blessé qui avait, effectivement, reçu une balle dans le foie. J'ai également demandé que le corps de James Grünenwald me soit rendu pour être inhumé dans la tombe de sa famille. Après de nombreuses démarches, il me fut promis que le corps me serait remis le lendemain à 10 h 45 dans les jardins de la Feldgendarmerie et j'obtins l'autorisation de le faire enterrer décemment à la condition qu'il n'y aurait à l'occasion de ces obsèques ni cortège, ni manifestation. Le 26, en effet, le corps me fut rendu. Il avait été déposé dans une caisse de Cognac qui, étant trop courte, avait été allongée vers les pieds par des planches grossièrement clouées. J'ai pu examiner le cadavre au moment de la mise en bière : je n'ai constaté qu'une seule blessure par balle au niveau de la partie supérieure du flanc droit. Les membres n'étaient pas fracturés, les ongles n'avaient pas été arrachés. Il existait une ecchymose de la région sus-orbitaire gauche. Les pieds n'avaient pas été déchaussés... Ces différents faits que, pour plusieurs raisons je crois devoir tenir pour exacts, ne me semblent pas, en conscience, permettre de conclure à un crime de guerre.

Ses amis avaient déjà fait apposer au mur de la maison devant laquelle James Grünenwald avait été tué une plaque qui rappelait que « le 24 août 1944, James Grünenwald avait été assassiné par les hordes allemandes ». Elle fut sur mon conseil remplacée par une autre, qui y est encore, qui spécifie que c'est là qu'il est mort « en combattant ».

Jusqu'au 1er septembre, la défense de Longuyon par les Allemands devint très légère et même très fluide. J'eus pendant ces quatre ou cinq jours plusieurs conversations avec des officiers américains qui venaient en reconnaissance jusqu'aux abords immédiats de la ville, côté Etain, et retournaient à leur base de départ sans même avoir reçu un coup de fusil.

Ne traversaient plus guère Longuyon que des ambulances chargées de blessés qui filaient sur la route de Luxembourg. Un jour, l'une d'elles s'arrêta ; elle contenait deux morts en route que leurs infirmiers souhaitaient enterrer en passant. Je conduisis tout ce monde au cimetière allemand de 14-18, en faisant remarquer au sous-officier qui accompagnait le convoi qu'il y avait encore beaucoup de places à sa disposition. J'avais parlé allemand : il me répondit dans un français excellent et je lui posai la question qui m'était habituelle :

« Dis donc, où as-tu appris le français ?

— Je suis, me répondit-il, prêtre bénédictin et je connais pas mal de langues. »

Je me plus à changer de ton et à poursuivre sur un tout autre mode : « Excusez-moi, mon père, mais je ne suis cependant pas mécontent de vous rencontrer et de vous demander, à vous, ce que vous pensez de tout cela. »

Je n'ai jamais, je crois, entendu pareil réquisitoire que celui qu'il me fit alors contre l'Allemagne nationale-socialiste : l'enfer, le démon incarné, la damnation, etc. Puis il récita pour ses camarades enterrés une petite oraison, sans oublier de prier saint Benoît pour la rémission des péchés du monde et s'en alla, en me donnant sa bénédiction. Peut-être m'a-t-elle servi ?

QUAND LE CHEF DE GARE S'EN VA-T'EN GUERRE !

La journée du 1er septembre avait eu dès le lever du soleil un petit air de fête et de liberté prochaine. Il était en effet possible d'heure en heure de téléphoner aux demoiselles des PTT des villes voisines (qui n'étaient même pas en grève !) et de leur demander si chez elles les Américains étaient arrivés. Nous sûmes ainsi qu'ils étaient passés par Verdun, qu'ils avaient traversé Etain, qu'ils étaient à Spincourt, et... qu'ils allaient arriver à Longuyon dont ils avaient pris la route. A Longuyon où traînaient encore quelques retardataires plus ou moins éclopés et des employés de chemins de fer boches qui avaient dû rater le dernier train.

C'est vers 6 ou 7 heures du soir qu'ils entrèrent dans la ville, peu nombreux en réalité : un peloton de chars au-devant desquels chacun se précipita pour les voir de plus près et dont le premier, dans la rue de l'Hôtel de Ville, me voyant courir, et en bottes, me lâcha une giclée de mitrailleuse qui me rata, mais pas de beaucoup : cela aussi, une fois de plus, aurait été trop con !

Arrivé devant la poste, je m'étais prudemment défilé dans une embrasure de porte, à l'abri des coups directs.

Je pus cependant assister à la mort d'un jeune sous-officier allemand. Je ne sais pas d'où il sortait, en tenue kaki, avec à la manche l'insigne de l'Afrikakorps. Face à un char qui s'avançait vers lui à moins de cinquante mètres, il se hissa sur le pilier en maçonnerie d'une grille, sortit de sa botte une grenade à manche et, droit comme un I, attendit le moment de la lancer sur le tank qui progressait. A mon avis, il n'avait aucune chance de s'en sortir vivant. En effet, le tireur américain devait l'avoir depuis un moment déjà dans son collimateur et à vingt-cinq mètres il lâcha une rafale qui coupa véritablement en deux le Fritz, lequel avait sans aucun doute cherché la mort. Honneur à ce vaincu! Je fus obligé d'interdire à mes valeureux administrés de lui faire les poches...

Bientôt la ville fut parcourue par les chars américains qui, de rue en rue, soulevaient l'enthousiasme et faisaient fleurir aux fenêtres des drapeaux tricolores comme au 14 Juillet. Il faut comprendre que ce jour était attendu depuis plus de quatre ans pour expliquer et admettre ce qui se passa immédiatement après l'entrée des Américains dans la ville : bien sûr il y eut les drapeaux bleu-blanc-rouge, aux couleurs un peu délavées par tant d'années passées sous les caisses des greniers, bien sûr, il y eut des chants, des embrassades, des « dernières bouteilles » de mousseux gardées depuis 1940 et vidées en l'honneur de cette délivrance, mais il y eut aussi, chez ceux qui se sentaient les plus belliqueux, une brusque montée de sang à la tête qui les poussa à retrouver quelques armes cachées sous les tas de charbon et à courir sus aux derniers boches qui traînaient encore ici ou là. Il ne fut pas question de bataille rangée bien sûr, mais d'affûts et d'embuscades au coin des rues, dans lesquelles on tirait, comme du gibier égaré, les ultimes ennemis. Du moins le croyait-on!

Les chasseurs aux airs de braconniers étaient deux ou trois employés de chemin de fer, un boucher-charcutier et un marchand de farces et attrapes, renforcés d'une paire de gendarmes. Leur chef, qui était en même temps celui de la gare et pour qui j'avais beaucoup de sympathie, fit, près de six mois plus tard, un joli rapport pour demander que son équipe soit récompensée. Ce rapport me fut alors adressé pour avis et je trouve plaisant d'en donner copie ici, avec celle de la correspondance annexe :

Forces Françaises de l'Intérieur
Chancellerie — XXe Région
Etat-major régional. Nancy

Nancy, le 15 juin 1945
Le Commandant Gérard. Bureau FFI
XXe Région
à Monsieur le docteur Gousset à
Longuyon (M. et M.)

J'ai l'honneur de vous transmettre la copie d'une lettre de monsieur Gillot Lucien, chef de gare à Longuyon.
Je vous serais reconnaissant de bien vouloir :
1° faire vérifier les actions mentionnées dans cette lettre ;
2° me transmettre les résultats de votre enquête.

Le commandant Gérard, chef bureau FFI XXe Rég.
PO le capitaine Munch, adjoint.

Longuyon, le 20 avril 1945
Le Chef de gare de Longuyon
à monsieur le Commandant
de la XXe région militaire à Nancy :
Mon colonel,

Le 1er septembre 1944 à 19 heures, j'étais avisé par le chef de gare d'Arrancy que quarante chars américains se dirigeaient vers Longuyon. A ce moment, la ville n'était pas encore libérée du boche dont plusieurs éléments pillaient les magasins tandis que d'autres gardaient les voies d'accès vers Pierrepont et Etain. Disposant de dix fusils et d'une caisse de cartouches dérobée à l'occupant, je distribuai ces armes vers 19 h 40 à six hommes de mon groupe et lorsque les Américains débouchèrent sur la route d'Etain, je mis mes hommes en place rue de Metz et place de la Gare avec mission d'empêcher les Allemands de prendre à revers les chars américains et de tuer ou faire prisonnier tout ce qui passerait comme boches dans notre secteur.

Les dispositions que j'avais prises donnèrent les meilleurs résultats puisque, sous mon commandement, trois Allemands furent tués et cinq faits prisonniers entre 19 h 25 et 20 h. Une automobile et deux motocyclettes furent enlevées également par mon petit groupe. Les tués et prisonniers furent conduits à la mairie et remis entre les mains de monsieur le docteur Henri Gousset, maire à l'époque. Malheureusement, les Américains quittèrent Longuyon vers 21 heures pour se replier sur Etain et les Allemands qui cherchaient le contact, rentrèrent en ville où ils demeurèrent en force jusqu'au 10 septembre.

Entre le 1er et le 10 septembre, un régime de terreur exista en fait : dix-neuf otages furent pris et les cinq prisonniers qui avaient été enfermés dans la gendarmerie (abandonnée par les gendarmes dès le retour du boche) furent libérés par l'officier allemand qui avait le commandement de l'unité réinstallée dans la ville. Pendant cette dernière période, monsieur le Docteur Gousset fit preuve d'un cran superbe et si la ville n'a pas subi de représailles à la suite du baroud qui avait eu lieu place de la Gare, nous le lui devons. Il fit en outre libérer les otages en répondant personnellement pour eux, c'est-à-dire qu'il risquait le poteau si l'un des otages libérés manquait à sa parole.

Outre ce dernier, les hommes qui se sont particulièrement distingués au cours de cette affaire et qu'il serait injuste de ne pas récompenser sont les suivants :

Laforgue Henri, commerçant ;

Jacotot Henri, le Gourrièrec, Moncomble Paul, tous les trois employés de la SNCF et Sabouret Gabriel, boucher.

Aussi je vous serais reconnaissant, mon colonel, s'il vous était possible de faire citer ces bons Français pour leur belle conduite lors de la Libération de notre ville. Comme référence, en ce qui me concerne, je crois devoir vous rendre compte que j'ai appartenu à la classe 1912 et suis ex-lieutenant au 169e RIF. Je vous prie, mon colonel, de croire en mes sentiments très respectueux et dévoués.

Signé : Gillot Lucien
chef de gare de 1re classe à Longuyon
(Meurthe-et-Moselle)

Je ne me souviens pas de la réponse que je fis à cette correspondance. Elle dut cependant être favorable aux intéressés car tout le monde reçut la croix de guerre. Tout le monde, sauf moi heureusement, qui n'y avais d'ailleurs aucun droit, n'ayant pris nulle part à cette battue : j'en avais connu de plus glorieuses.

9.

Quand deux adversaires de juin 1940 se reconnaissent

J'avais eu rapidement d'autres choses à faire que d'admirer les drapeaux aux fenêtres des maisons. On m'avait signalé de droite et de gauche des blessés allemands atteints par les balles de mes plus valeureux administrés et il me fallait bien les soigner. Il y en avait une bonne douzaine, que j'avais fait rassembler au rez-de-chaussée de ma mairie transformée en une sorte de Feldlazareth (hôpital de campagne) aidé par quelques jeunes gens de bonne volonté que j'avais priés de se joindre à moi. Je disposais heureusement de nombreux paniers de secours de la Croix-Rouge française reçus auparavant en prévision de bombardements. Ils me permirent les pansements les plus urgents et les interventions les plus simples.

J'y étais encore, le 1er septembre vers 10 ou 11 heures du soir, abruti de fatigue et de sommeil et dégouttant de sang, quand j'entendis de nouveaux chars rouler dans les rues de la ville. Je pensai que j'allais alors, et enfin, pouvoir refiler mes blessés aux médecins américains et que pour moi tout était terminé. Je pouvais me féliciter d'avoir sans trop de pépins rempli la mission qui m'avait été confiée et que j'avais accepté de remplir quatre ans plus tôt. C'est à ce moment-là, sans doute, que mes FFI du soir s'étaient prudemment esquivés, allant se planquer du côté de la Meuse, à l'abri des chars américains, entraînant avec eux tout ce qui pouvait rester de gendarmes à Longuyon. Les Américains étaient en effet repartis, comme des marionnettes, après trois petits tours, nous laissant dans la mouise bien plus haut que la tête; mais je ne savais rien encore de toutes ces allées et venues. Tout à coup, je fus bien obligé de le savoir, quand les portes de la mairie furent violemment poussées, livrant passage à une demi-douzaine de véritables guerriers, allemands ceux-là qui, à grands cris, réclamaient le maire. Quelqu'un, je ne sais qui, leur avait dit, à ces revenants, que je me trouvais à l'hôtel de ville en train de soigner des blessés. Très digne, je leur confirmai que j'étais celui qu'ils cherchaient mais que je n'avais pas encore fini de m'occuper de leurs copains. Ils me laissèrent terminer ce que je faisais, mais je ne me déplaçais pas d'un pas sans sentir dans mes côtes le canon dur et menaçant d'un pistolet-mitrailleur.

Je pris plus de temps qu'il n'aurait été nécessaire pour me laver les mains, faire une dernière fois le tour de mes blessés et remettre ma chemise et ma veste avant de suivre mes nouveaux gens d'armes. Je voulais me donner ainsi plus de temps pour penser à cette dernière partie qu'il m'allait falloir jouer et pour laquelle je n'avais pas beaucoup de cartes maîtresses, même dans les manches. D'autant que, tout à coup, m'était revenu en mémoire le coup d'éclat qu'était venu me raconter dans la soirée un des fameux guerriers de la dernière heure : une demi-douzaine de Fritz en déroute avaient été pris vivants et enfermés dans les locaux disciplinaires de la brigade de gendarmerie, le violon des ivrognes du samedi soir avant la guerre!

Quand j'en eus fini de ma toilette, je me tournai vers mes « anges gardiens » et leur dis que j'étais à leur disposition. Ils devaient me conduire au PC de leur officier dont je ne savais même pas où il était puisque depuis plusieurs heures j'avais perdu tout contact avec le monde extérieur et que tant de choses, me semblait-il, s'étaient passées depuis. A deux cents mètres de l'hôtel de ville je me retrouvai dans une petite maison vide de ses habitants, conduit sans chaînes ni brutalité, comme un homme encore libre et non comme un esclave. La première pièce servait de corps de garde et j'y pus voir un certain nombre de bonshommes occupés à ficeler des bouchons de paille et à manipuler des bidons qui semblaient sentir l'essence... Dans un coin il y avait déjà un secrétaire en train de taper à la machine!

On me poussa dans une seconde pièce où je me trouvai en face d'un bel officier, debout près d'une table sur laquelle était posé un pistolet de gros calibre. Il était en calot de repos au passepoil jaune de la cavalerie et me demanda si j'étais bien le maire de la ville (nous parlions allemand et je me rappelle lui avoir suggéré de ne pas parler trop vite : « Sprechen Sie nicht zu schnell bitte... »). C'est donc lentement et en articulant chaque mot qu'il me fit connaître qu'il était au courant de tout ce qui s'était passé dans ma ville à l'entrée des Américains : que des civils avaient sorti des armes et avaient tué et blessé plusieurs soldats, que c'était du terrorisme, de l'assassinat, et qu'il allait en tirer les conséquences qu'il fallait :

« J'ai là, dans la cave, dix-neuf hommes qui sont mes otages, plus un qui est vous, ce qui fait vingt, que je vais faire fusiller immédiatement par représailles, en même temps que le feu sera mis à votre ville qui abrite des francs-tireurs. »

Assez curieusement il parlait sans haine, calmement même et en tout cas parfaitement maître de lui. Je ne disais toujours pas un mot, attendant peut-être une faille dans son monologue qui me permettrait d'engager une discussion quelconque. Mais je pensais surtout que cette fois, ça y était, et que nous étions bons pour le poteau : il y a des cas où quatre murs sont trois de trop!

Une des phrases de l'officier se termina par ces mots :

« Je suis militaire et non policier, je vais cependant faire ce que je vous dis là. »

Dans le fond, je le trouvais assez digne ce chef, et il avait une très belle allure qui, je ne pouvais le nier, me plaisait. Il répéta : « Je fais la guerre et pas la police ! »

C'est là que je pris à mon tour la parole pour lui dire que, moi ausi, j'avais fait la guerre et que je ne la comprenais pas sous le jour qu'il m'en faisait voir.

« Qu'étiez-vous à la guerre ?

— Médecin d'un corps franc de cavalerie.

— Où et quand ?

— En 1940, dans la région de la forêt de la Houve, en avant de Bolchen (Boulay).

— Est-ce vous qui aviez vos quartiers dans le village de Dalem ?

— Oui c'était nous (je sentis qu'une chose miraculeuse était en train de se passer : n'étais-je pas là en face de celui contre lequel nous nous étions battus de mars à juin 1940 ?).

— Mais vous, ajoutai-je, vous cantonniez dans un de ces villages en arrière de Merten, du côté d'Uberhern ? »

Je crois que pendant un instant nous n'avons plus pensé ni au jour ni au lieu où nous étions pendant que nos souvenirs communs nous remontaient à la mémoire, aussi vivants que quatre années plus tôt. Ce fut lui qui, le premier, me posa une question précise : peut-être était-il curieux d'en connaître la réponse, peut-être voulait-il seulement voir si je ne bluffais pas.

« Etiez-vous, me demanda-t-il, de la patrouille du 3 mai dans le village de Merten ? » Et sur ma réponse affirmative : « Pouvez-vous m'expliquer pourquoi le communiqué français du lendemain a rapporté qu'un lieutenant allemand tué avait été rapporté dans vos lignes ? Le lieutenant allemand c'était moi et je n'avais cette nuit-là pas même été blessé. »

Je lui dis que l'officier de chez nous qui commandait le coup de main s'appelait Allemand, Henri Allemand, et qu'il y avait eu, de notre côté, certainement une erreur dans les comptes rendus de cette action au cours de laquelle il avait été tué. Et ce fut à mon tour de lui poser une question : « Vous souvenez-vous de cette nuit au cours de laquelle vous étiez venus poser un microphone au plus près de notre poste de Falk ? Eh bien, le Feldwebel qui vous manquait au retour est mort dans mes bras, tué d'une balle dans le poumon droit, et le lendemain nous l'avons enterré dans le cimetière du village et les honneurs militaires lui ont été rendus par un peloton de cavaliers de notre groupe de combat. J'y étais ! »

Je me mis alors à jouer sur la corde du mélodrame : « Ceci étant dit, monsieur, fusillez-moi ! Je suis là pour ça mais en souvenir de tout ce que nous venons mutuellement de nous rappeler, faites-moi l'honneur de libérer les dix-neuf otages que vous avez dans votre cave et de ne pas brûler ma ville ! »

Cette conversation était, je le reconnais, ridicule de sentimentalité et de politesse de « camaraderie-de-combat » que nous nous faisions mutuellement et j'avoue qu'à ce moment-là je savais déjà qu'il ne me fusillerait pas. Mais je voulais, plus que tout, qu'il libérât mes otages et qu'il renonçât à incendier Longuyon, comme ses aînés l'avaient fait en 1914. Je peux affirmer qu'au cours de ce dialogue, en somme assez dramatique, puisque je croyais, en son début, qu'il était celui de ma dernière heure, pas un seul instant je ne reconnus en moi cette sorte d'humiliation que j'avais ressentie quelques mois plus tôt, quand, les mains liés à ma chaise par les chaînes de mes menottes, je répondais aux questions d'un policier en civil dans les locaux de la Feldgendarmerie de Longwy.

Je pense que c'est à ce moment-là de notre conversation que le Rittmeister von Günterberg — c'était son nom — s'approcha de moi et que, la main tendue, il me dit : « Nous allons boire, nous en avons besoin tous les deux. »

Dignement je refusai et la main et le cognac qu'une ordonnance avait apporté à son appel en lui disant : « Tout à l'heure, autant que vous voudrez, mais quand vous m'aurez rendu mes dix-neuf otages et qu'il vous en restera cependant un, en ma personne. »

Il me parut réfléchir un instant puis appela un Unteroffizier qui nous conduisit vers la cave de la maison voisine dont il fit ouvrir la porte. Ce que j'y vis était affreux : une vingtaine d'hommes, dix-neuf exactement, dans le noir, serrés les uns contre les autres, les uns faiblissant, les autres crânant, certains pris de colique ou de nausées, chiant et vomissant dans une bassine qui se trouvait là, pleine de pommes de terre, tous convaincus que si l'on venait les sortir de leur trou c'était pour les conduire au mur d'exécution. Très vite, et avant que Günterberg ait eu le temps de faire un geste, je leur criai qu'ils étaient libres et qu'ils pouvaient rentrer chez eux... Tous voulaient me serrer la main et certains même m'embrasser. Effectivement, ils étaient libres et je remontai dans le bureau du capitaine où nous nous retrouvâmes seuls... devant nos verres de cognac que nous n'avions pas encore touchés.

Bien des années plus tard, l'un des otages-manqués me raconta que le sous-officier porte-clés lui avait dit au passage, en mauvais français : « Vous avez beaucoup de chance que mon officier a été soldat avec votre Burgermeister ! »

Pendant ce temps-là, nous levâmes nos verres de cognac à la hauteur de nos yeux, comme cela doit se faire ! Et nous les vidâmes d'un trait, nos regards croisés fixement. Et l'on se mit à parler du lendemain : nous devions bien y être depuis un bon moment ! Le Rittmeister me posa des conditions, d'ailleurs fort honnêtes : je serai le seul civil à avoir l'autorisation de sortir dans la ville, de nuit comme de jour, mais je devrais être vêtu d'une blouse blanche de médecin sur laquelle ses hommes n'auraient pas le droit de tirer. Aucun autre civil mâle ne devait être aperçu dehors sous peine d'être flingué à vue et sans sommation. J'expliquai cependant qu'il me faudrait faire enterrer les corps des soldats allemands tués la veille et qu'il serait indispensable que je prenne une corvée de terrassiers et un tombereau (celui des ordures municipales !) pour emporter les cadavres au cimetière militaire allemand. Ce fut accordé sous ma responsabilité, de même que je fus autorisé à laisser sortir les femmes une heure par jour, à midi décida-t-on, pour aller chercher de l'eau aux bornes-fontaines.

Il me restait cependant à franchir un passage que je redoutais : celui qui consistait à signaler à mon « ami-Fritz » ses semblables qui avaient été cravatés la veille par les terribles FFI du chef de gare et qui étaient toujours à l'ombre des taules de la gendarmerie. Peut-être commençaient-ils à avoir soif? Ma révélation passa beaucoup plus légèrement que prévu et Günterberg se contenta d'envoyer une corvée ouvrir les portes de la prison. Il ne m'en reparla même plus. Dieu sait pourtant quel souci avait été pour moi, pendant quelques heures, cette histoire de boches emprisonnés qui savaient mieux que personne par qui ils avaient été pris. Au point que, follement, je m'étais demandé si le plus sage ne serait pas d'aller les tuer tous d'une balle dans la nuque avant qu'ils n'aient appelé au secours. Cette solution n'aurait été défendable, et encore, qu'à la condition que les Allemands revenus ne demeurassent pas à Longuyon plus de quelques heures. Le Ciel avait eu pitié d'eux, et de moi.

Le Rittmeister me demanda ensuite de m'arranger pour le rencontrer chaque matin à 9 heures à son PC pour que nous puissions prendre ensemble telle ou telle décision qui pourrait être rendue nécessaire par quelque événement imprévu. Et je rentrai chez moi, libre moi aussi. Mais j'avais voulu repasser encore une fois à mon ambulance de la mairie pour y voir comment se portaient mes blessés de la nuit. Un ou deux infirmiers de l'unité arrivée le soir étaient auprès d'eux et je les y laissai, mais je voulus m'approcher de l'un des plus mal en point : un Feldgendarme auquel je pris sa plaque et sa chaîne de service, en souvenir : « Andeken ». Je devais échanger ce hausse-col, quelques semaines plus tard, à un officier américain, contre cinquante paquets de Camel. Quand je quittai la pièce, la plupart des restants, ceux qui pouvaient encore parler, me crièrent : « Danke Herr Doktor ! » Merci, monsieur le docteur. Il me sembla bien, cette fois, que le plus dur était passé.

LES DIX JOURS LES PLUS LONGS

Le Kampfgruppe Günterberg était une petite unité extraordinaire que je ne pouvais qu'admirer, en connaisseur. D'abord, elle était personnalisée sous le nom de son chef, ce qui lui donnait une force importante du point de vue esprit de corps, à la manière de nos groupes francs de 1940, presque toujours désignés par le nom de leur chef et beaucoup plus simplement, comme l'étaient dans la cavalerie française, les escadrons et les pelotons qui, plutôt qu'un numéro, portaient le nom de leur capitaine ou de leur lieutenant.

Ce Kampfgrüppe Günterberg comptait je crois 150 ou 200 hommes très disciplinés et légèrement armés. On y voyait aussi quelques véhicules de reconnaissance tout-terrain et deux ou trois chars légers, plutôt du type automitrailleuse. La plupart des hommes allaient à pied et n'avaient qu'un souci en tête : se procurer des bicyclettes. Ils en volaient partout, devant et à l'intérieur des maisons, en échange desquelles, d'ailleurs, ils remettaient des bons de réquisition établis à l'avance par le Korporal-sekräter de l'unité que j'avais remarqué dès le premier jour, penché sur sa machine à écrire. Par esprit d'honnêteté ? Peut-être. Le chef-comptable m'en avait remis en blanc un certain nombre pour le cas où les réquisitions auraient été faites un peu trop à la légère. « Die

Einheit bescheinigt den Empfgang eines Fahrrades! Signé : Rittmeister und Einheitsfuhrer. »

Comme je circulais moi-même à bicyclette, je demandai au capitaine un papier spécifiant que la mienne ne devait pas être barbotée, « car ils les volent, lui dis-je, comme des pommes aux arbres ! ». Il fit ajouter à mon autorisation de circuler jour et nuit dans la ville que ma bicyclette devait m'être laissée : « Das Fahrrad ist Doktor Gousset zu belassen. »

Je compris vite ce que cette petite troupe était venue faire à Longuyon : simplement y garder les nœuds des différentes routes qui viennent des Ardennes ou de la Meuse, pour permettre aux unités qui étaient encore à la traîne, de trouver libre, en arrivant ici, celle qui les mènerait par Longwy au Luxembourg et en Allemagne. Simple mission de retardement et surtout de renseignement sur ce qui se passait du côté des Américains. De toute façon, le Kampfgruppe n'était pas destiné à demeurer longtemps ici et du reste, les passages de convois boches et de troupes en retraite se faisaient plus rares de jour en jour. Je pouvais voir, au cours de mes promenades en ville, les Fritz préparer une nouvelle fois la destruction des ponts (fer et route) qui enjambaient les rivières, pauvres ponts qui, déjà, avaient sauté en mai 40.

Je profitais naturellement de la totale liberté qui était la mienne pour aller de maison en maison et de cave en cave faire des visites d'amitié à tous les habitants que je trouvais toujours inquiets et avides de nouvelles. Je faisais des uns aux autres les commissions dont on voulait me charger, maintenant ainsi tous les contacts possibles. Le curé m'avait demandé de lui obtenir, à lui aussi, l'autorisation de circuler dans la ville. Je fis part de sa requête à Günterberg mais il refusa sans discussion, m'affirmant que curé ou pas, il recevrait un coup de fusil s'il mettait seulement le nez devant sa porte : tout le monde avait été prévenu.

Je crois que, pour ses coups vaches, le capitaine était poussé par son adjoint, un jeune Stabfeldwebel à l'air mauvais dont j'étais certain qu'il aurait été volontaire deux ou trois jours plus tôt, pour commander le peloton d'exécution. Ce fut lui qui, cependant, me demanda un jour s'il y avait dans la ville un prêtre catholique parlant allemand : « Ah, tu veux te confesser ! lui dis-je, tu as raison. » Il y avait en effet dans un hospice de vieillards, dont je lui donnai les coordonnées, un vieux religieux alsacien qui parlait allemand plutôt mieux que le français.

Chaque matin, je commençais ma journée en allant assister à la messe de cet hospice. Aussi, j'eus la demi-surprise, le lendemain matin, d'y côtoyer le Feldwebel qui suivit l'office de bout en bout, à genoux et le chapelet à la main et y communia pieusement. Décidément, les Fritz sont des gens curieux ! Quand je rencontrai ce garçon, quelques heures plus tard, il fit semblant de ne pas me voir et me donna jusqu'au bout l'impression de rester fixé dans sa dureté et dans sa hargne : probablement ce qu'il appelait son devoir.

Comme j'avais déjà signalé une fois au « Kommandeur » du Kampfgruppe que je m'absenterais quelques heures de la ville pour aller, à bicyclette naturellement, dans un village voisin voir un malade qui m'inquiétait dès avant son arrivée, et qu'il m'avait affirmé n'y voir aucun inconvénient (il faut dire que ce village était en arrière de ses lignes et qu'il n'y avait donc aucun risque de me voir disparaître) je m'enhardis, un ou deux jours plus tard, et lui demandai s'il ne voyait pas d'inconvénient majeur à ce que j'allasse à Saint-Laurent-sur-Othain. Il me répéta que j'étais libre de faire ce que je voulais. Je le pris alors par le bras et le conduisis dans son PC jusqu'au plan directeur épinglé au mur et sur lequel je lui précisai le patelin où je comptais aller, lui faisant remarquer que les Américains, selon toute vraisemblance, s'y trouvaient. Il continua à me dire que j'étais libre d'aller où je voulais. « Et si je ne revenais pas ? » lui demandai-je.

Sa réponse eut une certaine grandeur dont j'aime à me souvenir. « Donnez-moi votre parole d'officier de cavalerie que vous reviendrez, c'est tout ce que je vous demande. » Je la donnai.

En passant près du dernier des avant-postes allemands sur la route de Saint-Laurent, un petit poste de guetteur creusé dans le sol et couvert en avant par la terre du trou, je m'arrêtai près des hommes qui l'occupaient et leur fis remarquer que je reviendrais dans une heure ou deux, que je serais toujours en blouse blanche et à bicyclette, et que je tenais beaucoup à ce qu'ils ne me flanquassent pas alors une bande de mitrailleuse dans le ventre, car j'avais horreur de cela. Ils rirent beaucoup, du même rire idiot qui vient si facilement aux lèvres de tous les jeunes soldats du monde.

A Saint-Laurent, je vis en effet des Américains, mais en très petit nombre : un char embossé au coin d'une rue et deux ou trois jeeps ou command-cars sur la place du village. Ils ne me demandèrent même pas d'où je venais. Les gens-amis chez qui j'entrais étaient comme tout le monde, paraît-il, très inquiets de ce qui s'était passé à Longuyon d'après les dernières nouvelles franchement mauvaises, apportées par quelques habitants qui s'étaient sauvés au retour des Allemands, le 1er septembre au soir.

On voulut me garder, me faire un lit, me donner à manger mais, bien que cela fut tentant, je repris ma route et fis de loin de grands signes aux Fritz du petit poste pour qu'ils ne me flinguent pas. Le lendemain, je revis comme chaque jour le Rittmeister qui me demanda d'un air léger si j'avais fait bon voyage et si j'avais vu des Américains. A ma réponse affirmative, il en opposa une, digne des plus beaux passages de la « Guerre en dentelles » : « Je ne vous ferai pas l'injure de vous demander s'ils sont nombreux. »

Je pense sincèrement que nous nous amusions tous les deux à jouer la comédie et que lui voulait absolument tenir le rôle du grand seigneur. Deux fois encore il m'épata. La première, un soir où j'avais voulu le voir pour des histoires d'eau et de cheval crevé qu'il fallait bien enterrer. Quand j'arrivai à son PC son ordonnance me fit entrer dans sa chambre où il était en train de s'habiller pour commander lui-même une patrouille de nuit dans les bois de Pillon : tenue sombre, bottes de caoutchouc, bonnet de police, toutes choses dont je connaissais les avantages, ce que je lui fis remarquer : « Je crois, docteur, que vous m'enviez ! » me dit-il simplement.

Sans nous le dire, tous les deux, nous repensions au printemps de 1940. La seconde fois fut plus extraordinaire. Un matin, d'un air emmerdé, il me déclara que son adjudant en patrouille avait, au petit jour, sur le plateau de Nöers, arrêté deux garçons de dix-huit ans, habillés en civil et porteurs, l'un d'une mitraillette, l'autre d'une musette de grenades : « Que voulez-vous cette fois que j'en fasse ?

— Ceux-là vous avez le droit de les fusiller ! Ce sont des francs-tireurs auxquels aucune des lois de la guerre ne permet de la faire. Si vous les exécutez, soyez assuré que je ne vous retirerai pas la plus petite part de mon estime.

— Mon adjudant ne comprendrait pas que je ne le fasse pas.

— Vous ne le ferez cependant pas ! Ce sont deux garçons de ma ville, et je vous demande de me tuer à leur place. J'aimerais d'ailleurs que ce fût de votre main. Ce que, je sais, vous êtes incapable de faire.

— J'ai une idée : je vais les mettre au cachot dans une cave où je leur ferai porter la soupe des hommes matin et soir. Quand nous partirons, ce qui maintenant ne tardera plus guère, je vous promets que nous les oublierons. »

Le samedi 9 septembre en fin d'après-midi, Günterberg est venu chez moi. C'était la dernière fois qu'il le faisait. Il me conseillait d'ouvrir grandes mes fenêtres afin que les carreaux n'en soient pas cassés quand, tout à l'heure, les ponts allaient sauter : sa mission était terminée, il allait quitter Longuyon dans la nuit. Je ne sais pourquoi, ma dernière rencontre avec cet officier fut d'une indifférence affectée par nous deux dont il est difficile de se faire une idée, et plus encore d'en trouver le pourquoi... Nous nous serrâmes la main, bien sûr, mais sans qu'un mot ait été prononcé sur ce qui nous avait rapproché au cours de ces dix jours de face à face... ou de coude à coude.

« Adieu, Monsieur le Maire.

— Adieu Monsieur le Rittmeister. »

C'était d'un romantisme assez germanique qui n'était pas pour me déplaire. Lequel de nous deux avait gagné? Je pense qu'il savait, lui, qu'il avait perdu. Quelques heures après, les ponts sautèrent dans un grand fracas et, le lendemain matin, la ville était vide d'Allemands sans qu'ait été tiré un seul coup de fusil. Une ou deux fois, pendant ces dix journées, les maquis environnants m'avaient envoyé des « contacts » pour me demander si je ne trouvais pas que le moment était venu pour eux d'attaquer Longuyon. Naturellement, je le leur avais interdit.

Après la guerre, j'ai essayé de retrouver ce « Hofkavalier ». Je savais son nom, je connaissais le numéro de son unité, mais la chose demeura impossible. Il est vrai qu'il avait eu le temps de se faire tuer un certain nombre de fois entre ce mois de septembre 1944 et le mois de mai qui suivit. Ni les lieux, ni les occasions n'avaient dû lui en manquer. La guerre est un jeu si dangereux.

« HENRI, POURQUOI TU PLEURES? »

Dimanche matin, dans Longuyon, purgé de tout Allemand pour la première fois depuis quatre ans, je me hâtai d'aller voir si les derniers partis avaient tenu leur promesse et s'ils avaient bien oublié mes petits francs-tireurs dans la cave où ils les avaient mis à rafraîchir. En réalité, je ne doutais absolument pas de la parole que Günterberg m'avait donné deux jours plus tôt. En effet, je les trouvai à leur place, bien rangés et blancs comme des endives. Ils avaient eu chaud au cul ! Rapidement, je leur expliquai qu'ils étaient libres et qu'ils n'avaient plus qu'à aller retrouver leur maman. Autant qu'il m'en souvienne, ils ne m'ont même pas dit merci.

Dans le même temps, je fus appelé à Nöers pour y rencontrer les premiers Américains : ils avaient dû recevoir leurs tickets d'essence... Un officier m'attendait à l'entrée du village, accompagné d'un interprète, le même que j'avais vu quelques jours plus tôt dans les vergers de l'entrée de ma ville, encore occupée. Ils souhaitaient savoir si les rues étaient minées (elles ne l'étaient pas) et reconnaître le meilleur itinéraire pour les chars qui devaient ensuite filer sur Longwy. Un pont de chemin de fer sur la Crusnes avait échappé aux destructions. Il devait permettre, par Revémont et Viviers où le pont-route existait encore, de regagner la rive gauche de la Chiers, ce qui était le but de la manœuvre.

Assis à côté du chauffeur, dans la jeep de tête, je fis pour les arrivants la reconnaissance de l'itinéraire qui était, comme je l'avais pensé, parfaitement possible et même facile. Une importante colonne blindée traversa Longuyon en suivant ce cheminement, ne laissant aux entrées de la ville qu'un léger système de protection. Pour nous, la guerre était finie. Et je rentrai chez moi me faire un café.

Dans l'après-midi on put voir revenir les FFI locaux, de Juvigny-sur-l'Oison où ils s'étaient réfugiés dix jours auparavant dans un petit bistro de pêcheurs, à l'abri des gloriettes ombragées de vigne vierge, à défaut de gloires plus guerrières. Leur arrivée fut une farce peu héroïque, dans une ville solidement tenue depuis le matin par les forces américaines et dans laquelle il n'y avait naturellement plus un seul boche. Ils étaient dans des voitures largement ornées de croix de Lorraine, les chefs sur les sièges, les autres allongés sur les ailes avant, une arquebuse entre les mains, lâchant de temps en temps un coup de feu en l'air, heureusement, comme pour faire peur. Tous essayaient d'avoir l'air grave des grands conquérants, mais on découvrait facilement au fond de leurs yeux une sorte de joie de vivre allumée sans doute par les coups de petit vin blanc des côtes de Meuse, à défaut, encore une fois, d'autres coups de canon.

Ils étaient bien sûr tous des copains, aussi est-ce l'air un peu gêné tout de même qu'ils s'approchèrent de moi pour me déclarer qu'ils étaient le « comité de Libération » et que c'était donc à eux de prendre maintenant possession de la mairie. Je dois à la vérité de dire que, dans le même moment, ils me nommaient par acclamations président de l'Amicale des résistants de Longuyon!

Et je dois ajouter, toujours pour la vérité, historique celle-là, que parmi les résistants FFI de Longuyon, aucun n'était ni gaulliste, ni communiste. Ils étaient de la couleur, mal définie, des anciens combattants de l'autre guerre, qui avaient voulu se baptiser « A C républicains », assez voisins me semble-t-il de la SFIO. Personne, en tout cas chez eux, ne criait « Vive de Gaulle! » ou « Vive Thorez! »

En rentrant chez moi, je m'assis un instant sur un banc public de la place de l'Hôtel-de-Ville et je sentis tout à coup une main qui se posait sur mon épaule, pendant qu'une voix me demandait : « Henri, pourquoi tu pleures? » C'était celle de l'un des dix-neuf otages que j'avais eu la chance, dix jours plus tôt, de sortir du cachot où ils étaient enfermés... Pourquoi je pleurais? Je n'en savais même rien.

Le lendemain de cette vraie Libération, après une nuit pour la première fois depuis quatre ans exempte de tout souci, je fus réveillé au petit matin par un bruit qui toujours m'avait été cher : celui que font sur le pavé les sabots ferrés d'un cheval tenu en main. Je bondis à ma fenêtre pour découvrir, calme et droite, derrière un garçon de Pillon, la magnifique jument du chef de culture de ce village.

« Vous aviez toujours dit, me cria le garçon, que vous la vouliez. Eh bien, la voilà! Quand « ils » ont commencé à faire leurs malles et qu'ils ne surveillaient plus rien, je suis allé la chercher dans son box et je l'ai conduite en forêt. Il y a quinze jours qu'elle y était attachée à un arbre et que je lui portais matin et soir le foin, l'avoine et l'eau. Maintenant, elle est à vous! »

Ce fut l'un des beaux jours de ma vie et cette jument splendide et parfaitement mise, comme je le savais, fut sans doute l'un des meilleurs chevaux de ma carrière d'homme de cheval. Sa taille, elle mesurait plus d'un mètre soixante-dix, me fit lui donner le nom de *Cuirasse* tant elle aurait été un premier cheval de tête dans un régiment d'autrefois de cuirassiers montés.

OU IL EST QUESTION D'ÉPURATION

On sait que presque partout en France, au départ des Allemands, les haines et les jalousies accumulées pendant quatre années ont éclaté au grand jour, attisées par ce souffle de liberté retrouvée qui trop souvent se transformait en véritable violence. Pourquoi à Longuyon tout s'est-il passé, en somme, si facilement? J'ai bien sorti des mains des FFI un ou deux vieux messieurs qui se faisaient bousculer uniquement parce qu'ils n'avaient pas toujours su passer sous silence leur admiration pour la force des boches et pour leur discipline. Mais il n'était question de tuer personne. Pourquoi? Je m'étais endormi pour une nouvelle nuit sans souci et n'y avais plus pensé, assez satisfait seulement que chez moi tout se fût bien passé...

Je lis aujourd'hui un article qui évoque la mobilisation de 1939, celle de la guerre des Sudètes, comme il nous plaisait de la surnommer, et pour lequel il m'avait été demandé un papier sur mes souvenirs personnels. J'ai été amusé d'y retrouver ce vétérinaire des Champs-Elysées qui estimait trop gros pour lui les Ardennais de nos attelages, en même temps que la jument *Marie,* propriété « à ménager » des consorts Lebrun de Mercy-le-Haut. Il y a quarante ans!

Dans le même numéro, j'ai vu un autre article qui m'a, bien plus encore que le précédent, donné à penser. Il traitait de l'épuration en France en 1944. A vrai dire je ne l'ai pas lu, je n'ai fait que contempler une carte de France où, selon leur tonalité colorimétrique, comme disent les gens de laboratoire, les départements y sont classés selon la dureté de cette épuration. J'ai remarqué que deux de ceux que j'ai connus le mieux à l'époque, la Meuse et la Meurthe-et-Moselle, sont parmi les moins atteints par la folie de vengeance qui, un peu partout, avait fait surface.

Pourquoi? Je ne suis pas certain que ces deux départements lorrains aient compté beaucoup moins que les autres de collaborateurs ou de filles à soldats. Mais ce qui a été, je crois, un facteur important de modération, c'est le fait que depuis des siècles ces marches de la France étaient habituées à être envahies tous les vingt-cinq ou cinquante ans par les mêmes voisins toujours belliqueux et à subir leur présence.

Dans toutes nos villes, dans tous nos villages, chacun connaît ou connaissait telle ou telle fille qui s'était laissé faire un enfant par un Prussien plus ou moins entreprenant ou joli garçon. Et la guerre finie, celle de 70 comme celle de 14, il ne venait à personne l'idée de couper les cheveux à ces innocentes créatures. Politiquement non plus d'ailleurs, les drames des occupations n'ont jamais passionné la Lorraine, comme il en a été dans d'autres provinces, jusqu'à cette dernière guerre, mieux protégées. « Chez nous », je n'ai connu que deux vagues relents de cette épuration à tout prix et ils n'avaient rien à voir avec les habitants du pays.

Ce fut d'abord l'arrivée d'une unité FFI, le régiment de Paris commandé par le « camarade-colonel » Fabien en personne qui se croyait des droits et des devoirs et portait des jugements sur ce qui s'était passé ici, lui avait-on dit, entre 1940 et 1944 (1). Il n'était pas plus désagréable qu'un autre, à condition d'être un tout petit peu saoul. A jeun, il se prenait pour Saint-Just; vraiment saoul, il ne tardait pas à devenir mauvais et parfois dangereux. J'ai aussi connu Hardy (2), le vrai René Hardy, du train de Lyon, que je n'ai pas à juger pour les difficultés qu'il a rencontrées dans ses différents procès. J'avais été invité à dîner avec lui chez quelque résistant « parachuté ». Et comme, au cours de la soirée, il avait été question d'une jolie meunière meusienne dont on disait qu'elle avait partagé le pain, le sel et le reste avec les Fritz de son quartier, Hardy s'était dressé, comme exhaussé par une sainte colère, et s'était écrié qu'il allait « lui faire la peau ».

J'avais eu beaucoup de mal à l'en dissuader et, pour apaiser ses nerfs, il s'était contenté de « réquisitionner » la magnifique Hotchkiss du pharmacien d'à côté qui n'y pouvait rien et à qui, tout au plus, on pouvait reprocher quelques commerces verdâtres qui eussent valu, au pire, un affreux jeu de mots de corps de garde, mélangeant françaises, allemands et... anglaises!

(1) Georges Pierre, dit « Fabien », né en 1919. Membre d'un groupe d'action communiste, il abattit le 21 août 1941 à la station de métro « Barbès » l'officier de la Kriegsmarine Moser, ce qui déclencha une vague de représailles auxquels répondirent d'autres attentats.

(2) René Hardy, chef du réseau « Résistance-fer », fut soupçonné d'avoir livré aux Allemands le « rendez-vous de Caluire » où Jean Moulin fut arrêté, mais les procès dont il fut l'objet après la Libération ne permirent pas d'établir sa culpabilité.

FLEURS ET COURONNES

Il y aurait eu, au sujet de ces fonctions que j'avais acceptées et que j'avais remplies pendant quatre ans, de quoi alimenter largement mes réflexions tout au long de ma troisième nuit passée sans souci, mais j'avoue humblement qu'il m'a fallu beaucoup plus de temps et de recul pour m'apercevoir que j'avais eu beaucoup de chance et que j'avais été servi en certaines circonstances par une veine à peine imaginable!

Bien sûr, il ne m'était jamais venu à l'idée que quelque chose pût être sérieusement envisagé qui ressemblât, même de loin, à la collaboration avec les Allemands. Ils occupaient tout ou partie du territoire national sur lequel ils étaient entrés en ennemis et rien ne pouvait faire qu'ils n'y demeurassent pas uniquement en ennemis. Pour moi, tout au long des années d'occupation, ils sont restés simplement des boches et, malgré tout ce qui s'était dit, mon étonnement a été grand de réaliser, après la guerre, que certains avaient pu voir en eux des gens avec lesquels il était envisageable « de s'arranger ».

Je n'avais jamais lu *La Gerbe* ni aucun autre journal kollaborateur et je ne soupçonnais pas que des Français, en apparence normaux, eussent pu trahir ainsi ce qui aurait dû être leur conscience ou plus simplement leur instinct. Je ne me sentais pas, non plus, tenu par aucune allégeance vis-à-vis du gouvernement de Vichy, auquel je n'avais jamais rien demandé mais qui était, lui, venu me chercher par l'intermédiaire de son préfet de Meurthe-et-Moselle pour remplir une tâche qu'en toute simplicité je pensais avoir remplie au mieux des circonstances.

Ma naïveté m'a donc permis de connaître de vrais sentiments de sympathie pour certains officiers allemands que je croisais à travers mes relations forcées avec eux, mais j'ai toujours voulu que chacun sache que je n'avais jamais cessé de me sentir en guerre avec eux et que, pour moi, ils étaient avant tout des ennemis, loyaux parfois, mais ennemis surtout. Et je suis sûr que certains de ceux que j'ai ainsi rencontrés et avec lesquels j'ai eu affaire dans des jours souvent difficiles, parfois tragiques, ne m'en ont jamais voulu de leur faire comprendre qu'il y avait entre nous une barrière plus infranchissable... que la ligne Maginot.

Le dimanche qui avait suivi celui de la libération de Longuyon, j'avais été prié de me rendre en fin de matinée sur la place de l'Hôtel-de-Ville pour y recevoir les remerciements de mes concitoyens. Le rappel en avait été battu par je ne sais qui, mais ils étaient très nombreux qui m'attendaient là pour m'ovationner. C'était touchant de simplicité et de spontanéité et, dès mon arrivée, deux ou trois petites filles endimanchées s'approchèrent de moi, porteuses de gerbes de fleurs qu'elles me posèrent sur les bras comme sur un reposoir. Je devais être ridicule et je m'en rendais bien compte, mais en même temps très ému, ce dont je me rendais compte tout aussi bien.

Mon vieil ami, le docteur Leduc, prit la parole. Futur conseiller général, il avait déjà le secret des discours de comice agricole et voulut m'en servir un qui me laissa pantois et dont, toute modestie mise à part, je dois recopier ici quelques passages :

... Vous étiez le maire de Longuyon. Avec un calme souriant, vous avez tenu tête à l'oppresseur, vous avez favorisé le passage de nombreux prisonniers, vous avez recueilli, abrité et conduit en lieu sûr des parachutistes alliés tombés en territoire occupé et qui ont pu regagner la terre libre (...) Vous avez été surveillé, vous êtes devenu suspect à l'occupant ennemi, arrêté et incarcéré à la prison Charles III de Nancy et l'on se demande comment vous avez échappé à la déportation (...)

Libéré contre toute attente, vous avez immédiatement repris votre place à la mairie et ce, pour le plus grand bien de la cité, puisque c'est grâce à vous, et il me plaît de le proclamer, que la ville, où plusieurs soldats allemands avaient été tués quelques jours avant la Libération, a échappé aux pires représailles.

(...) Votre courage, votre sang-froid, une fine diplomatie et sa ténacité, ont eu finalement raison de la rage ennemie et Longuyon a connu le rare bonheur d'être libéré sans avoir de dommages à réparer ni de deuils à pleurer. Ceci est, à mon sens, votre plus beau titre de gloire puisqu'il vous donne droit à la reconnaissance unanime de votre ville. J'ai été témoin des faits que je rapporte et qui grandement vous honorent. Et puis j'estime qu'il est plus facile d'être, durant la fougue d'une attaque, courageux jusqu'à la témérité que de rester, pendant des mois et des années, impassible à son poste de maire, alors que l'on se sait épié et guetté par une police soupçonneuse, impitoyable et sordidement cruelle...

C'était très beau et sans doute est-ce à ce moment-là que j'ai eu la pensée de rentrer dans cette mairie, mais cette fois très démocratiquement, avec les voix des électeurs. Ceux-ci m'ont en effet par la suite « payé deux tours » que je regrette peut-être d'avoir sollicités, car pendant les douze années de mandat qui vinrent ensuite, je crois que je n'ai jamais cessé de me comparer un peu au combattant que j'avais été pendant cinq ans et qui se serait retrouvé versé dans l'intendance...

10.

Escapade à Metz libérée

Tout allait moins vite qu'on ne l'aurait pensé d'abord en voyant, un ou deux mois plus tôt, passer les forces américaines qui semblaient devoir tout emporter devant elles. Et c'est seulement à la fin de novembre que l'on sut que Metz était sur le point d'être délivrée. J'avais été l'un des derniers à quitter la ville, française encore, en juin 1940, et j'eus une envie folle d'être l'un des premiers à y rentrer et à la voir libérée.

Je possédais quelques amis américains au sein de la Military Police et, innocemment, je leur fis part de mon désir. Je ne suis pas certain qu'ils comprirent très bien combien, sentimentalement, je souhaitais ce voyage à Metz, mais ils n'hésitèrent cependant pas un instant à me déclarer qu'une liaison devait s'y rendre le lendemain et que l'on ne demanderait pas mieux que m'y conduire. A condition que j'aie une tenue militaire à me mettre sur le dos. La chose était facile, même si ladite tenue était quelque peu mitée.

C'est en jeep que nous partîmes le lendemain matin : les routes normales n'étant absolument pas encore dégagées, nous passâmes la Moselle par Uckange sur un pont de bateaux, et nous arrivâmes à Metz par la route qui, venant de Thionville par la rive droite, pénètre dans la ville à la porte des Allemands. Partout encore des voitures en flammes, des cadavres au bord des chemins et des patrouilles de fantassins américains au long des rues. La place d'Armes semblait encore toute chaude des derniers combats et les Allemands tués encombraient les trottoirs. C'est là que mes cicérones me laissèrent aller où j'en avais envie et me donnèrent rendez-vous pour une ou deux heures plus tard.

Enfilant les rues dans la direction de Montigny, d'où partaient encore des coups de feu, je finis par joindre une mince colonne de fantassins qui, bien défilés le long des maisons, progressait lentement vers cette banlieue. Je me joignis à ces biffins dont pas un seul ne me demanda ce que je faisais là avec mon képi de velours rouge. Ce fut ma dernière action guerrière.

Regagnant le centre de la ville, rue Serpenoise, grouillante de Messins enthousiastes qui s'embrassaient mutuellement, je fus hélé d'un trottoir à l'autre par un général français que je venais de saluer comme un bleu à quinze mètres au moins. C'était, je l'ai su plus tard, le général Dody, qui venait, au nom du gouvernement provisoire, prendre possession de la ville libérée. Je fis claquer mes talons devant lui et me présentai, la main au képi.

« Que faites-vous là, me demanda-t-il, et à quoi appartenez-vous ? »

Je ne fis aucune façon pour lui avouer que je n'appartenais à personne, mais qu'il m'avait paru intéressant, puisque j'en avais la possibilité, d'être l'un des premiers officiers français à me promener rue Serpenoise. De Metz, j'étais sorti l'un des derniers en 1940 avec la 8e GRCA du général Loizeau, dont j'étais alors le médecin. J'habitais maintenant Longuyon et j'avais « profité d'une occasion »...

A sa menace d'arrêts de rigueur, je répondis que je m'en foutais éperdument, mais que j'avais cependant un laissez-passer très officiel des Américains. Il ne me demanda pas de le lui présenter et se contenta, en me tendant la main, de faire un geste qui signifiait que lui aussi se foutait éperdument de ce que je pouvais faire là et que le 8e groupe de reconnaissance de corps d'armée avait dû être une fort belle unité.

Moins de trente jours après mon escapade à Metz, survenait l'offensive allemande dans les Ardennes, une offensive qui, non sans raison, fit passer une sorte de frisson glacial sur nos échines fraîchement redressées.

Je n'ai naturellement pas l'intention de refaire l'historique de cette bataille, historique qui a été traité de façon magistrale par les meilleurs historiens militaires des deux camps, mais seulement de rappeler ce qu'elle a été pour nous qui l'avons vécue à soixante kilomètres et qui en avions connu le début dès le premier jour : le 16 décembre au matin. C'était, chacun se le rappelle, par une journée d'hiver ouatée de brouillard et toute blanche de neige récemment tombée.

Très rapidement il y eut, dans la région, une atmosphère « d'arrière-front » caractérisée par le reflux de quelques isolés de la frontière belgo-luxembourgeoise et surtout, très vite, par l'afflux des divisions motorisées américaines qui arrivaient de la région de Reims-Châlons pour colmater la brèche ouverte par von Rundstedt. Parmi les isolés paniqués qui reculèrent jusqu'à Longuyon, je me souviens particulièrement d'un médecin noir que je connaissais un peu et qui nous avait quittés quelques jours plus tôt pour aller de l'avant. Il s'arrêta près de moi et me parla : c'est à ce moment-là qu'il prit conscience de son comportement et qu'il fit demi-tour pour retourner à son devoir. Il parlait un français très convenable et c'est par lui que je sus très vite ce qui s'était passé au nord du Grand Duché.

Le deuxième jour de l'offensive commencèrent à défiler les grandes unités blindées venant de Champagne. Elles avançaient sur les grandes routes en colonnes par deux et, même en roulant, les hommes vêtus de blanc continuaient à peindre en blanc les camions, les jeeps et les chars eux-mêmes. Les routes furent défoncées en quelques heures et, à certains endroits, les convois passaient à travers champs, toutes clôtures brisées et couchées.

L'inquiétude dura aussi longtemps que le ciel gris et bouché qui interdisait aux avions de combat de prendre l'air. On put voir les ambulances de campagne déployer leurs tentes et occuper tout ce qui pouvait l'être d'écoles et de casernes, en même temps que s'agrandissait, entre Petit-Xivry et Grand-Failly, un immense cimetière où venaient se faire enterrer les morts de ces combats meurtriers. Ce fut seulement à Noël que le danger parut définitivement écarté. En même temps que le soleil avait fait sa réapparition, l'US Air Force était intervenue.

Je m'étais mis à fréquenter le grand hôpital militaire installé aux casernes de Longuyon; j'y étais reçu avec amitié et confraternité et son médecin-chef m'y rendit de grands services sous forme de médicaments et même d'examens radiologiques urgents. Mais le meilleur de ces services fut, chaque fois que je m'arrêtais dans sa boutique, de confier ma voiture à l'un de ses chauffeurs qui allait discrètement faire son plein d'essence... Plusieurs fois, après les inquiétudes de la seconde quinzaine de décembre, je fus invité à la popote de cet hôpital et je me rappelle que ce n'est pas sans étonnement que je contemplai le non-conformisme américain, en dehors du service : infirmières et secrétaires, toutes jolies filles, aux mêmes tables que les médecins et très « en galanterie » avec ceux-ci.

Autre sujet d'étonnement, la première fois que je pris un repas dans ce mess : le médecin-chef m'avait accompagné depuis son bureau et, en entrant dans la salle à manger, il m'arrêta un instant pour me montrer tel ou tel médecin en me disant : « Celui-ci est noir, vous le voyez vous-même, mais il faut que vous sachiez aussi que celui-là est juif. » J'ignorais absolument ce racisme américain : je le trouvais stupéfiant après ce que nous avions connu sous l'occupation allemande. Autre et dernier souvenir, drôle celui-là, de cette période de guerre : tout au début de la bataille des Ardennes, quelques-uns des nouveaux tenants de la mairie étaient venus me voir, un peu gênés, pour me dire en toute simplicité :

« Si les boches reviennent, il faudra que vous retourniez à la mairie : vous en avez l'habitude ! »

Grâce au ciel, il n'en fut rien !

LES SURVIVANTS DE BUCHENWALD ARRIVENT...

Dès l'automne 1944 et avant même que les Allemands ne se fussent trouvés reconduits jusqu'à la Moselle, le gouvernement avait prévu le retour et l'accueil des prisonniers qui, par centaines de milliers, croupissaient depuis quatre ans dans les Stalags et les Oflags. Un ministre avait été nommé, pour s'y mieux préparer, en la personne d'Henri Frénay. Celui-ci avait choisi un certain nombre de villes où seraient installés des centres de rapatriement et Longuyon, géographiquement bien situé, était de celles-là. Le chef en fut désigné vers le mois d'octobre : il s'agissait d'un colonel FFI Lévy « Martin » dans la clandestinité. Sans doute n'avait-il de colonel que le titre plus ou moins assimilé, mais il en portait fièrement les cinq galons. Il devait avoir dans les trente ans et ses titres de guerre se condensaient en un seul, celui d'officier gaulliste comme il le confirmait lui-même. Il est probable que son ministre lui avait laissé la bride sur le cou en lui recommandant de tout faire pour le mieux : au diable l'avarice !

Martin-Lévy était doté d'un personnel important en médecins, infirmières, assistantes sociales de toutes sortes et certainement aussi de fonds inépuisables, car il passa plus de six mois, les prisonniers se faisant attendre, à mettre sur pied un centre de rapatriement assez sensationnel. Il comprenait, entre autres choses, une salle de réunion et de spectacle somptueuse et une chapelle magnifique : le tout était à l'avenant.

Les officiers du centre s'étaient spontanément motorisés à l'aide de voitures plus ou moins réquisitionnées et tenaient à leur popote une table largement ouverte aux amis et connaissances (je n'y fus jamais convié !).

Le 10 septembre 1945, un an plus tard, les journaux devaient faire état d'un « coup de théâtre à Longuyon ». Un mandat d'arrêt, écrivaient-ils, est lancé contre le chef du centre de rapatriement, « une enquête ayant révélé un scandale considérable ». Je n'en fus qu'à demi étonné !

Cette importante formation était uniquement prévue comme centre de réception et de tri des nombreux prisonniers qui devaient y être reçus, mais n'était en rien un établissement de soins pour d'éventuels malades. Un tel service se devait cependant d'exister, mais la future direction n'en fut pas confiée au ministère des PG, mais à celui des armées, et c'est ainsi que, le 14 avril 1945, je fus rappelé à l'activité militaire par le directeur du Service de Santé de la XXe région, comme médecin-capitaine, médecin-chef de l'hôpital complémentaire de Longuyon, faisant en outre fonction de médecin-chef de la Place.

Mon hôpital n'avait rien à voir avec la direction du centre de rapatriement et avait même été installé en dehors de ses murs, en plein centre de la ville, dans les bâtiments de l'ancienne Chefferie du génie. Il n'y devint opérationnel qu'au moment du retour des prisonniers, en avril et mai, avec l'avance des troupes alliées.

J'avais sous mes ordres quelques médecins, des infirmières et un véritable officier d'administration parfaitement au courant des finesses de la gestion d'un hôpital militaire, instituteur de son état. Au cours des premiers jours, je n'eus aucun malade. Même quand les rapatriements furent commencés. Les PG semblaient se porter parfaitement et, mis à part un ou deux doigts pincés dans les portières des trains de retour, et quelques coups de froid ramassés sur les quais de gare, mon hôpital complémentaire ne reçut aucun client. Jusqu'à un matin où je fus avisé que je devais « dans les meilleurs délais » prendre toutes dispositions pour accueillir, examiner et traiter les malades les plus graves du camp de Buchenwald qui allaient être débarqués à Longuyon de deux ou trois trains sanitaires.

Ils arrivèrent un des derniers jours d'avril, le 26 je crois, quinze jours après que leur camp eut été libéré et après un voyage qui avait duré douze jours, en wagons à bestiaux. « Comme nous étions partis ! » me dit l'un d'eux.

Mon propos n'est pas d'ajouter quoi que ce soit à tout ce qui a été écrit sur ces malheureux rescapés des camps de concentration ; je veux seulement me rappeler et dire que j'ai vu de ces centaines d'hommes dont j'ai eu pendant quelques jours la charge et la responsabilité. Nombreux étaient ceux qui arrivèrent morts à Longuyon après ce voyage interminable dans les fourgons où ils avaient été gelés, cahotés, et exposés pendant des heures entières au froid et aux courants d'air sous les ruines de gares.

Le miracle, car il y en eut un à Longuyon, c'est que dès qu'ils furent installés dans de vrais lits et qu'ils virent avec quel cœur ceux qui devaient les accueillir et les soigner se donnaient corps et âme à leur tâche nouvelle, ils furent en quelques heures transformés. Leurs yeux cessèrent d'être troubles et vagues, leurs paroles devinrent de vraies questions qui attendaient de vraies réponses et une sorte d'entrain leur revint qui était à peine croyable chez ces squelettes quelques heures plus tôt moribonds.

Parmi ceux-ci, qui avaient repris du poil de la bête en vingt-quatre heures, il y en avait un en particulier qui m'avait fait une forte impression. Descendu du convoi en un état qui semblait mauvais, il se trouvait dès le lendemain à la tête de ceux qui voulaient « aller faire un tour en ville ». Il avait été amputé d'une jambe à Buchenwald et marchait avec un vilain pilon comme les invalides de l'Empire. Son costume était extraordinaire : un rayé recouvert d'une sorte de houppelande rouge et, sur sa tête, un bonnet d'astrakan gris, genre cosaque, du plus bel effet. Comme je lui avais fait remarquer son élégance, il m'avait joyeusement répondu : « Tu comprends, je m'en fous, mais comme ça, j'ai chaud! » Je crois me rappeler qu'il m'avait dit être architecte...

Un soir, en rentrant de mener sa grande vie, il me confia que des gens lui avaient payé à boire, ce qui se voyait fort bien : il était un tout petit peu saoul! Il fut, le dimanche suivant, l'un de ceux qui montèrent le plus gaiement dans « le train de plaisir » pour Paris.

Bien sûr, il y eut des exceptions et quelques-uns encore moururent à Longuyon, mais les plus nombreux, en face de cette liberté retrouvée, se sentirent à nouveau des hommes. « Songe à notre ahurissement, a écrit l'un d'eux, devant la première personne qui s'est adressée à nous avec courtoisie. Les habitants (de Longuyon) nous embrassaient, nous offraient des fleurs, des cigarettes, du café, des douceurs. C'était à qui nous approcherait, nous gâterait, s'occuperait de nous. Le ciel était beau, les arbres en fleurs et les oiseaux chantaient. C'était beau la France! Ah, nous n'avons pas été déçus! De la gare nous avons été transportés dans un hôpital gai et propre, dont le personnel était extrêmement sympathique. Nous y avons été admirablement soignés. Il y avait entre autres le médecin-chef qui s'appelait Henri Gousset. Il venait continuellement s'asseoir sur mon lit. On ne peut imaginer les délicatesses qu'il a eues pour moi; il m'a donné sa carte. »

Celui qui a écrit ces phrases émouvantes était l'un des plus malades de ce « transport » : quelques semaines plus tard, il est mort, lui aussi.

C'est le premier jour de leur passage à Longuyon que, traversant l'une des salles de l'hôpital, je m'étais entendu appeler par lui qui ne bougeait pas de son lit. Quand je m'étais approché, il m'avait dit très simplement : « Je veux te remercier, je suis médecin aussi, je m'appelle Michel Canonne et je suis d'Angers. »

Il faisait une pleurésie compliquant une tuberculose pulmonaire arrivée à sa dernière extrémité et savait (il était phtisiologue) que son cas était très grave. Cependant, il avait refusé d'être rapatrié plus tôt que ses camarades pour ne pas les laisser sans médecin au cours du dernier voyage. Sa femme, médecin également, avait été arrêtée en même temps que lui le 20 juin 1944, mais elle avait pu s'enfuir avec l'aide d'un médecin allemand, du train qui la transportait en Allemagne, pendant un bombardement de voies ferrées aux environs d'Angers. Elle a écrit le livre de leurs souvenirs : *Devant la mort,* qui fut édité en 1951 (1). Elle est morte en 1977. Médaillée militaire.

Quant aux plus valides de mes hospitalisés, ils profitèrent joyeusement de leur nouvelle liberté et, en trois jours, se trouvèrent étonnamment métamorphosés après avoir été reçus à table ouverte par chacun des habitants de Longuyon qui avait voulu les accueillir. Le 29 avril, un train sanitaire de grand luxe vint de Paris les chercher à Longuyon pour les rendre, enfin, à leurs familles. Ce train très sophistiqué était servi par un personnel de haute qualité qui me parut pourtant faire passer, avant l'amour des hommes, les consignes draconniennes qu'il avait reçues tant anti-dysentériques, qu'anti-typhiques, pestueuses et tuberculeuses...

L'arrivée à Paris a été magistralement et tristement décrite dans son livre de souvenir par Jeanne Canonne. C'est elle qui, quelques mois plus tard, devait m'adresser une image mortuaire que j'ai aujourd'hui sous les yeux :

Docteur Michel Canonne
Capitaine des Forces Françaises de l'Intérieur

(1) Editions Siraudau, Angers.

Chevalier de la Légion d'honneur,
Croix de guerre avec palme. Médaille de la Résistance.
Mort pour la France le 5 juin 1945 à l'âge de 37 ans.

Mort pour la France! Et combien d'autres avec lui?

UNE HISTOIRE DE « VACHES NOIRES »!

Quand j'avais pris en charge, en 1940, les destinées incertaines de la ville de Longuyon, tout y était totalement inexistant du point de vue des bonnes règles habituelles de la gestion d'une commune et, en particulier, je me trouvais face à des problèmes de finances que, je l'avoue, j'estimais totalement mineurs. L'un de ces problèmes avait eu cependant des séquelles. En 1949, près de dix ans plus tard, étant de nouveau maire, et cette fois élu selon les canons les plus réglementaires et les plus démocratiques, j'avais trouvé dans mon courrier officiel la lettre suivante :

Préfecture de Meurthe-et-Moselle
2e Division
3e Bureau
Le Préfet de Meurthe-et-Moselle
Nancy, le 10 septembre 1949
à Monsieur le sous-préfet de Briey

J'ai l'honneur de vous confirmer ma lettre du 12 novembre 1947 par laquelle je vous ai demandé d'inviter le maire de Longuyon à faire produire un relevé de la comptabilité tenue au cours d'une gestion de fait dont les opérations ont été réalisées par :
— M. Chrétien, ancien maire.
— M. Gousset, maire actuel.

Je vous serais obligé de vouloir bien intervenir personnellement auprès du maire pour que ces justifications soient produites sans retard afin que la Cour des Comptes soit mise en mesure de se prononcer en toute objectivité sur cette affaire. J'attacherais du prix à être informé le plus rapidement possible du résultat de votre intervention.

Signé : Le Préfet

Copie conforme transmise à Monsieur le Maire de Longuyon, aux fins demandées par Monsieur le Préfet.

Briey, le 15 septembre 1949
Le Sous-Préfet

Voici la réponse que je trouvai bonne d'adresser à la haute Administration :

Le maire de Longuyon à Monsieur le Sous-préfet de Briey.

En réponse à votre note du 15 septembre, j'ai l'honneur de vous rendre compte des faits suivants :

En juillet 1940, à son retour à Longuyon M. Chrétien, faisant à l'époque fonction de maire et depuis décédé, a dû faire face à toutes les difficultés possibles pour assurer le ravitaillement de la ville et il a procédé à un certain nombre de réquisitions, sans doute irrégulières mais indispensables, telles que celles de farine chez des boulangers non rentrés ou celles d'instruments et d'outils de bouchers pour débiter les viandes qu'il parvenait à se procurer.

Dans le même moment, des Allemands qui occupaient la ville et allaient la quitter, venaient mettre « gracieusement » à sa disposition quelques vaches qu'ils avaient volées Dieu seul sait où et qu'ils étaient obligés d'abandonner faute de pouvoir les embarquer. De ces bêtes, un certain nombre fut abattu pour nourrir les habitants, d'autres fournirent du lait pour les enfants et les vieillards (ces dernières avaient été mises en pension chez des cultivateurs de la commune).

Quand je suis entré à la mairie, ces vaches me furent passées en consigne et je les ai finalement cédées, après les avoir fait expertiser, à ceux des cultivateurs de Longuyon qui étaient les plus démunis de bétail.

Avec l'argent ainsi réalisé, j'ai tout d'abord payé les réquisitions de M. Chrétien, puis j'ai aidé quelques familles dans la misère et, enfin, pendant une partie de la durée de l'occupation je me suis servi de certaines sommes, d'ailleurs minimes, pour régler des frais imprévus et liés à cette situation très particulière qu'avait fait naître l'occupation. Il est bien évident que je n'en ai pas distrait un centime. Et je crois même, horresco referens, *que sur ces fonds occultes que je me plaisais à nommer « mes vaches noires », j'ai une fois ou deux payé à boire aux Feldgendarmes pour les détourner de besognes à eux commandées que je ne tenais pas du tout à les voir mener à fond.*

Quand j'ai quitté la mairie en 1944, j'ai laissé le reliquat de cet argent dans le coffre de mon successeur qui, à ce moment, tout étant rentré dans l'ordre, l'a remis dans les caisses publiques et officielles. J'ai eu d'ailleurs, personnellement, l'occasion de m'expliquer de cette gestion de fait devant Monsieur le Trésorier payeur général de Meurthe-et-Moselle qui m'avait paru comprendre et admettre mes raisons. Les documents relatifs à ces exercices doivent se trouver aujourd'hui entre les mains des services financiers de Meurthe-et-Moselle : je n'en possède plus et il m'est donc impossible, comme il me l'est demandé, d'établir « des justifications sur cette affaire ».

J'estime cependant avoir donné, pendant quatre ans, suffisamment de mon cœur et de mon temps à la ville de Longuyon et avoir assez risqué pour elle, bien qu'il me répugne de le rappeler, pour que les explications ci-dessus paraissent suffisantes à Messieurs les Juges de la Cour des Comptes et qu'il ne m'en soit plus, à l'avenir, demandé d'autres que je serais d'ailleurs bien incapable de fournir. Dans le cas contraire, il est bien évident que je demanderais à Monsieur le Préfet de bien vouloir accepter ma démission.

Signé : Henri Gousset

C'est la fin de l'histoire des » vaches noires » dont je n'ai, par la suite, plus jamais entendu parler!

QUARANTE ANS ONT PASSÉ ET POURTANT, C'ÉTAIT HIER...

Certificat : « Je soussigné directeur du Service de Santé de la XXe Région, certifie que le médecin-capitaine de réserve Henri Gousset a été rappelé à l'activité militaire le 15 avril 1945 et démobilisé le 1er août 1945. »

Plus tard, j'aurai un quatrième galon dans les réserves et l'on ira même jusqu'à m'en offrir ensuite un cinquième, mais il m'aurait fallu faire une période de franchissement de grade qui ne me tentait nullement et j'en retournai la proposition à l'autorité supérieure en lui faisant remarquer — c'était au moment de la guerre d'Algérie — que j'avais trop aimé l'armée dans son modèle 39 pour avoir le moindre désir de la retrouver dans son modèle modifié 59.

Pour en revenir au lendemain de la guerre, les passages de prisonniers étant depuis longtemps terminés, mon hôpital complémentaire avait été tout naturellement supprimé. Les casernes-bonnes-à-tout-faire de la ville sont actuellement occupées par une vague unité de cavalerie, sans chevaux bien sûr, de l'armée nouvelle qui d'ailleurs n'y fera pas long feu : elle sera rapidement mutée à Lunéville, capitale historique des Armes montées face à la statue équestre du général Lassalle, cavalier de l'Empire, né à Metz et tué à Wagram à trente-quatre ans.

A l'aube argentine, j'ai monté comme chaque jour ma jument *Cuirasse,* le « cheval de prise », et en passant le long des murs extérieurs du quartier j'ai, pour la première fois depuis bien des années, entendu le trompette de garde égrener les notes gaillardes de la sonnerie du réveil :

« *L'avez-vous vue la putain de Nancy...* »

Il va y avoir six ans que je suis parti pour la guerre! Et

puis d'autres années sont venues s'ajouter aux précédentes, elles-mêmes balayées par les suivantes. C'est la vie !

Je pensais en toute honnêteté que personne ne se rappelait ces jours, ces mois, ces années de guerre. Il va y avoir bientôt quarante ans qu'elle a eu lieu et je croyais que Longuyon n'y pensait plus. Ils ont tant d'autres soucis aujourd'hui, mes anciens administrés : le froid, la crise, les pertes d'emploi, les deuils, les peines, et même les joies qui n'en sont plus ! Pourtant, tout à l'heure, j'ai reçu l'une de ces Longuyonnaises d'il y a quarante ans qui m'a déclaré très simplement qu'elle n'était pas malade mais qu'elle avait eu envie de me revoir :

« Vous ne vous souvenez donc plus, docteur, m'a-t-elle dit, de ce temps où chacun des habitants de votre ville savait que vous étiez à lui et que tous sentaient qu'ils pouvaient vous faire confiance ? On ne vous voit plus nulle part, sauf si l'on est malade, on croirait que vous avez oublié que vous avez été à chacun d'entre nous... »

Celle-là ne saura jamais quelle joie profonde elle m'a apportée, ni de combien de ces angoisses d'autrefois elle m'a payé, très largement.

TABLE DES MATIÈRES

Achevé d'imprimer le 23 septembre 1980
sur presse CAMERON
dans les ateliers de la S.E.P.C.
à Saint-Amand-Montrond (Cher)
pour le compte de la librairie Arthème Fayard
75, rue des Saints-Pères - 75006 Paris

ISBN N° 2-213-00929-5

Dépôt légal : 3e trimestre 1980.
N° d'Édition : 6069. N° d'Impression 1817-824.
Imprimé en France

H/35-6699-9